Der Spandauer Bock

Für Michael Foik
in Erinnerung
an unsere gemeinsame Kindheit
in der Gervinusstraße

Detlef Brennecke

Der Spandauer Bock

Eine Berliner Lokal-Geschichte

Lukas Verlag

Lukas Verlag für Kunst- und Geistesgeschichte
Kollwitzstraße 57
D 10405 Berlin
www.lukasverlag.com

Umschlag, Layout und Satz: Lukas Verlag
Druck und Bindung: BALTO print, Vilnius

Printed in EU
ISBN 978-3-86732-380-2

Inhalt

Anhang

Das ist eine schöne Gegend
Ebenfalls, es schäumet hier,
Geist- und Phantasie-erregend,
Holder Bock, das beste Bier.

Heinrich Heine: *Romanzero*, 1851

»Schloß Ruhwald« –
Vorderansicht von Süden her

Ohne Frühstück nach Schloss Ruhwald

Der 9. Dezember 1906 war ein Sonntag, und am Morgen hatte es heftig geschneit in Berlin. Doch aller Kälte und allen Unbilden zum Trotz hatten sich an die achtzig Mitglieder der »Gesellschaft für Heimatkunde der Provinz Brandenburg zu Berlin«, kurz der »Brandenburgia«, gegen elf Uhr vormittags zur Villa Ruhwald im Westend begeben. Auch das letzte Hindernis, den notdürftig geräumten und eisglatten Weg, der durch den weitläufigen Park hin zu dem stattlichen Gebäude führte, hatten sie glücklich bewältigt. Nicht ohne Grund wurde die im spätklassizistischen Stil errichtete Villa gern auch als »Schloss« bezeichnet.

Nachdem die Damen und Herren ihre Pelzmäntel und Hüte, die Muffs und die Gamaschen im Entrée abgelegt hatten, wurden sie in den Saal auf der Beletage gebeten, um wieder einmal einen Vortrag zu hören.

Die »Brandenburgia« war eine Vereinigung von Menschen, die mit fröhlich dilettierendem Eifer Wissen suchten und Wissen auch vermitteln wollten. Interessiert waren sie an allem, was ihre Heimat ausmachte – an Sitten und Gebräuchen, an Fauna und Flora, Vor- und Früh- und Zeitgeschichte und an Erd- und Bodenkunde.

Was sie an Aufschlüssen gewonnen hatten, wurde in »Monatsblättern« publiziert – in Texten über »Das Licht der Glühwürmchen« oder »Steinzeitgräber in der Uckermark«, »Die Spitze einer Preußischen Kriegsfahne« oder »Reliquien der Quitzowzeit«, »Wer hat die Polka erfunden?« oder »Die Entwässerung von Berlin«. Fischfang war ein Dauerthema. Zu angenehmeren Jahreszeiten konnte es durchaus geschehen, dass sie mit Äxten, Spitzhacken und Spaten hinauszogen, um Spuren der Vergangenheit auszugraben.

Sie betrieben das alles mit großem Ernst und waren zugleich keine Kinder von Traurigkeit. Unvergessen war die Feier der Gesellschaft bei Gelegenheit ihres zehnjährigen Bestehens am 22. April 1902, als Frau Kreisbauinspektor Amélie Jaffé-Honrath kostümiert wie die Gestalt aus einer Richard-Wagner-Oper als leibhaftige »Brandenburgia« einen »selbstgedichteten Prolog« mit acht Strophen deklamierte.

Die Nummer zwei besang den Impetus, der die Mitglieder der »Brandenburgia« antrieb, die Wiedererweckung und Ehrung sowie die Erneuerung der Leistungen der Ahnen, die das Land geschaffen hatten, auf das sie stolz, in dem sie glücklich waren:

Frau Amélie Jaffé-Honrath
als Brandenburgia.

»Seht dort, wo uns're Ströme wiederspiegeln
Des Domes Bild und seine heil'ge Macht,
Da thronest Du seit altersgrauen Zeiten,
Hältst, Brandenburgia, Du die Ehrenwacht!«

Der teuren Heimat klingen uns're Lieder,
Dir, unvergess'ne, ehrfurchtsvolle Zeit,
Die uns're Väter schaffend einst durchwandelt,
Dir sei des Ehrentages Ruhm geweiht!
Und auf dem Boden, dem wir All' entsprossen,
Woll'n wir der That Vollendung auch erseh'n;
Drum auf, Ihr jungen Streiter, froh zum Werke,
Lasst neue Saat und neue Kraft ersteh'n!

Als Vertreter derer, die in dem Boden ruhten, »dem wir All' entsprossen«, erschien wenig später ein »Glacialmensch [...], behaart wie ein Mammuth, mit langen Grabeklauen statt Fingernägeln«, der für gebührende Heiterkeit und Abstand zum Pathos der Sängerin sorgte. Es war diese aufklärerische Verquickung von Spaß mit Ernsthaftigkeit, die den Geist der »Brandenburgia« prägte.

Und als nun an diesem winterlichen Morgen des Jahres 1906 der Besitzer der Villa, des Schlosses Ruhwald, Siegfried Abrahamsohn, Chef des gleichnamigen Bankhauses in Berlin W. 15, »in liebenswürdiger Weise«, seine Gäste begrüßte, tat er dies gleich zu Beginn mit launigen Worten. Das *Protokoll der 9. außerordentlichen Versammlung des XV. Vereinsjahres* der »Brandenburgia« notierte, dass der Hausherr seine Anerkennung galant den Damen zollte, »welche trotz des bösen Wetters zahlreich erschienen waren«.

Dann begann die Geschäftsmäßigkeit, und der Erste Vorsitzende der Gesellschaft, Herr Geheimer Regierungsrat Ernst Friedel, erteilte dem Mitglied Monke das Wort zu einem Vortrag über die Geschichte des Schlosses Ruhwald.

Otto Monke, aufgewachsen in Lietzow, Kreis West-Havelland, und jetzt zu erreichen unter der Adresse Ravenéstraße 12 in Berlin N. 39, war dortselbst Rektor. Das Gebäude der ehemaligen 70./202. Gemeindeschule im heutigen Stadtbezirk Mitte hat zwei Weltkriege überstanden, steht unter Denkmalschutz und dient unverändert als Schule.

Monke also, eine eherne Säule und Stütze der »Brandenburgia« und der eifrigste Beiträger ihrer »Monatsblätter«, war ein typischer Repräsentant der Gesellschaft – primär auf historisch-literarischem Gebiet.

Seit geraumer Zeit arbeitete er an einer Sammlung Berliner Schnurren, Späße und Geschichten, die 1911 unter dem Titel *Berliner Sagen und Erinnerungen* im Leipziger Verlag Quelle und Meyer erscheinen sollte. Auch aus diesem Band mit seiner Mischung aus Fabeln, Anekdoten und mehr oder minder verbürgten Episoden spricht jenes humanistische

Ideal des »prodesse et delectare«, jene Verbindung von »Nützen und Unterhalten«, die so charakteristisch ist für die gesamte »Brandenburgia«.

Und womöglich hatte Otto Monke, als er vor seine Zuhörer trat, für sein Buch auch schon die Mär vom Schusterjungen aufgezeichnet, der in der Spandauer Straße Bier holen sollte. Gleichwohl: Nun war es Zeit, mit der Vorlesung anzufangen.

Vor seine Ausführungen zum Schloss Ruhwald setzte Monke, sei es aus pädagogischem Geschick oder poetischem Bedürfnis, einen Aufmacher, dessen Inhalt sich zum gewählten Thema bloß dann fügen will, wenn man ihn als anspruchslose Einstimmung auf eine gemütliche Sonntagvormittagsmatinée versteht.

Monkes Wortwahl zeigt zudem, dass in ihm ein – wenngleich nicht nach heutigem Geschmack, dagegen seinerzeit – veritabler Dichter steckte: »Die Großstadtluft ist, wie man gewöhnlich meint, der Sagenbildung nicht förderlich, und die Neuzeit und das moderne Leben erst recht nicht. Doch hier oben, wo sich die Brandungswogen des großstädtischen Lebens allmählich ausebnen, da schreitet sie doch noch, die erhabene Göttin der Poesie über den dürren Sand der märkischen Heide, und wo ihr flüchtiger Fuß nur einen Augenblick rastet, da sprießen Blumen, herrliche Sträuße oder kleine winzige Blau-Blümelein im gelben Sande, die uns zuwinken: ich habe dir etwas zu sagen!«

Eine »weiße Frau« spukte und spukt an vielen Orten in der Mark Brandenburg herum. So schon in Biesenthal bei Grünthal, wo Conrad Bechmann sein »Unterhoeler« braute. Warum dann nicht auch auf dem »Spandauer Bock«?

Spätestens nun war den der Kälte entronnenen Damen und Herren der »Brandenburgia« warm ums Herz und in den Gliedern geworden. Darum waren sie auch in wohliger Erwartung bereit, sich den weiteren Darlegungen Monkes zu überlassen.

Der verstrickte sich aufs Neue in einen Lobpreis der Natur, ging über in die Wiedergabe von örtlichen Fabeln und Legenden, »die triefende Gestalt« eines alten Wendenhäuptlings taucht aus den Fluten der Havel empor, eine weiße Frau irrt »nächtlicher Weile« durch die Säle eines Jagdschlosses, und ein Mann versinkt erschröcklich auf Nimmerwiedersehen in einem Brunnen, selbst der Große Kurfürst wallt als Wiedergänger »zwischen 12 und 1 Uhr nachts« durch die Gegend … bis Otto Monke schließlich bei seinem Thema anlangt, dem Wohnsitz seines heutigen Gastgebers.

Denkt man.

Er spricht vom Erbauer des Schlosses, der vor einem halben Jahrhundert ein illustriertes Damen-Journal begründet hatte, schweift bei diesem Stichwort abermals ab und doziert über den Wandel der Moden und der Zeiten, landet bei der Planungsgeschichte des Ortsteils Westend, kommt ausführlich zu sprechen auf die Entstehung eines nahen Ausflugslokals, kehrt zurück zur Rühmung des Geländes, durch das die Anwesenden eben noch geschlittert waren, um in seinen Worten schließlich und endlich doch noch im Schloss Ruhwald zu landen. Dessen Bestand ist nach vielen Eigentümerwechseln gefährdet. Und zwar, weil sein Besitzer – hier folgen sich drehende und windende Argumente – aufgrund der Ausdehnung Charlottenburgs gen Westen, der Fertigstellung der Untergrundbahn bis hin vor die Pforten des Parks und des mit alldem einhergehenden Anstiegs der Grundstückspreise »genötigt« ist, das Schloss mitsamt der großflächigen Grünanlage zu veräußern.

An dieser Stelle münden Monkes Worte in einen Appell an die Verantwortlichen der Stadt Charlottenburg, denen er zu bedenken gibt, ob sich Schloss Ruhwalds Räumlichkeiten nicht »für künstlerische oder wissenschaftliche Zwecke, vielleicht für ein Museum« anbieten würden.

Wer aufmerksam zugehört hatte – und wer wollte solche Tugend den »Brandenburgianern« absprechen? –, dem dürfte nach dem Gesagten, nach so vielen Episoden und Kuriosa, nach so vielen Namen, Daten und Begebenheiten und den bedeutsamen abschließenden Äußerungen des ebenso kenntnisreichen wie unterhaltsamen Otto Monke dessen unverblümtes oder – eingedenk der vor den Fenstern herrschenden Temperaturen – unverfrorenes Werbetrommeln für ein Immobilien-Geschäft des Herrn des Hauses nicht entgangen sein. Es ward ihm als Courtoisie gegenüber dem Bankier nachgesehen!

Jetzt hatte das Auditorium erst einmal das Bedürfnis, die Menge der Informationen sacken zu lassen. Und da war es recht, dass Siegfried Abrahamsohn die Herrschaften am

Gruß vom Spandauer Bock, Ökonom Albert Stegmeyer, Fernspr. Wilhelm 952

Diese seltene Ansichtskarte zeigt einen kleinen Saal im Obergeschoss auf der Westseite des »Bock«-Gebäudes. Die beiden Porträtbüsten an der Stirnseite des Raums stellen vermutlich Kaiser Wilhelm II. und seine Gattin Kaiserin Auguste Viktoria dar.

Vormittag dieses zweiten Advents zu einer Führung durch den wieder begehbaren Park ins Freie geleitete.

Manchem Besucher knurrte wohl längst auch der Magen. Und so begab sich statt dessen, wie das Protokoll vermerkt, »ein Teil der Mitglieder […] in das Restaurant der Spandauer Bergbrauerei, um dort das Frühstück einzunehmen«.

Bekannt war jenes, wie Rektor Monke es in einem der Exkurse seines Referats genannt hatte, »Bock-Etablissement« den Berlinern seit mehr als einem halben Jahrhundert. Und doch wird der eine oder andere nach Monkes Behandlung desselben bei Tische zugegeben haben: »Nein, so genau hab' ich das nicht gewusst.«

Zumal das »Bock-Etablissement« seit seiner Eröffnung im Jahr 1842 unter einem ganz anderen Namen firmierte, unter dem Namen »Spandauer Bock«.

1842 …

Das war anno dunnemals. Das war anno Tobak.

Doch was für eine Zeit war das?

»... sozusagen ein silbernes Zeitalter«

1842 lag das Ende der Napoleonischen Kriege schon eine gute Weile zurück. Aber vergessen war die Niederlage der Preußen bei Jena und Auerstedt im Oktober 1806 und der darauf folgende Einzug der Grande Armée in Berlin noch nicht. Denn von dem Kahlschlag, den die Franzosen bei ihrer Besetzung der Haupt- und Residenzstadt und der Errichtung eines riesigen Feldlagers zwischen dem Lietzensee und dem heutigen Krankenhaus Westend betrieben hatten, sollte sich die Natur nicht mehr erholen.

Wo »Napoléonbourg« gestanden hatte, war jetzt Brachland.

Und die gesellschaftliche und politische Ordnung nach Blüchers ruhmvollem Beitrag zum Triumph über den Empereur bei Waterloo? Hatte sie sich seit 1815 wieder konsolidiert? Wie war der Siegernation Preußen nach dem Wiener Kongress ihr immenser Landgewinn im Osten wie im Westen und die – grob geschätzt – Verdoppelung ihrer Einwohnerzahl bekommen?

Im Königlichen Schloss auf der Spreeinsel regierte zwar nach wie vor Friedrich Wilhelm III. In seinem Volk aber schwelten die sozialen Gegensätze: hier die ehernen Vertreter des Adels, dort das bräsige Bürgertum, hier beinharte Junker, dort eine standesbewusste Beamtenschaft, und dazwischen weltoffene Intellektuelle, gegen die in aggressiver Vaterlandstreue bündische Studenten opponierten.

In dieser Situation führte das Attentat Karl Ludwig Sands auf den Dramatiker August von Kotzebue in Mannheim am 23. März 1819 auf zynische Weise zur Begradigung der Fronten.

Was galt es noch, dass der König just August von Kotzebue einst zum Mitglied der Berliner Akademie der Wissenschaften ernannt hatte, gerade ihn, der eine Zeitschrift mit dem programmatischen Titel *Der Freimütige* herausgegeben hatte?

Friedrich Wilhelm III. folgte seinen Ratgebern, einer – wie es der Preußen-Historiker Christopher Clark unverblümt ausgedrückt hat – »konservativen Kamarilla«, die den Mord an Kotzebue zum willkommenen Anlass nahm, in ihrem Sinn durchzugreifen.

Mit einer zugespitzten Formulierung kann man sagen, dass sich Sand ›den Richtigen‹ ausgesucht hatte. Er hatte in dem Mann auch den Nerv der Zeit getroffen. Denn Kotzebue, der es fertiggebracht hatte, neben einer breiten Palette von weiteren Werken, Streitschriften, Reiseberichten, Erzählungen und Aufsätzen, Rezensionen und Romanen wie nebenbei noch

230 Theaterstücke zu veröffentlichen, war nicht festzulegen. Mal attackierte er das Kleinbürgertum, dann wieder die Aristokratie, mal trat er für Zucht und Ordnung ein, dann fielen Sätze von einer Frivolität, die kein keuscher Mensch ein zweites Mal auszusprechen wagte, mal träumte er vom Ideal in fernen Welten, dann wieder von der Geborgenheit im Hier und Heute. *Summa summarum*: August von Kotzebue hatte in seinem Œuvre die Widersprüche der Zeit zum Ausdruck gebracht.

Goethe hatte das alles durchschaut und in einem seiner *Tischgespräche* nach Auskunft des Teilnehmers Friedrich Wilhelm Riemer gesagt, »Kotzebue sey wie einer der auf dem Seile tanzt, es schnelle ihn empor und er betupfe es doch, das sey nicht zu läugnen. Er betupfe doch das Publicum, wenn es ihn auch wieder fahren lasse, und er komme immer wieder darauf zurück. Er habe sich doch auf dem Seil erhalten von seinem ersten bis zum letzten Stück, wenn er auch manchmal mit der Balancirstange auf die Erde gestoßen.«

Allein, das Resümee traf nicht mehr zu. Denn durch seinen Mord an dem Dramatiker hatte der Student Karl Ludwig Sand den Sicherheitsstrang des Äquilibristen mit einem Schnitt durchtrennt. Und nun war Kotzebue tot.

Die Reaktion erfolgte auf dem Fuße.

Verunsichert durch einen Albtraum von Studentenprotest und Revolution trafen sich im August des folgenden Jahres Vertreter der bedeutendsten Einzelstaaten des Deutschen Bundes mit ebensolchen aus dem mit ihnen in Heiliger Allianz verbündeten Österreich im böhmischen Karlsbad zu einer Geheimkonferenz. Auf ihr wurden Beschlüsse gefasst, die im Folgemonat vom Bundestag in Frankfurt einstimmig bestätigt, man kann auch sagen: durchgepeitscht wurden.

Ihr Inhalt bewirkte die Einschränkung der Meinungsfreiheit, das Verbot der Burschenschaften, die Aufsicht über die Universitäten, die Entlassung von liberalen Professoren und die Zensur der Presse. In einer berühmten zeitgenössischen Karikatur stellte ein Gremium von Gelehrten die berechtigte Frage: »Wie lange möchte uns das Denken wohl noch erlaubt sein?«

Die Bürger des Polizeistaats Preußen antworteten darauf mit einem Verhalten, mit dem Menschen im allgemeinen auf solche Verhältnisse reagieren: Sie duckten sich ins Private hinweg und führten ein Leben, das keinen Anstoß erregte. Das traute Heim, die »Gartenlaube«, an der die »Demagogenverfolgungen« vorübertobten, war ihr Unterschlupf. Und der Bücherwurm auf der Leiter in seinem Folianten-ummauerten Studierzimmer auf einem der berühmtesten und von Carl Spitzweg wiederholt gemalten Bilder verkörperte diese Haltung in ihrer Beschaulichkeit gleichermaßen typisch wie all die anderen kuriosen

Johann Michael Voltz (1784–1858): *Die Ermordung August von Kotzebues durch den Studenten Karl Ludwig Sand am 23. März 1819*, kolorierter Kupferstich (um 1820)

»Gut-deutsche Gemüthlichkeit« versprach *Die Gartenlaube* ihren Lesern. Und dennoch wurde die verbreitetste Zeitschrift des 19. Jahrhunderts mit jeder Folge mehr ein Organ der Kritik und Aufklärung – und somit ein getreues Sprachrohr der Gärungs-Zeit des Biedermeiers.

Gestalten in all den friedlich-fröhlichen Szenen auf seinen kleinformatigen Werken. Die Soldaten haben das Gewehr samt aufgepflanztem Bajonett zur Seite gestellt und neben der Kanone stattdessen – zwei rechts, zwei links – zu Stricknadeln gegriffen. Ein Piepmatz nistet im Rohr und trällert ein munteres Liedchen. *Friede im Lande*, diese in gleicher Weise häufig gestaltete kleine heile Welt, war das Wunschbild jener Tage.

Doch die Zeit hatte noch eine andere Seite.

Denn während die einen im Geiste Spitzwegs hinauszogen, um bewaffnet mit Kescher und Tornister Schmetterlinge zu fangen, hatten sich Aufgewecktere mit höherem Anspruch ans Dasein bereits auf die Suche nach der Blauen Blume begeben.

Sie war das symbolische Leitmotiv jener, denen das Alles-wird-gut nicht genügte und die das Gewohnte aufbrechen und sprengen wollten. Die Pläne hierzu wurden nicht bei einem Plauderstündchen in Mutters guter Stube gemacht, sondern bei Diskursen in Salons, in denen romantische Geister, Dichter und Denker jeder Couleur, von etwas sprachen, das jenseits des Bisherigen liegt. »In den Berliner Salons,« notierte der souveräne Chronist Preußens Sebastian Haffner 1979, »die in der napoleonischen Zeit ihre erste große Blüte erlebt hatten, war man immer noch geistreich. Ein merkwürdiger Abschnitt preußischer Geschichte, sozusagen ein silbernes Zeitalter: elegante Stagnation, muffige Idylle – und tiefster Frieden; selbst die berühmte Armee war auf ihren Lorbeeren schlafen gegangen.«

»Elegante Stagnation«?

Nun gut, aber eine, die es in sich hatte, in der es gärte und in der sich unterschwellig Entwicklungen anbahnten, die nicht aufzuhalten waren. Der König, nebenbei bemerkt, war bloß noch da. Caspar David Friedrichs Gemälde vom *Wanderer über dem Nebelmeer* und den *Zwei Männer[n] am Meer*, alle diese vielen Gestalten auf seinen Bildern, die mit dem Rücken zum Betrachter in die Ferne schauen, blicken wie dieser in dieselbe Richtung – in eine unbekannte Ferne und verlassen in ihren Gedanken den gegenwärtigen Standpunkt und heben seine Grenzen auf. Und schlagartig war alles wieder offen, in allen Himmelsrichtungen – geographischen oder historischen, moralischen oder poetischen.

Die Brüder Grimm schweiften aus, um Material für deutsche *Kinder- und Hausmärchen* zu suchen, aber auch *Irische Elfenmärchen* interessierten sie. Alexander von Humboldt unternahm gleich mehrere Forschungsreisen nach Amerika und dann, 1829, eine Expedition in die andere Richtung, nach Russland bis an die Grenzen von China. Das bisher Unvorstellbare wurde plötzlich nachweis- und nachlesbar. In die Dichtung zog Ironie ein und verwirrte ihre Leser. Denen konnte es passieren, dass sie der Held in Clemens Brentanos doppelbändigem Roman *Godwi oder das steinerne Bild der Mutter* bei seinem Spaziergang durch einen Park im zweiten Band daran erinnerte: »Dies ist der Teich, in den ich Seite 266 im ersten Bande falle.« Hier reicht die Modernität solchen Stils bis in unsere Gegenwart.

Und man geht nicht zu weit, wenn man auch das Bild und das Rollenverständnis der Frau unter den Intellektuellen jener Zeit für ein Vor-Bild der unseren hält. Die von uns nahezu vergessene Amalie von Helvig zum Beispiel war eine der ersten, der es gelang – anerkannt von ihrer Umwelt –, mit ihrer Schriftstellerei eine ganze Familie zu ernähren. Man nannte derlei noch nicht Emanzipation, doch das war es im Ursprung bereits.

Rundheraus: Das von Sebastian Haffner so genannte »silberne Zeitalter« machte diesem Namen alle Ehre. Es glänzte und war leitfähig für die verschiedensten Strömungen – und es lief an. Denn bei der Oxydierung der Epoche – um im Bild zu bleiben – verbanden sich die bislang beschriebenen Ereignisse und Eigenschaften mit einem weiteren Element, der Industrialisierung. Und dieser Prozess der Veränderung ging in Windeseile voran.

So wie ein Monolith eine ebene Landschaft dominiert, so überragt eine einzige Gestalt den Anbruch dieses neuen Zeitalters in Deutschland im allgemeinen und in Preußen im besonderen – der 1804 geborene August Borsig aus Breslau.

Karl Eduard Biermann (1803–1892): *Borsig's Maschinenbau-Anstalt zu Berlin*, Ölgemälde von 1847

Zimmermann war er anfangs gewesen, später Eisengießer in einer Berliner Maschinenfabrik. Deren Besitzer, Franz Anton Egells, hatte den jungen Mann eingestellt, obwohl dessen Beurteilungen und Zeugnisse eher jammervoll waren: Von Chemie verstehe er nichts, als Techniker sei er nicht zu gebrauchen und als Mechaniker eine Niete – *ein* überzeugender Vorteil war, dass das Militär ihn nicht haben wollte.

Zehn Jahre blieb Borsig bei Egells, dann machte er sich 1837 selbständig. Der erste Auftrag, mit dem »A. Borsig's Maschinenbau-Anstalt« mit ihren fünfzig Arbeitern an der Chausseestraße 1 am Oranienburger Tor in Berlin richtig Geld verdiente, war die Produktion von 117 000 Schrauben. Es folgten gusseiserne Bilderrahmen und Federschalen, Kandelaber und Löwenstandbilder, die eine Brücke im Tiergarten schmückten. Es war das Kleinvieh, das Mist machte.

Der junge Unternehmer in seiner imposanten Fabrik mit den mächtigen Schmieden und Essen sah darüber hinweg, denn etwas hatte er erkannt: Die Zukunft hatte schon vor Jahren begonnen, er musste sich lediglich in das, was da angesprungen war, beherzt und schleunigst einklinken.

> Der blanke Stahl steigt auf und nieder,
> Belebt zum Streben alle Glieder
> Nach einem Ziel. Der große Bau
> Folgt stets des Meisters Sinn genau.

Ausgerechnet ein Harfenbauer, ein sensibler Handwerker, der in England das Aufkommen der Dampfmaschinen hautnah miterlebt hatte, Johann Andreas Stumpff, hatte mit diesen Versen die Richtung angegeben, in die sich der technische Fortschritt auf den Weg gemacht hatte. Und Borsig schloss sich ihm an.

Da mochten seine praktischen Fähigkeiten noch so gering sein, er hatte eine Vision und war tief im Innersten ein Romantiker mit dem Instinkt, sich auf unbekanntes Terrain vorzuwagen. Dass 1830 in England 15 000 Dampfmaschinen liefen, in Preußen erst 1000, zeigte ihm, welch ein Potential hier zu erschließen war. Und so stieg er mit voller Kraft in den Bau von Dampfmaschinen und folglich von »Dampf-Wagen« ein.

Allein im Jahr 1847 konnte Borsig in seinem Zweigwerk Moabit 76 »Locomotiven« produzieren, bis 1854 waren es 500 geworden, und vier Jahre später wurde mit Festreden und Jubelrufen, Fahnen- und Zylinderschwingen von 2800 Arbeitern die Fertigstellung der 1000. gefeiert. Das 27 Tonnen schwere Monstrum aus Eisen und Stahl trug den Namen »Borussia«.

Borsig selbst hat das Ereignis nicht mehr erlebt und auch sein König nicht – der wäre beschämt gewesen.

Ist doch ein Dialog überliefert zwischen dem preußischen Generalpostmeister Karl Ferdinand Friedrich von Nagler und Friedrich Wilhelm III. bei der Eröffnung der ersten Eisenbahnstrecke zwischen Potsdam und Berlin im Jahr 1838.

Der Hohenzoller hatte gefragt, ob die Einführung solcher Eisenbahnen in Preußen überhaupt nützlich und notwendig sei. Worauf der Beamte, der den Unterton dieser Frage mit feinem Ohr herausgehört hatte, die königstreue Antwort gab: »Unsere zwölfsitzigen Postwagen fahren täglich nur einmal von Potsdam nach Berlin, und sie sind selten besetzt. Es ist kein Bedürfnis vorhanden, eine so teure und gefahrvolle Fahrgelegenheit zu schaffen. Die Eisenbahnen können und werden keinen Bestand haben.«

Befriedigt geruhten Seine Majestät der König von Preußen daraufhin mit dem ihm eigenen Phlegma allergnädigst zu konstatieren: »Unser Zeitalter liebt den Dampf; alles soll Karriere [das bedeutet: schnell vonstatten] gehen. Die Ruhe und Gemütlichkeit leiden darunter. Kann mir keine große Seligkeit davon versprechen, ein paar Stunden früher von Berlin in Potsdam zu sein. Zeit wird's lehren.«

Fürwahr!

Doch, wie gesagt, der König erlebte den Fortgang der Entwicklung nicht mehr. Er starb am 7. Juni 1840. Und am selben Nachmittag wurde sein 45jähriger ältester Sohn Friedrich Wilhelm IV. König von Preußen. Seine Gemahlin und somit die neue Königin Preußens war eine der zahlreichen Töchter des bayerischen Königs Maximilian I. Joseph, sie hieß Elisabeth Ludovica.

Beendet war eine Ära, deren prägende und oft dabei einander widerstrebende Elemente, vorrangig Behaglichkeit und Heimatliebe, Bewahrung von Altem und Erschaffung von Neuem, Gründerlust und Aufbruchstimmung, auch im Wirken eines Mannes zu finden sind, der wie aus dem Nichts heraus in diesem selben Jahr 1840 vor den Toren Berlins den Grundstein zu einem Vorhaben legte, das ihn schließlich in der Hauptstadt zu einer allseits bekannten Persönlichkeit, zum Muster-Unternehmer und Multimillionär machte. Er wurde in seinem Metier zu einem Borsig der Braukunst.

Sein Name: Conrad Bechmann.

In den Sand gesetzt und Erfolg gehabt

Der Anstoß, der Impuls, der zündende Funke, der das Getriebe von Conrad Bechmanns Werk in Gang setzte, kam von außen – und zwar von dem »Justizrath und Notarius im Departement Eines Hochpreislichen Kammergerichts« in Berlin Carl August Julius Schütz, der im Jahr 1819 das Rittergut Grünthal im heutigen Landkreis Barnim erworben hatte.

Die Gegend, rund vierzig Kilometer nordöstlich von Berlin, war für das, was er vorhatte, gut gewählt: Er wollte eine Brauerei etablieren.

Das Wasser dort war von bester Qualität, »die auf diesem Gute selbst erzeugte und von der Umgegend zu erhaltene Gerste« vorzüglich und die Struktur des Bodens hervorragend dazu geeignet, Eis- und Lagerkeller anzulegen.

Gleichwohl, die Bilanz aller Mühen des bierbrauenden Akademikers war so mager, dass er nach vielen vergeudeten Jahren einsah, er brauchte fachkundige Hilfe, die aus Erfahrung schöpfen konnte.

Und so machte er Nägel mit Köpfen und reiste 1827 nach Bamberg. Zum einen blickten die Menschen in Oberfranken auf eine Jahrhunderte alte Tradition des Bierbrauens zurück. Deren Beginn setzen die Historiker mit der Gründung des Benediktinerklosters Weißenohe anno 1053 gleich. Zum anderen galt hier eine Gesetzgebung, die es erlaubte, dass außerhalb der Städte zahllosen Dörfern »Braugerechtigkeiten« erteilt worden waren. Das Bambergische war die Wiege der Braukunst.

Hier war der Justizrat richtig. Hier zog er Erkundigungen ein. Hier besuchte er diese und jene Gemeinde. Und hier landete er schließlich in dem zwanzig Kilometer südwestlich von Bamberg gelegenen Pommersfelden bei der Familie des Böttchermeisters Johann Bechmann und dessen Ehefrau Bernhardine.

»Die Bechmännischen Eheleute«, heißt es in einem Aktenstück von 1848, waren »ganz arm.« Ihr ältester Sohn, der am 18. November 1801 geborene Conrad, war gleichfalls Böttcher und mit seinen vierundzwanzig Jahren bereits Braumeister. In ihm, da war sich Schütz sicher, hatte er den gesuchten Mann gefunden, und es gelang ihm, ihn für sein marodes Unterfangen in Grünthal anzuwerben.

Kaum in Grünthal angekommen, ging der Franke ans Werk, um – wie sich später einer der Söhne des Justizrats in der *Allgemeinen Hopfen-Zeitung* erinnerte –, »sofort im Oktober desselben Jahres untergährige Biere nach Art der damaligen Bamberger Biere« zu brauen.

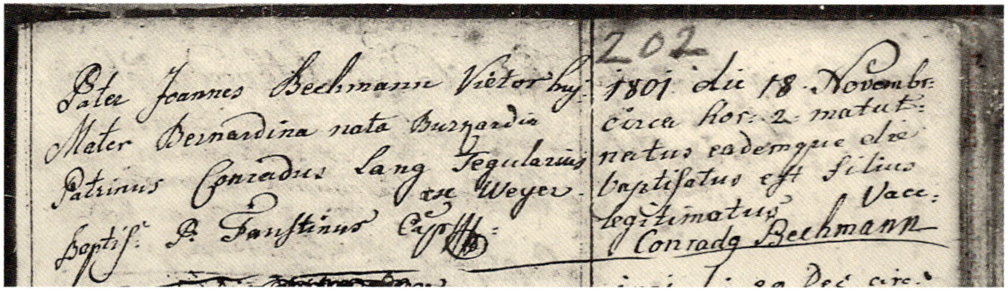
202
Pater Joannes Bechmann Victor huj: | 1801 die 18 Novembr: circa hor: 2 matut: natus eademque die baptisatus est filius legitimatus Conradus Bechmann
Mater Bernardina nata Burgardin
Patrinus Conradus Lang Tegularius ex Weyer.
baptis: P. Faustinus Capp:

Beurkundung der Geburt von Conrad Bechmann im Taufregister 1719–1814 der Schlosskirche »Unbefleckte Empfängnis« zu Pommersfelden am 18. November 1801

Und bald schon konnte er die Preußen davon überzeugen, dass bayerisches Bier besser schmeckt als das, was bislang rund um und in Berlin verkauft worden war, nämlich das – wie man obendrein zugeben musste – »dem Verderben leicht ausgesetzte Weißbier«. Im Gegensatz zu diesem besaß das »Bairisch Bier« eine weitaus höhere Lager- und somit Verkaufsfähigkeit.

Bechmann war in dieser Mission einer der allerersten.

Zwar braute er für den Justizrat verschiedene Sorten – inklusive einem obergärigen Ale –, aber das untergärige und aromatischere, stärkere und dunklere »Grünthaler Unterhöler« (»Unterhöler« nur mit einem »h« geschrieben!) wurde der Renner – zuvörderst, als sich herumgesprochen hatte, dass der Kanzler Otto von Bismarck zur abendlichen Entspannung von seinen Pflichten in Berlin in einem Lokal in der Leipziger Straße 82 Ecke Friedrichstraße einzukehren pflegte, »um ein Glas Grünthaler Bier zu trinken«. Der Wirt der Bierstube, Carl August Schwarz, empfahl sich explizit als »Restaurateur u. Inhab. einer Niederlage Grünthaler Lagerbiers«.

Vergeblich bemühten sich Konkurrenten, die Sorte nachzubrauen. Und so besaß das Produkt des Gespanns Justizrat Schütz und Brauer Bechmann bald ein Alleinstellungsmerkmal. In Anzeigen wurde darauf mit einem schwarzen ausgestreckten Zeigefinger auch energisch hingewiesen: »Alle anderweitig unter diesem Namen angekündigten Biere sind unächt.«

Der Ruf des »Grünthaler Unterhölers« verbreitete sich, wie die Zeitungen schrieben, »nicht nur durch die ganze preußische Monarchie, sondern auch in das Ausland, selbst bis nach Russland, Dänemark und so weiter«.

Conrad Bechmann konnte mit Fug und Recht für sich in Anspruch nehmen, durch die Einführung des »bairischen« Bieres in Preußen einen allgemeinen Geschmackswandel hin zum untergärigen Bier außerhalb seiner Heimat mit herbeigeführt zu haben. Dessen Wert als eines der Grundnahrungsmittel war dadurch deutlich gestiegen.

»Bier is ooch Stulle« galt hinfort einmal mehr. Der Preis: »à Tonne ... 10 Thlr. / 20 Flaschen für ... 1 Thlr.«

Leider vermochte Schütz, diesen Riesenerfolg nicht lange zu genießen, denn er starb 1836. Die Verantwortung für den Brauereibetrieb in Grünthal lag fortan auf den Schultern von Conrad Bechmann. Und der wurde in dem Kirchendorf heimisch.

Er heiratete 1833 die Berlinerin Charlotte Kunert und bekam mit ihr, nachdem die ersten Söhne, Karl Wilhelm und Karl Wilhelm George, kurz nach der Geburt gestorben waren, 1838 den Sohn Carl Johann (genannt Johannes) und 1840 den Sohn August Franz (genannt August). Drei Töchter sollten noch folgen.

Paten dieser Kinder waren in Grünthal der Malzmeister Michael Bechmann und die beiden Braugehilfen Georg Johann Bechmann und Franz Adam Bechmann, alles Brüder von Conrad. Es gab noch drei weitere, die ebenfalls im Braugewerbe tätig waren, sie arbeiteten in anderen Betrieben.

Was Bechmann schon lange durch den Kopf gegangen sein muss, war der Gedanke, dass er mit seinen Fähigkeiten und der ganzen familiären Gefolgschaft inzwischen am falschen Ort war. Musste es dem, der es aufgrund seiner Kenntnisse und seiner Energie von Pommersfelden in die Nähe von Berlin geschafft und dort Erfolg erzielt hatte, nicht auch gelingen, in der Stadt selbst zu reüssieren – oder zumindest erst einmal an ihrem Rand?

Da Conrad Bechmann die Frage bejahte, verließ er mit seiner Familie das Rittergut Grünthal.

Die Söhne des Justizrats jedoch, Herrmann und Carl Schütz, die es geerbt hatten und nun gezwungen waren, die Bierbrauerei selbst in die Hand zu nehmen, sollten innerhalb kürzester Frist alles, was der Pommersfeldener glanzvoll aufgebaut hatte, wieder herunterwirtschaften. Der Betrieb ging in Konkurs, und das Besitztum fiel 1847 bei diversen Terminen »im Wege der nothwendigen Subhastation«, das heißt: der Zwangsversteigerung, Los für Los an ihren Bruder, den Amtsrat Johann Schütz. Nun war er der Herr auf der Domäne.

Der einst dort tätige Braumeister aber galt zu dieser Zeit bereits als jemand, der Maßstäbe gesetzt hatte in seinem Metier, und war in die Fachliteratur eingegangen.

1845 rühmte Julius Ludwig Gumbinner im *Handbuch der praktischen Bierbrauerei nach den neuesten und bewährtesten Methoden* Conrad Bechmanns »Unterhöler« in einer Weise, die kaum mehr steigerungsfähig war: »Dasselbe zeichnete sich [...] durch einen höchst lieblichen, pikanten, angenehmen Geschmack wie aromatischen Geruch aus, es übertraf durch diese Eigenschaften eine lange Zeit hindurch alle in Preußen erzeugten nachgeahmten (fremden) oder Original-Lagerbiere, war stets klar und im Sommer wie im Winter, in Geschmack, in seiner eigenthümlichen hellbraunen Farbe, Stärke wie im Geruche ganz gleich gut und ansprechend; es schäumte stets gleichmäßig aus Flaschen geschenkt, zwar nicht in dicken, zähen nur den obergärigen Bieren eigenthümlichen Schaum, sondern unter einem immerwährenden Perlen im Glase; eine Eigenschaft, die ihm ein dem Auge wohltuendes Aeußere gab. Auf der Flasche hielt sich dieses Bier fünf bis sechs Jahre in ganz gleich gutem Zustande, ja es gewann je nach seinem Alter, noch um ein Bedeutendes an Stärke, Geschmack und Geruch.«

Bechmann war derweil nach Spandau in die Potsdamer Straße 18 (heute Carl-Schurz-Straße) gezogen und hatte 1840 in der nahegelegenen Mönchstraße 4 für 12 000 Taler die »Brauerei Spandau ›Königsbier‹, Fredersdorfer« gekauft.

Mit dem Erwerb dieser Produktionsstätte, die in ihrem örtlich begrenzten Zuschnitt kaum größer war als eine Hausbrauerei, aber durch ihren Gründer, den Favoriten Friedrichs des Großen, Michael Gabriel Fredersdorf, eine noble Reputation besaß, hatte sich Bechmann in eine Position manövriert, von der aus er nur noch einen kleinen Schritt zu machen brauchte, um die Grenzen der Provinz endgültig und selbstbewusst zu überschreiten.

Bei der Rückschau auf das Leben Conrad Bechmanns wird deutlich, mit welcher strategischen Konzeption, mit welcher taktischen Klugheit und mit welcher Konsequenz er vorging. Er, der jetzt sein eigener Herr war.

Und eine Schutzherrin hatte er auch: Elisabeth Ludovica, die nach der Thronbesteigung ihres Gatten Friedrich Wilhelms IV. soeben Königin von Preußen geworden war – und aus Bayern stammte. Von ihr war bekannt, dass sie sich als Patrona des bayerischen Bieres in Preußen verstand. Sie unterstützte den Import des heimischen Getränks und förderte die Gründung von »Bairisch Bier«-Brauereien.

Nicht zuletzt auf ihre Fürsprache ging es zurück, dass Seine Majestät dem Bierbrauer Conrad Bechmann aus Pommersfelden im selben Jahr 1840 eine Parzelle des Grunewalds »gegen billigen Erbpachtzins überließ«.

Die darin anklingende Gönnerhaftigkeit relativiert sich indes, wenn man weiß, dass – worauf Fritz Schaletzke in seinem Bericht über *Geschichtliches um den Spandauer Bock* aufmerksam gemacht hat – das ganze hiesige Gebiet »besonders sandig war«. Und dies so sehr, dass sich bei der Aufteilung der angrenzenden Charlottenburger Feldmark im Jahr 1821 kein Interessent auch nur für einen Teil davon gefunden hatte.

Dasselbe galt für das Conrad Bechmann huldreich und gütig angebotene Flurstück, das hier lag und Domänenbesitz war, also staatliches Eigentum. Es war ein Ladenhüter *par excellence*. Und die Verwaltung konnte froh sein, dass sie ihn losgeworden war.

Königin Elisabeth von Preußen (1801–1873)

Welches Erschließungsvermögen sie sich mit der Verpachtung eingehandelt hatte, ahnte zu jener Zeit niemand. Und auch der Pächter selbst sah nicht voraus, mit welcher Fortune er dieses Geschäft abgeschlossen hatte.

Kaum hatte er Brief und Siegel erhalten, grub Bechmann an jener Stelle, an der heute die Reichsstraße in den Spandauer Damm stößt, einen Lager- und einen Eiskeller in das, wie es der Schriftsteller Max Eydt einmal genannt hat, »Sandgebirge« auf der »Spandauer Spitze«.

Danach hieß es dort auch »Bechmann's Höhe«.

Der Untergrund war für das Projekt des Franken hervorragend dienlich. Denn weil das Grundstück auf einem Bergrücken lag – exakt in einer Höhe von 60 Metern über Normal-Null –, bestand keine Gefahr, binnen kurzem auf Grundwasser zu stoßen, das die unterirdischen Gemäuer hätte gefährden können.

Der die Räume umgebende Sand, der die Verpachtung des Teilstücks ehedem verhindert hatte, war darüber hinaus ein Segen, denn er garantierte eine konstant niedrige Temperatur. Und wenn man tief genug bohrte, stieß man auf völlig unbelastetes klares Wasser.

Das bestätigte der Abgeordnete Dr. Wilhelm Hermes in einer Ausschusssitzung der Stadtverordneten-Versammlung von Berlin am 25. April 1881, indem er sagte: Auf der Spandauer Spitze »existirt ein sehr tiefer Brunnen, welcher zur Fabrikation von Bier verwendet wird. Dieses Wasser ist ausgezeichnet, vollkommen krystallhell und nun schon seit Jahren von vorzüglicher Qualität«.

Als Hermes das Thema fünf Wochen später, am 2. Juni, wortgleich noch einmal aufgreift, erfahren wir zudem, dass jener Brunnen »von der dortigen Bierbrauerei« angelegt worden war. In einem Maschinenhaus am Fuße des Berges förderte ein Pumpwerk auf der Spreeseite den zur Herstellung des Getränks benötigten Grundstoff – nahezu kostenfrei.

Die Voraussetzungen für das, was dem Braumeister Conrad Bechmann mit seinem Fachwissen vorgeschwebt hatte, konnten nicht günstiger sein, als er das Sandstück damals pachtete.

Kehren wir also zurück in das Jahr 1840.

Da braute Bechmann von September bis März noch mit Spandauer Wasser sein Bier – in den übrigen fünf Monaten war das wegen der beim Sieden entstehenden Hitze und der damit verbundenen Brandgefahr, zumal in der Stadt, verboten.

Anschließend füllte er das Jungbier in Fuhrfässer, schaffte es durch das »Charlottenburger Thor« vier Kilometer gen Osten auf den Spandauer Berg und lagerte es dort für den Verkauf im Sommer monatelang im kühlen Sand. Das untergärige starke Bier war hierfür umso besser geeignet, als Berliner Weißbier nur eine Lagerfähigkeit von gerade einmal zwei Wochen besaß.

Mit dem Anstich der als letzter hergestellten Sorte, des Märzenbiers, welches das haltbarste war und die braufreie Zeit überdauert hatte, begann im Oktober die nächste Saison.

Ein Schritt aber fehlte noch in Bechmanns Lebensplanung.

Und den tat er 1842 ebenfalls auf dem Spandauer Berg.

Denn in diesem Jahr erlangte er unter Berufung darauf, »dass er ein Landsmann der Königin sei«, die Erlaubnis, dort einen kleinen Ausschank zu eröffnen.

Schon immer galt: Beziehungen muss man haben!

Durch enge Gassen und das nicht minder schmale Charlottenburger Tor musste Conrad Bechmann anfangs sein in Spandau gebrautes Bier mit den Fuhrfässern transportieren, um es alsdann in den Eiskellern auf dem Spandauer Berg kühl zu lagern.

Von Weitsicht und Fernsicht

Abgesehen davon, dass es schlicht gescheit war, wenn man eine Brauerei besitzt, auch eine Schankstätte aufzumachen, war deren beider Verknüpfung eine unternehmerische Handlung, die von bemerkenswerter Weitsicht geprägt war.

Bechmann nannte seinen Betrieb »Brauerei C. Bechmann ›Spandauer Spitze‹« und das Gasthaus, in dem er sein Produkt verkaufte, »Spandauer Bock«. Für Berliner dürfte die Betonung zunächst auf dem ersten der beiden Wörter gelegen haben, denn ein Landsmann Conrad Bechmanns, Georg Leonhard Hopf, hatte kurz zuvor »auf dem Templower Berge vor dem Halleschen Thore« desgleichen eine Wirtschaft eröffnet, die nach dem dortigen Angebot »Der Bock« genannt wurde.

Was die Eingängigkeit der beiden Namen betrifft, so hatte Bechmann durch die Nähe der geographischen Bezeichnung »Spandauer *Berg*« zur gastronomischen »Spandauer *Bock*« zweifellos den Vogel abgeschossen und sich unter den derzeit in Berlin tätigen 35 Brauereien einen Namen gemacht.

1842 galt von jetzt an als das eigentliche Geburtsjahr seiner Unternehmungen.

Dass Conrad Bechmann seine Schänke im selben Jahr eröffnet hat, in dem August Heinrich Prell, ein Apotheker, in der Neuen Jakobstraße 26 jene Bierkellerei gründete, die einmal mit Bechmanns fusionieren sollte, die »Schultheiss Brauerei«, ist eine bestechende Koinzidenz, aber kein Zufall. Denn man lebte in einem Zeitalter, in dem das Wachstum vieler Gewerbe und Gewerke gleichsam explodierte.

Wir sind wieder bei »Borsig« …

Immer deutlicher war Berlin im Begriff, sich zu einer der führenden, wenn nicht *der* führenden Industrie- und Handelsmetropole Deutschlands zu entwickeln. Vor allem durch die sich steigernde Landflucht nahm die Masse der Bevölkerung von Jahr zu Jahr zu. 1831, als Conrad Bechmann in Grünthal sein »Unterhöler« produzierte, hatte die Stadt 248 682 Einwohner, jetzt, im Jahr 1842, waren es schon über 100 000 mehr. Und so ging das weiter. 1845 waren es 380 103.

Mit jedem Jahr wuchs die Anzahl der Bewohner. Und sie alle brauchten Arbeit und erhielten sie. Sei es im Handwerk, sei es in den Fabriken – wie bei Borsig. Berlin boomte und schickte sich an, aus allen Nähten zu platzen, weshalb es sich, um den Druck zu senken, ausdehnte. Neue Siedlungen entstanden an seiner Peripherie oder bestehende wurden er-

Auch wenn der Garten nicht belaubt ist, lohnt sich doch ein Besuch auf dem »Bock« – zum Lustwandeln und Biertrinken.

weitert. Und um das alles am Laufen zu halten, wurde die Infrastruktur ausgebaut, wurden alte Dammwege in befestigte Straßen verwandelt und neue Chausseen angelegt, wurden Eisen-, Pferde- und Straßenbahnlinien installiert.

Schon eine Generation später wurde in einem Magistratsbericht beim Rückblick auf all die baulichen und organisatorischen Maßnahmen der letzten Jahre in Berliner Bescheidenheit von einem wahrhaft gigantischen Unternehmen gesprochen, »welches an Umfang, an Eigenart in keiner Stadt der Erde, selbst in London nicht gefunden wird und sich dreist mit den größten Ingenieurbauten aller Völker und Zeiten messen kann«.

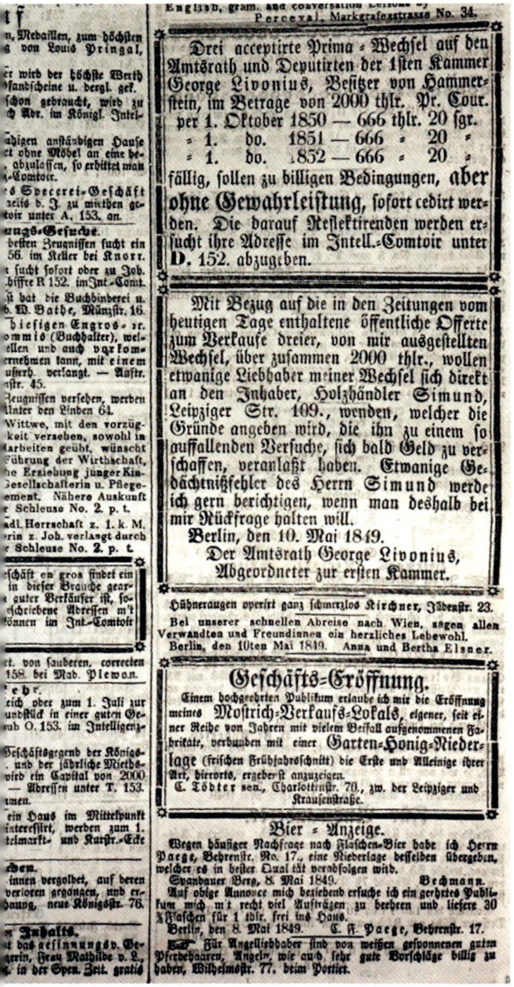

English, gram. and conversation Lessons by Perceval, Markgrafenstrasse No. 34.

Drei acceptirte Prima-Wechsel auf den Amtsrath und Deputirten der 1sten Kammer George Livonius, Besitzer von Hammerstein, im Betrage von 2000 thlr. Pr. Cour.
per 1. Oktober 1850 — 666 thlr. 20 sgr.
" 1. do. 1851 — 666 " 20 "
" 1. do. 1852 — 666 " 20 "
fällig, sollen zu billigen Bedingungen, **aber ohne Gewahrleistung**, sofort cedirt werden. Die darauf Reflektirenden werden ersucht ihre Adresse im Intell.-Comtoir unter D. 152. abzugeben.

Mit Bezug auf die in den Zeitungen vom heutigen Tage enthaltene öffentliche Offerte zum Verkaufe dreier, von mir ausgestellten Wechsel, über zusammen 2000 thlr., wollen etwanige Liebhaber meiner Wechsel sich direkt an den Inhaber, Holzhändler Simund, Leipziger Str. 109., wenden, welcher die Gründe angeben wird, die ihn zu einem so auffallenden Versuche, sich bald Geld zu verschaffen, veranlaßt haben. Etwanige Gedächtnißfehler des Herrn Simund werde ich gern berichtigen, wenn man deshalb bei mir Rückfrage halten will.
Berlin, den 10. Mai 1849.
Der Amtsrath George Livonius, Abgeordneter zur ersten Kammer.

Hühneraugen operirt ganz schmerzlos Kirchner, Jüdenstr. 23.

Bei unserer schnellen Abreise nach Wien, sagen allen Verwandten und Freundinnen ein herzliches Lebewohl.
Berlin, den 10ten Mai 1849. Anna und Bertha Elsner.

Geschäfts-Eröffnung.

Einem hochgeehrten Publikum erlaube ich mir die Eröffnung meines **Mostrich-Verkaufs-Lokals**, eigener, seit einer Reihe von Jahren mit vielem Beifall aufgenommenen Fabrikate, verbunden mit einer **Garten-Honig-Niederlage** (frischen Frühjahrsschnitt) die Erste und Alleinige ihrer Art, hierorts, ergebenst anzuzeigen.
C. Tödter sen., Charlottenstr. 70., zw. der Leipziger und Krausenstraße.

Bier-Anzeige.

Wegen häufiger Nachfrage nach Flaschen-Bier habe ich Herrn Paege, Behrenstr. No. 17., eine Niederlage desselben übergeben, welcher es in bester Qualität verabfolgen wird.
Spandauer Berg, 8. Mai 1849. Bechmann.

Auf obige Annonce mich beziehend ersuche ich ein geehrtes Publikum mich mit recht viel Aufträgen zu beehren und liefere 30 Flaschen für 1 thlr. frei ins Haus.
Berlin, den 8. Mai 1849. C. F. Paege, Behrenstr. 17.

Für Angelliebhaber sind von weißen gesponnenen guten Pferdehaaren, Angeln, wie auch sehr gute Vorschläge billig zu haben, Wilhelmsstr. 77. beim Portier.

Auch eine versteckte »Bier-Anzeige« wie die unten rechts in der *Königlich privilegirten Berlinischen Zeitung* 109 vom 11. Mai 1849, die kundtut, dass er »wegen häufiger Nachfrage« nach seinem Erzeugnis Carl Friedrich Paege in der Behrenstraße eine Niederlage übergeben hat, macht den frühen Erfolg von Conrad Bechmanns Braukunst deutlich.

In einem solchen fieberhaften Klima der Hektik des Schaffens und der Dynamik des Umgestaltens, des Lärmens und des Qualmens aus immer mehr Kaminen und Schloten und der zunehmenden innerstädtischen Verdichtung und Beengung – ja, der mit dieser Entwicklung einhergehenden Umwertung aller Werte baute sich in der Bevölkerung eine Protesthaltung auf, die das gesamte Sozialgefüge hinterfragte.

Als dann 1848 im Deutschen Bund und damit auch in Preußen eine auf die Demokratisierung des gesellschaftlichen Lebens gerichtete Revolte gegen die regierenden Herrscherhäuser ausbrach, entlud sich der Zorn der Menschen am 18. März mit Wucht am stärksten in Berlin. Forken gegen Bajonette, Haubitzen gegen Steinschleudern. Bei Barrikadenkämpfen rund um das Schloss wurden mehr als 270 Bürger niederkartätscht.

Vergebens versuchte Friedrich Wilhelm IV., mit einer naiven Proklamation »An meine lieben Berliner!« die Aufrührer zu beschwichtigen. »Eure liebreiche Königinn und wahrhaft treue Mutter und Freundinn, die sehr leidend darnieder liegt, vereint ihre innigen, thränenreichen Bitten mit den Meinigen.«

Der Konflikt zog sich länger hin als ein Jahr – Ende Mai 1848 verbreitete sich vorübergehend das Gerücht, »das ganze Studentencorps [habe] den Bock occupirt« –, bis der Aufruhr in einem kaum zu entwirrenden Knäuel von Zerstrittenheit der Revolutionäre und erst gemachten und dann wieder kassierten Zugeständnissen des Monarchen im Juli 1849 endgültig in sich zusammenbrach.

Die Wahlen, die schließlich zur Zweiten Kammer des Preußischen Abgeordnetenhauses stattfanden, basierten fern aller Demokratie auf dem Dreiklassenwahlrecht.

Ein Feiertag war der Dienstag, der 17. Juli 1849, dennoch. Und so benutzten ihn die Berliner zu einem Ausflug zum Spandauer Berg, worüber die *Deutsche Zeitung* vom 21. Juli berichtete. Aus der Feder eines offenkundig »conservativen« Verfassers besitzen wir dadurch einen frühen Augenzeugenbericht vom »Spandauer Bock«.

Wenngleich nicht den ersten.

Vor einem Jahr schon hatte der, dessen Name noch weithin unbekannt und deshalb nicht erwähnt worden war, auf eine zukunftweisende Art eine Rolle gespielt. Da meldete die *Leipziger Zeitung* vom 10. August 1848 einen Vorfall, der sich am 2. August ereignet hatte, als eine angeschickerte Gruppe Studierender vom Spandauer Berg heimkehrte, »wo ein vortreffliches bayerisches Bier gebraut wird und im Grünen getrunken werden kann«: die »Schlacht von Charlottenburg«.

In arglos fröhlicher Stimmung schwenkten sie das Symbol der von ihnen geforderten nationalen Einheit, schwarz-rot-gold, als ein Grenadier des Zweiten Garde-Regiments ihnen die Fahne entriss und darauf herumtrampelte. Fäuste flogen, Worte fielen. Und ein Student rief den Soldaten zu: »Über acht Tage habt Ihr keinen König mehr, dann ist Republik!«

Das dauerte zwar länger. Aber bereits, als sein Name noch gar nicht genannt war, verband sich mit dem »Spandauer Bock« der Begriff, der sein stehendes Beiwort wurde: »Freiheit«.

Der Bericht in der *Leipziger Zeitung* war ein Vorsignal, eine Einstimmung auf das, was die *Deutsche Zeitung* ihren Lesern nunmehr zu bieten hatte! Dort glossierte der Kommentator des Blattes die Anhänger der Demokratie, die am 17. Juli 1849 auf dem »Bock« den Tag der Urwahl zur Zweiten Kammer des Preußischen Abgeordnetenhauses gefeiert hatten.

»Je näher ich [...] dem sogenannten Spandauer Berg kam, um so mehr machte sich das Fest als eine politische Kundgebung bemerkbar. [...]. Schon in der Umgegend sah man Schaaren, paarweise oder zu dreien, vieren, sämmtlich mit Demokratenhüten, die mit ausgesucht großen rothen Abzeichen verziert waren. Entweder waren es Klatschrosen, oder rothe Mohnblumen, oder Sträuße rother Beeren. Die verwegensten Worte hörte man dazu rechts und links fallen. Endlich aber der Spandauer Berg selbst! Eine wahre *secessio in montem sacrum* [eine Anspielung auf einen berühmten Protestmarsch von Plebejern (!) im alten Rom]. Als ich ankam, war die Zeit des Redens und Singens offenbar schon vorüber; nur Einzelne noch hatten sich in entferntere Ecken um einen Nichtendenwollenden gedrängt. Die große Masse war bereits in einem Zustande, wo das bestimmte Hören und Sehen aufhört und das dem Famulo Wagner so verhaßte Toben beginnt. Alle Alter und Geschlechter wogten durcheinander – die Sitze reichten nicht für ein Zehntel – die Tische waren mit Bierkrügen und Gläsern besetzt, in denen sich eine Flüssigkeit zeigte, die man von Weitem für trübes Wasser halten konnte, die nach ihren Wirkungen aber doch einen geistigen Inhalt haben mußte. Politische Stichwörter, wie der Mund des Volkes sie umgestaltet, ertönten dazwischen. Ich sah Kinder von 10 bis 12 Jahren, die sich auf und ab durch die Menge drängten und durch keinen Fall, den sie thaten, durch keinen Tritt oder Stoß, den sie unwillkürlich erhielten, beirrt, fortwährend wie unbewußt ›es lebe die Freiheit!‹ schrieen.«

So geht das Entsetzen des echauffierten Ästheten weiter. Er erinnert sich ob des Erlebten an die »Grenzen der Schönheit und Sitte« des europäischen Südens. Julius Caesar wird als vorgeblicher Leidensgenosse befremdlicherweise ins Feld geführt. Bis der Berichterstatter im leise schwindenden Tageslicht nur noch feststellen kann, auf dem Spandauer Berg »einer Walpurgisnacht beizuwohnen«.

Wie erleichtert ist er, als er bei der Heimfahrt an den Toren Berlins die ersten Kürassiere erblickt. Sie waren hier postiert, um Ruhe und Ordnung wieder herzustellen – dieselben, die im vorigen Jahr den Protest vor dem Schloss niedergeschlagen und -geschossen hatten.

Filtert man bei der Lektüre dieser Reportage den Standesdünkelton ihres Verfassers heraus, dann erscheint der »Spandauer Bock« in seiner Frühzeit nicht nur als Ausflugs-, sondern mehr noch als Zufluchtsort. Der anonyme Schreiber hat zwar an das Entsetzen von Goethes Famulus Wagner im *Faust* erinnert, dem jegliches »Toben« widerwärtig war; aber wenige Verse zuvor hatte Faust jene Worte gesprochen, die das geziemende Motto des Tages gewesen wären:

Hier ist des Volkes wahrer Himmel,
Zufrieden jauchzet groß und klein:
Hier bin ich Mensch, hier darf ich's sein!

Was für ein treffender Wahlspruch für den »Spandauer Bock«!

Auf ihm fanden seine Besucher nach ihrem Kampf ums Dasein in der stinkenden und oft von Cholera bedrohten Stadt Zerstreuung und Entspannung. Hier lag die Gegenwelt zur Elendswelt der Wohnlöcher und Straßenschluchten.

In einem klassisch gewordenen Absatz seines Essays über *Das Proletariat* hat der Soziologe Werner Sombart 1906 diese Behausungen beschrieben. In ihnen hört das Heimischsein auf. »Hier, wo des Sommers durch die offnen Fenster – denn in den Räumen, in denen zugleich gekocht, gewaschen und gebügelt wird, ist es bei geschlossenen Fenstern nicht auszuhalten – der ganze Klatsch, der ganze Zank, alles Klappern, Schwirren, Surren, Summen der Näh- und Schuhmachermaschinen, alles Kindergeschrei, alles Tosen der Maschinerie der Fabrik im Hofraum, aller Dunst und Duft der 40 oder 50 Küchen mit ihrem Talggeruch und ihrer Ranzigkeit eindringt, wo keine Tür geöffnet werden kann, ohne daß neugierige, neidische oder schadenfrohe Blicke hineindringen, hier muß das Heim als Hölle, die Kneipe [...] als Himmel erscheinen.«

Und als der siebte der »Spandauer Bock« im Grunewald.

Unter seinem Blätterdach konnte ein jeder durchatmen und dem Denken seinen Lauf lassen. Daher traf sich hier auch Max Stirner, ein Ideengeber von Karl Marx, obrigkeitsfern mit Gesinnungsgenossen aus dem Debattierclub der »Freien«.

Gerade wenn man sich den 17. Juli 1849 ins Gedächtnis ruft, erscheint sowohl die Zeit als auch die Stätte von Conrad Bechmanns Gründung seines Ausflugslokals als gut gewählt. Opposition und Kontemplation lagen hier nah beieinander.

Ein Gruß vom »Spandauer Bock« mit einer x-beliebigen (Grune)Wald-Landschaft

Otto Monke, an den wir uns aus dem ersten Kapitel dieses Buches erinnern, berichtete von einem Großstadtflüchtling, freilich von einem der anderen, gedankenverlorenen Art: von dem Geheimen Kommerzienrat Ludwig von Schäfer-Voit, einem Zeitschriftenverleger, der ein gutes Gespür für landschaftliche Pracht besaß.

Er hatte »den schönsten Punkt in der näheren Umgebung Berlins, den Spandauer Berg mit seinem herrlichen Blick über das Spreetal bis zu den Horizontlinien der Barnimer Wälder in blauer Ferne, herausgefunden, und bereits zu Anfang der Sechzigerjahre wanderte er oft von Charlottenburg aus, den Feldstuhl unterm Arm zu den Höhen neben der Spandauer Bergbrauerei, um dort in Ruhe die Fernsicht zu genießen«.

Was genau sich den Augen desjenigen bot, der nah an den Abhang des Spandauer Berges trat, hat fast zur selben Zeit Carl Riesel in seinem Führer durch *Das romantische Havelland* detailliert beschrieben. Es ist eine literarische Vedute wie diese, die uns hinsichtlich der heutigen Bebauung des Geländes, der Veränderungen des Bewuchses und der radikalen Umgestaltung der Topographie in den letzten anderthalb Jahrhunderten – zum Beispiel der Abtragung oder »Regulierung« des Spandauer Berges im August 1925 – einen lebhaften

Ein Dampfbagger bei der Abtragung (»Regulierung«) des Spandauer Berges auf der Höhe des »Spandauer Bocks«, Bleistift-Zeichnung des Spandauer Heimatforschers Albert Ludewig (1902–1972) vom 25. August 1925

Eindruck davon vermittelt, wie bezaubernd jener Fleck war, den sich Conrad Bechmann ausgeguckt hatte, um den Bewohnern der wachsenden und immer beengender und stickiger werdenden Großstadt ein luftiges Ausflugsziel zu bieten.

»Dem sinnigen Beobachter der Natur eröffnet sich [...] nach West, Ost und Nord ein Panorama der lieblichsten Mannigfaltigkeit: rechts die dampfenden Schornsteine von Moabit, im Hintergrunde die Jungfernhaide mit den fernen Höhen Tegels und nach links darüber hinausragend die weißen Segel, welche die Schiffe auf der Havel bewegen; daran schließen sich Spandau mit seinem Nicolaithurme, seinen neuen weitläuftigen Fabrikgebäuden für den Kriegsbedarf und seiner Citadelle [an], ganz rechts wiederum der Grunewald und an seinem Saum Westend und die Besitzung Ruhwald; im nördlichen Vorgrunde eine weite Wiesenfläche, durch welche sich der Schienenweg gerade hindurch erstreckt und die Spree in weiten Windungen sich schlängelt, belebt von den Dampfbooten, die theils Spandau, dem Pichelswerder und der Pfaueninsel, theils Potsdam selbst zueilen, aber auch von andern Segelschiffen und einer Masse stolz sich wiegender Schwäne: – das Alles schafft gerade kein großartiges, aber ein überaus liebliches Bild.«

Auch zwanzig Jahre, nachdem Conrad Bechmann auf einer Lichtung des Grunewalds seine Schankwirtschaft eröffnet hatte, besaß der Spandauer Berg noch immer jenen Reiz, der ihn für seine Besucher (darunter oftmals verwunderlicherweise auch Duellanten) so anziehend machte.

Jeder Cicerone jener Zeit gewinnt der Gegend einen anderen Aspekt, einen anderen Zauber ab.

So schreibt Aloys Hennes 1879, dass man auf seinem Weg zum »Spandauer Bock« eine Höhe hinaufsteigt, »wo man eine Art Wildniß betritt, denn es ist nicht Feld, nicht Wiese, nicht Haide, und doch von Allem etwas; für Kinder daher ein ausgezeichneter Platz zum Blumenpflücken«.

Immer aufs Neue lockt er empfindsame Menschen hierher, die – so mutet es einen an – daheim am Schreibpult bei der Erinnerung an jene ursprüngliche landschaftliche Schönheit die gleichen Eindrücke wiedergeben und dabei von einem Heer von Musen begleitet und geküsst werden. Und sich immer aufs Neue im Lobsängerwettstreit begeistern.

Wie Otto Kuntzemüller, der 1881 in der *Gartenlaube* stabreim-freudig und technik-affin schwärmte: »Die Spree [...] wälzt ihre dunklen Wogen am Fuße des Spandauer Berges, des sogenannten Bockes, vorbei in mächtiger Krümmung der Havel zu; sie bespült lachende Wiesen. Und nicht blos die Spree, auch die beiden Eisenbahnen, die Hamburger und die Lehrter Bahn, welche in divergirenden Linien vom Bocke aus der Stadt zulaufen, tragen mit ihren häufigen Zügen wesentlich zur Belebung des Vordergrundes bei. Dunkle Föhrenwälder, hin und wieder durchsetzt von Laubholz, heben sich mit welligen Formen vom Horizonte ab und geben dem ganzen Bilde einen freundlichen Rahmen.«

Und nicht allein dem Bilde, sondern auch dem »Spandauer Bock«, der am Ende dieser panegyrischen Eloge als »eines der anmuthigsten Vergnügungslocale in der ganzen Umgebung Berlins« besungen wird!

Der »Spandauer Bock« als geographischer Terminus war ein Garten Eden für Menschen, deren Herz bei der Betrachtung von landschaftlicher Schönheit aufging. Aber auch ein Eldorado für solche, die sich hier mit Netz und Botanisiertrommel ein Stelldichein gaben zur Erforschung von Fauna und Flora. Die Fachzeitschriften sind voll mit Protokollen von dort gemachten Fängen und Funden seltener Moose und rarer Insekten! »*Sibynia phalerata* Stev. und *Sib. primita* Hbst. sind von mir [...] zahlreich auf unfruchtbaren Feldern beim Spandauer Bock gekäschert worden.«

Wer es prosaischer haben wollte als der Entomologe Dr. Eugene Amandus Schwarz aus Breslau, der konnte sich an die Protagonistin in Julius Stindes Roman *Hôtel Buchholz* von 1897 halten. Die schwärmt von der Aussicht auf den Juliusturm in Spandau, »worin die Millionen des Kriegsschatzes schlummern« – die Reparationen nämlich, die Frankreich nach dem Friedensschluss von 1871 an das Deutsche Reich gezahlt hatte. »Dieser Anblick in Verbindung mit dem vorzüglichen Bier ist beruhigend für den Staatsbürger.«

Sie sagt es!

Denn nur um diese oder jene Fernsicht zu genießen, kamen die wenigsten hierher.

Spandau im Westen – Westend im Osten

Das Ziel war der »Spandauer Bock«. Sein Name war deshalb so einprägsam, weil er originell war. Das männliche Bock-*Tier* konnte ebenso wenig gemeint sein wie das sächliche Bock-*Bier*. Es hieß schließlich *der* »Spandauer Bock«. Und man sagte, um es noch absurder zu machen, man ginge »auf« den »Bock«. Der Name war gehobener Kokolores – oder, um es salonfähiger auszudrücken: Er bezeichnete eine Hybride, eine Schimäre.

Er kombinierte die Bezeichnung eines Tieres mit der eines – wie wir gleich sehen werden, ›falschen‹ – Ortes und beides zusammen mit der eines Getränks, das auf eine Verballhornung zurückgeht, auf den Namen der früheren Hansestadt Ein*beck*. In ihr war die Sorte entwickelt worden, und von dort gelangte sie nach Bayern, wo sie »Ain*pöck'*sches Bier« genannt wurde, was sich schließlich zu »*Bock*bier« verkürzte.

So hatte Conrad Bechmann mit Sprachwitz ein Etwas tituliert, das Einzigartigkeit suggerierte. Als Name wie als Gastwirtschaft. Von einem Bayern gebrautes herzhaftes Bockbier bei Mutta Jrün außerhalb der Innenstadt von Berlin zu genießen, das war das höchste der Gefühle auf einem Ausflug in die Sommerfrische.

Und wie bestärkend: Der Stadt-Physikus Dr. Carl Natorp hatte bereits 1841 eruiert, »daß eine schädliche Substanz in dem Bockbier nicht hat aufgefunden werden können«!

Nach gründlicher Prüfung dieses Untersuchungsergebnisses kam der Publizist Robert Springer in seinem Buch *Berlin's Strassen, Kneipen und Clubs im Jahre 1848* zu dem Schluss, dass der Berliner, der bisher beim Genuss seines Schank- oder Weißbiers »beruhigt, gemüthlich und endlich schläfrig wird«, durch das »Baiersche« Bier wie durch ein Wunder »geweckter, lebendiger, geistreicher und unternehmender« geworden ist.

Ein weiterer Cervisiologe bestätigte Springers Erkenntnis und sprach von der Eigenart dieses »erheiternden Getränkes«.

Damit war die Beziehung zwischen Bayern und Berlinern auf eine neue Grundlage gestellt. Und Springer zementierte sie, indem er auf der nächsten Seite eine werbewirksame Wahrnehmung hinzufügte: »Die Biertrinker, welche zugleich Liebhaber von Fußparthieen waren, gingen [...] nach dem Spandauer Berge, wo das gepriesenste Bier geschenkt wurde.«

Gemeint war der »Spandauer Bock«.

Der aber lag – ein weiteres Irritamentum – im Widerspruch zu seinem Namen nicht auf dem Gebiet der Havelstadt, sondern einen Steinwurf entfernt jenseits ihres Territoriums im alleräußersten nordwestlichen Zipfel des Landkreises Teltow im »forstfiskalischen Gutsbezirk Spandauer Forst«.

Im Grunewald also, dessen Eigentümer der Staat war, kurz: auf gemeindefreiem Boden. Es traf zu, wenn jemand kalauerte, der Herr des »Bocks« sei der Oberförster – nämlich Gustav Freiherr von Schleinitz, der uns noch begegnen wird.

Damit auch niemand das Ziel verfehle, gab das *Adreßbuch der Kaufleute, Fabrikanten und Gewerbsleute von Brandenburg und Berlin* mit großer Präzision den Standort des »Spandauer Bocks« an: »¼ M. n. w. v. Charlottenburg« – das heißt: knapp zwei Kilometer nordwestlich von Charlottenburg.

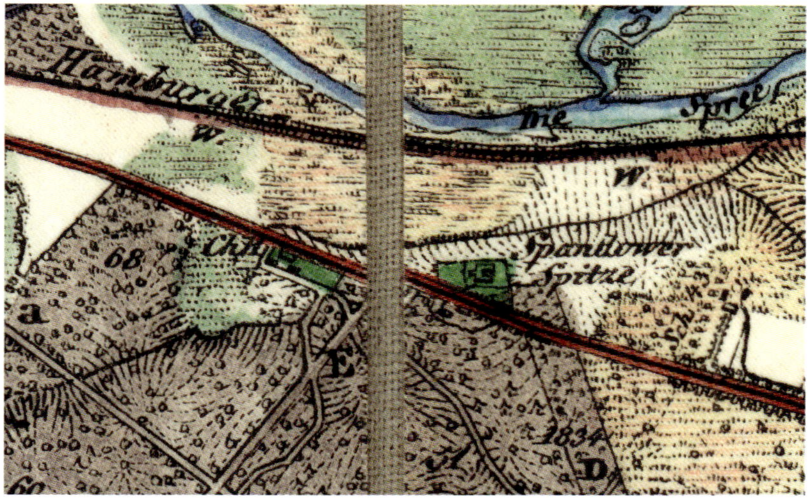

Ein Ausschnitt aus Ferdinand Boehms *Umgebungskarte von Berlin* aus dem Jahr 1851. Rechts neben dem Falz zeigt sie bei der Ortsangabe »Spandower Spitze« jenes Anwesen, das Conrad Bechmann 1847 dem Bauern Hennig abgekauft hat, sowie links neben dem Falz auf der südlichen Straßenseite auch schon den »Spandauer Bock«.

Lediglich ein paar Windmühlen gab es nach der beiläufigen Bemerkung in einem *Militair-Wochenblatt* von 1818 »auf den Höhen hinter Charlottenburg […] auf dem Wege nach Spandau«. Ein Haus aber stand, das verdeutlicht eine für das Frühjahrsmanöver im Mai 1838 angefertigte Karte von *Spandau und Umgebung*, an jener Trasse weit und breit nicht.

Sie war ein Korridor von A nach B durch unberührte Natur.

Dementsprechend hieß die staubige, unebene Schneise durch den Wald noch lange einfach bloß »Straße von Spandau«, »Landweg nach Spandau« oder »Spandauer Straße« – sofern sie überhaupt einen Namen trug.

Im Laufe des nächsten Jahrzehnts war dann – wie Ferdinand Boehms *Umgebungskarte von Berlin* aus dem Jahr 1851 mit zeitlicher Verzögerung bestätigt – gegenüber von Bechmanns Wirtschaft, auf der Nordseite des Damms, umgeben von einem grünen Stück Land ein Gehöft mit zwei Gebäuden entstanden, das einem gewissen Hennig gehörte.

Der betrieb gleichfalls eine Schänke, allerdings wie eh und je mit laffem Weißbier, und war somit gegen seinen Konkurrenten aus Bayern chancenlos. 1847 kaufte Bechmann den Laden – einschließlich einiger alter Eiskeller – kurzerhand auf und nutzte die vorhandene Budike als Filiale zum »Spandauer Bock« gegenüber.

Auch wenn es nie ins Gewicht fiel, ergab sich dadurch für die Zukunft insofern eine Ungleichheit, als das Gelände, das Bechmann nördlich der »Straße von Spandau« nutzte, dauerhaft in seinem Besitz war, während er das südlich davon gelegene Terrain von der

In den »Königlichen Instituten« wie hier der »Kgl. Artillerie-Werkstatt« waren Zivilarbeiterinnen und Zivilarbeiter beschäftigt.

Schornsteingespickt die Spandauer Waffenschmieden am Zusammenfluss von Spree, rechts, und Havel. Geradeaus steht die Königliche Gasanstalt und die Geschossfabrik, auf dem gegenüberliegenden Ufer die Geschützgießerei und am Bildrand eine Halle der Artillerie-Werkstatt – alle miteinander die Hauptarbeitgeber der Stadt.

Königlichen Regierung, Abtheilung für directe Steuern, Domainen und Forsten, zu Potsdam von Anfang an befristet »in Pachtung« hatte.

Weiter westlich war Spandau aus Berliner Sicht ein wenig dösig erst dabei, sich dem Lauf der Zeit *peu à peu* anzupassen.

Spandau war zu jener Zeit allein schon durch seinen Status als Garnisons- und Festungsstadt eine Welt für sich.

Obwohl das große Berlin eine Entwicklungsbewegung Spandaus in seine Richtung nahelegte, wurde sie durch die im Osten Spandaus liegende Rüstungsindustrie, die »Königlichen Institute«, mit ihren militärischen Implikationen und Restriktionen erschwert. Ausdehnung war in alle Richtungen möglich, nach Osten, auf Berlin zu, indessen kaum. Machbar wurde sie erst 1903 nach der »Entfestigung« der Stadt.

Hinzukam, dass Spandau aus Berliner Sicht sehr stark noch agrarisch geprägt war. Das Obst und Gemüse – und, *notabene*, die »Spandowschen Semmeln«, die jenseits der Stadtgrenze sofort in »Schrippen« umgetauft wurden – waren in Berlin begehrt.

Als der Spandauer Bürgermeister Adalbert Roedelius 1853 gebeten worden war, einen Fragebogen für ein *Landbuch der Mark Brandenburg* auszufüllen, charakterisierte er seine Stadt unter anderem mit den Worten: »Der Absatz der Produkte, namentlich Gartengewächse und Fische, ist in der nahegelegenen Residenz Berlin.«

Gerne besuchten die Charlottenburger die Jahrmärkte und Volks- und Schützenfeste in Spandau und erfreuten sich am kleinstädtischen Ambiente. An manchen Tagen waren die engen Straßen Spandaus von den Kolonnen der Berliner Fuhrwerke und großen Kutschen, die man mit einem für heutige Ohren kuriosen Begriff »Omnibus« nannte, völlig verstopft.

Dies traf besonders um die Mitte des 19. Jahrhunderts zu, als Berliner Katholiken an Fronleichnam Prozessionen nach Spandau veranstalteten. Waren es anfangs zwischen 2000 und 3000 Teilnehmer, so nahm deren Menge im selben Maß zu, in dem die Bevölkerung von Berlin anwuchs. Und wenn dann noch das Fest der Gläubigen und das der Schützen auf einen Tag zusammenfielen, konnte man in Spandau nicht mehr treten. Da waren dort auf einen Schlag über 20000 Fremde in der Stadt. Bei 15000 Einwohnern im Jahr 1870 überstieg ihre Zahl immer noch die der Einheimischen. Das Ende war, dass die Umzüge ab 1875 »polizeilich nicht [mehr] geduldet« wurden.

Umgekehrt fuhren die Spandauer mit Neugier in die Metropole erst Preußens, dann des Deutschen Reichs, um dort das Flair der – wie es auf sie wirkte – Weltstadt zu atmen, das Schloss zu bestaunen, den Dom, die imponierenden Bauwerke Schlüters und Schinkels, die Heldenmonumente, die Museen, die breiten Boulevards, Promenaden und Alleen.

Oder sie besuchten im Mai 1865 im Wallner-Theater die Inszenierung von Emil Pohls Posse mit Gesang und Tanz, *Klein Geld*, in der eine belanglose Szene im »Restaurations-Lokal auf dem Spandauer-Bock« spielt: »Wird's bald! Bier her!«

Berühmt waren die Operettenaufführungen, die Revuen und Varietés im »Wintergarten« im »Central-Hotel« am Bahnhof Friedrichstraße, im »Apollo-Theater« in der unteren Friedrichstraße und im »Metropol-Theater« in der Behrenstraße nahe der Straße Unter den Linden.

Hier traten sie auf, die Umschwärmten jener Tage oder besser Nächte: Walter Kollo, Jean Gilbert und Paul Lincke. Hier präsentierten sie Schlager und Schnulzen oder – wie die Berliner damals sagten – »Gemütskisten«, die unsterblich geworden sind:

Glühwürmchen, Glühwürmchen flimmre,
Glühwürmchen, Glühwürmchen schimmre,
Führe uns auf rechten Wegen,
führe uns dem Glück entgegen.

Es war eine andere Welt. Und das Gefühl, dass dies so ist, wurzelte tief in der Mentalität der Spandauer. Es soll noch immer welche geben, die sagen, wenn sie nach Charlottenburg, nach Steglitz oder Friedrichshain wollen, sie fahren »nach Berlin« … wo man solch eine demonstrative Bekundung von Lokalpatriotismus mit einer Wetterbeobachtung kontert: »Der Spandauer Wind bringt den meisten Regen nach Berlin.«

Im Wesentlichen beschränkte sich die Beziehung zwischen Spree-Athen und Spandau vor 1903 und lange danach auf den kleinen Grenzverkehr von Vergnügungslustigen. Beste Voraussetzung für einen Gasthof am Wege! Er bot sich auch manch einem an, der ab 1889 vor seinem Besuch der nahegelegenen Trabrennbahn Neu-Westend zum ›Vorglühen‹ auf dem »Bock« vorbeischauen wollte, um sich noch beschwingter »dem Glück entgegen« führen zu lassen.

Waldeslust und Ausflugsstimmung in welcher Richtung auch immer. Der »Spandauer Bock« lag goldrichtig.

Nur: Wer ihn erreichen wollte, musste als erstes eine Prüfung bestehen, nämlich auf staubigen Pfaden einen Anstieg überwinden. Ein Foto Heinrich Zilles aus dem Jahr 1898 zeigt eindringlich die Beschaffenheit des Bodens auf dem Spandauer Berg: Da mühen sich zwei Reisigsammlerinnen, dass es einen heute noch jammert und erbarmt, mit größter Anstrengung einen Bollerwagen durch den weichen tiefen Sand zu schleppen und zu schieben.

Der Schriftsteller Karl Gutzkow war im Sommer 1817 als Kind mit seinem Vater durch diese Gegend nach Spandau gewandert und notierte später in der Reminiszenz an seinen Fußmarsch: »Es geht den Sandberg hinauf«, um sich gleich danach noch einmal die »mühselige Wanderung über diese sandige Steppe« ins Gedächtnis zu rufen. Sie ist ihm unvergesslich geblieben, die »Saharawüste«.

Der Name der Oase jedoch, die Erholung hätte bieten können, ist in der Erinnerung *Aus der Knabenzeit* verblasst: »›Spandauer Bock‹ (oder ›Bug‹ oder ›Beuge‹?)«.

Für die jetzigen Karawanen gab es in dieser Richtung kein Fragezeichen mehr, sie wussten, warum sie alle Mühsal auf sich nahmen – ihnen war bekannt, was sie dort erwartete: Keine Fata Morgana, aber doch eine Illusion ... das Gefühl, im Süden Deutschlands zu sein. Ringsum nichts als Waldesluft, Vogelzwitschern, Blasmusik, Bierdunst, Jodeln, Schaukeln, Schunkeln und ein Rausch von – wie eine humorige Zeitschrift 1851 schrieb – »janz äußerst dellekaten Bock«.

Denn das sollte, solange es den »Spandauer Bock« gab, sein Markenzeichen sein: Das Bayerische oder das, was dem Berliner mit seiner tief in der Seele gründenden Alpenlandsehnsucht als solches vorgemacht wurde.

Ehrlich gesagt: Was er sich als solches vorstellte und erleben wollte. Auch auf die Gefahr hin, dass – wie es einer Albtraumsgestalt im *Kladderadatsch* von 1867 beängstigend schwante – die Bayern den »Spandauer Bock« als Bresche zur Bavarisierung Berlins nutzen könnten: »Wehe! [...] die Baiern auf dem Spandauer Bock [...]: So muß es kommen! Wehe! Das ist meine Zukunft!«

Zu erschließen, was die Okkupanten vorgefunden hätten, sprich: Wie das erste Schankgebäude Conrad Bechmanns auf dem Spandauer Berg ausgesehen hat, erfordert Ausdauer und Glück.

Zeitgenössische Beschreibungen gibt es nicht. Otto Monke sprach in seinem Vortrag im Schloss Ruhwald 1906 lediglich davon, dass sich im Besitz der Bechmann'schen Familie – es wird sich um die von Conrad Bechmanns jüngstem Sohn August gehandelt haben, der erst 1912 verstarb – ein »kleines Ölgemälde aus dem Jahre 1846« erhalten hatte. Neben anderen Motiven zeigte es »das rote aus dem Grün des Kiefernwaldes hervorschimmernde Dach des ersten Bockgebäudes«.

Das war nicht viel.

Umso verblüffender war dann das Auftauchen einer winzigen unsignierten Abbildung in Kurt Pompluns Buch *Von Häusern und Menschen* aus dem Jahr 1972. Wiedergegeben ist auf ihr – so die Bildunterschrift – *Der Spandauer Bock um 1850*, also acht Jahre nach seiner Gründung.

Kurz und knapp: *Bock. Bechmann's Höhe bei Spandau* – das einzige zeitgenössische Zeugnis davon, wie der »Spandauer Bock« vor seiner Zerstörung durch den Brand am 15. März 1874 ausgesehen hat. Undatierte Lithographie eines unbekannten Künstlers.

Wie sich herausstellte, ging diese neuzeitliche Federzeichnung zurück auf die Reproduktion einer ovalen Lithographie, die Kurt Pomplun wenige Monate zuvor einem Aufsatz in der *Berliner Morgenpost* beigegeben hatte. Dieses 9 × 13,5 cm große undatierte Original befindet sich heute im Landesarchiv Berlin und trägt den ungewöhnlichen Titel *Bock, Bechmann's Höhe bei Spandau*, wodurch seine Wiederentdeckung schwierig war.

Das auf dem Bild dargestellte Bauwerk ist ein mit großen rechteckigen Natursteinblöcken gemauertes langgestrecktes Objekt, dessen Front einerseits durch den vorspringenden Teil an der linken Kante, einen sogenannten »Eckrisalit«, und andererseits durch den in der Mitte platzierten, apsisähnlichen und mehrfach gewinkelten Vorbau bestimmt wird. Die Anordnung der großen und kleinen Rundbogenfenster auf ungleicher Höhe lässt vermuten, dass der Innenraum teilweise ein-, beziehungsweise zweistöckig angelegt war. Optisch wird der gesamte Komplex durch das umlaufende, ornamentierte ›Gebälk‹ zu einer Einheit zusammengehalten.

Das Ganze erhebt sich auf einem mäßig erhöhten Erdsockel, zu dem erst eine und dann noch eine zweite Treppe hinaufführt. Im Gegensatz zu den großzügigen Freiflächen, die den späteren »Spandauer Bock« umgeben sollten, ist vor seinem Vorgänger ein sehr kleiner Platz umfriedet, auf dem zwei Tische stehen. An ihnen sitzen fünf Gäste. Ein elegant gekleidetes Paar – die Dame in einer Krinoline – nähert sich dem »Etablissement«, und zwei weitere Besucher sind gerade dabei, die Stufen zur Gartenfläche empor zu steigen. Ein Hund springt umher.

Wenn der »Spandauer Bock um 1850« wahrhaftig so ausgesehen hat wie auf diesem lithographierten Kabinettstück, dann war er ein breiter erratischer Block inmitten von Mutter Natur und zugleich ein Magnetstein für Bockbiertrinker und Bockwurstesser.

> Das Bier, das nicht getrunken, verfehlt stets den Beruf,
> Zu dem, ihr deutschen Brüder, Gambrinus es euch schuf.

Der legendäre Erfinder der Braukunst verstand sich zwar aufs Löschen von Durst, nicht aber – wie sich noch zeigen wird – aufs Ersticken von Flammen.

Doch gemäß jenem Motto, das auf einem der alpenländischen Blockhäuser stand, die in Form von riesenhaften liegenden Fässern auf dem Waldgrundstück verteilt waren und als Ausschänke dienten – ein großer Tresen in der Mitte, zwei kleine rechts und links – hatte er längst sein Bestes getan, damit Bechmann in ungebremstem Geschäftssinn den »Spandauer Bock« zu einer Einnahmequelle sondergleichen machen konnte.

Am 13. März 1899 hat Gambrinus Bestätigung erfahren: »Am Bock da ist der Jubel groß / wir amüsiren uns famos«.

Der »Bock« bekommt seine »Zibbe«

Bald nachdem Conrad Bechmann seinem Nachbarn 1847 dessen Anwesen jenseits der Chaussee abgekauft und 1854 seine Brauerei von der Mönchstraße in Spandau nach einigen Instandsetzungen und Erneuerungen der Hennig'schen Klitsche nach Charlottenburg verlegt hatte, war ihm das Glück des Tüchtigen ein zweites Mal hold.

Wurden ihm doch zu Anfang der Sechzigerjahre vom »Fiskus«, also aus preußischem Staatsbesitz, am Ostrain dieses Grundstücks weitere 40 Morgen Land angeboten – das ist nach heutiger Quantifizierung eine Fläche von 100 000 Quadratmetern. Die übernahm Conrad Bechmann für den Spottpreis von 400 Talern.

Aber war es wirklich ein Schnäppchen gewesen?

Die Antwort auf diese Frage ergibt sich bei der Lektüre der erst 1987 veröffentlichten *Chroniken Charlottenburgs*, die der viel gerühmte Prediger Johann Christian Gottfried Dressel 1816 verfasst hat.

Darin beschreibt er die »Feldmark über der Spree« zwischen Berlin und »Spandow«.

Weitab am Rand der Gemarkung hatte ein mit Wald und Buschwerk bewachsenes Dickicht gelegen, das Friedrich I. gern besiedeln wollte. Da der König jedoch nicht über die nötigen Finanzmittel verfügte, hatte er keine andere Wahl, als Untertanen anzulocken, die die Wildnis kultivierten. Sie mussten, heißt es in einer rhetorischen Volte, »sich mit der Gnade begnügen lassen, das zu ihrer Wohnung zugetheilte Ackerstück gratis erhalten zu haben – die Urbarmachung lag ihnen ob und ging bei den meisten sehr langsam von statten«.

Es war ein langer Weg zwischen Einsatz und Ertrag. Und viele Menschen sind darüber verarmt. »Das Schreyen um Hülfe und Unterstützung nahm kein Ende. Der König machte ein Geschenk nach dem andern, aber alles fiel wie in einen Brunnen.«

Dem ganz und gar gleichen Zustand der Natur – das belegen auch die Karten jener Zeit – sah sich ein halbes Jahrhundert später Conrad Bechmann gegenüber. Aber er ahnte, welche Chance sich ihm hier bot. Mitbewerber gab es nicht, und die Anbieter waren froh, einen Abnehmer – in ihren Augen vermutlich einen Dummen – gefunden zu haben. Also griff er nach kurzem Zögern zu und kaufte das große Gelände mit kleiner Börse auf.

Letztlich wiederholte er das Manöver von der Sandparzelle am »Spandauer Bock« aus dem Jahr 1840.

Gruß vom Restaurant Spandauer Bock (Zibbe)
Inh. Albert Stegmeyer – Telephon: Charlottenburg 952

Diese Ansichtskarte aus dem Jahr 1910 ist eine Rarität, weil sie die einzige ist, auf der die »Zibbe« namentlich genannt wird.

Zügig ließ er die erworbene Fläche roden und den vorhandenen Betrieb Richtung Osten baulich erweitern. Er trug schon seit 1854 den Namen »Bairisch Bierbrauerei Conrad Bechmann« und war jetzt zum Stammsitz erhoben, von dem aus die Geschäfte in Zukunft gesteuert wurden.

Nebenan, westwärts ein wenig nach hinten versetzt, hatte sich unterdessen die Parallelwirtschaft zum »Spandauer Bock« von der anderen Straßenseite prächtig entwickelt – sagen wir ruhig: sie hatte bombig eingeschlagen.

Beide Etablissements liefen unter demselben Namen.

Wenn ein Besucher am Ende des sandigen Weges die Höhe des Spandauer Berges erreicht hatte, stand er vor der einfachen Frage: »Jehste rechts, jehste links?« Oder, wie es ein Führer für *Nachmittags-Ausflüge in die Umgegend von Berlin* 1879 formulierte: »Hier haben wir uns nun darüber schlüssig zu machen, ob wir als Ruhepunkt die eine oder die andere Seite der Chaussee wählen, denn Restaurationsgelegenheit giebt es auf beiden Seiten, hier ›Spandauer Bock‹ im schattigen Walde und dort ›Spandauer Bock‹ in den Parkanlagen der Brauerei.«

Irgendwann jedoch kamen der Witz und der Volksmund auf den Gedanken, zum »Bock« – sei's Schafbock oder Ziegenbock, das wird sich noch erweisen – ein Muttertier zu gesellen. Und für das hatte der Berliner Wortschatz die Bezeichnung »Zibbe«.

Mit ihr war der Anreiz zu einer Tour auf die Spandauer Spitze nicht nur verdoppelt, sondern verstärkt. Denn die Lage der »Zibbe« unterschied sich insoweit von der des »Bocks«, als sie nicht allein im Wald lag, vielmehr am Rand des Spandauer Berges, von dem aus sich gen Norden ein überwältigender Ausblick bot. Welch herrliches Ziel für einen Verdauungsspaziergang! Ein Arkadien – bestückt mit heidnischen Tempeln der Genüsse.

Oberirdisch wie unterirdisch.

Das bezeugte der Architekten Verein zu Berlin im Mai 1881. Da besichtigte er zu Beginn »unter der jovialen Leitung des in seinem Aeusseren die wohlthätigen Wirkungen des eigenen Gebräues zu glücklichem Ausdrucke bringenden Braumeisters« die weiträumigen Kellereien des Unternehmens und danach – dem Schattenreich wieder entstiegen – die moderne »aus Eisen konstruirte mehrgeschossige Malztenne« … um es im Anschluss gerade noch zu schaffen, seine Blicke hiervon zu lösen und auf den Sonnenuntergang zu richten, »ein auf dem Spandauer Bock bekanntlich besonders beliebtes und landschaftlich reizvolles Natur-Schauspiel«.

Demnach wäre oben, unten, rechts und links und vorn und hinten alles schön und gut gewesen, wenn nicht durch die gastro-zoologische Differenzierung zwischen »Bock« und »Zibbe« dort ein Problem entstanden wäre, wo es bislang kein Problem gegeben hatte!

Denn so einprägsam die beiden Namen auch waren, der offizielle und der fidele, die falsche Antwort auf die Frage, welche der beiden Gastwirtschaften denn nun wo liegt, gehört innerhalb der »Spandauer Bock«-Forschung zu den unausrottbar immer wiederkehrenden.

Dies hatte ständig zur Folge, dass bei der Charakterisierung der beiden unterschiedlichen Stätten unablässig alles durcheinander geworfen wurde. Das ging so über mehr als anderthalb Jahrhunderte bis hin in unsere Zeit. Gewissheit gab es für den, der aus Charlottenburg kam, erst dann, als er vor Ort war.

Das hatte sich anno 1900 auch Dr. Gustav Albrecht, selbst Autor einer Anleitung für Ausflüge in die Mark, gesagt, nachdem acht Jahre zuvor auf Seite 7 in *Kießlings Wanderbuch für die Mark Brandenburg. Erster Teil. Nähere Umgegend Berlins* durch die falsche Platzierung eines kleinen »r.« und eines kleinen »l.« eine handfeste Fehlinformation in Umlauf gebracht worden war.

Welch ein Dilemma für die Besucher!

Also machte sich Dr. Gustav Albrecht, getrieben vom wissenschaftlichen Ethos der Mitglieder der »Brandenburgia«, von seiner Wohnung in der Goethestraße in Charlottenburg auf zum Spandauer Berg, um die, wie er meinte, »komische«, für pedantische Ausflügler aber bitter-, besser gesagt: bierernste Frage durch Autopsie zu klären.

Es ging um einen Disput zwischen Fußnote und Kleinbuchstaben.

Bei der Unsicherheit dieser Lage interviewte er einen Kellner, der »glaubte zunächst, ich wollte ihn utzen«, und veröffentlichte hinterher die Frucht seiner Recherche im 10. Jahrgang der *Monatsblätter der Gesellschaft für Heimatkunde der Provinz Brandenburg.*

Dort also stand nun noch einmal zu lesen, was Carl Riesel 1869 in seinem Buch *Das romantische Havelland* mit der Anmerkung auf Seite 92 jedem Zweifler schwarz auf weiß, aber leider vergeblich seit einunddreißig Jahren einschärfen wollte: Links lag, nach Süden hin, der »Bock«; rechts, gegen Norden, lockte die »Zibbe«.

Hätte sich der beflissene Dr. Albrecht noch vier Jahre geduldet, wäre er imstande gewesen, seinem Bericht eine Karte aus dem Juni 1904 beizufügen, die auch die letzten Zweifel an der Lage von »Bock« und »Zibbe« ausgeräumt hätte und sich heute in den Beständen des Bauaktenarchivs des Bezirks Charlottenburg-Wilmersdorf befindet.

Sie zeigt in der Draufsicht das Terrain des »Spandauer Bocks« als einen nach Westen spitz zulaufenden Geländekeil, der im Süden von der »Straße 7a«, der heutigen Reichsstraße, und im Norden von der »Spandauer Chaussée«, dem heutigen Spandauer Damm, begrenzt wird. Sämtliche Baulichkeiten sind, begleitet von einer ausführlichen Legende, präzise auf dem Blatt eingetragen, so dass jedermann, der die Karte sah, wissen musste, wo sich was und wo er sich befand.

Nämlich an einem Ort, an dem nur wenige Meter voneinander entfernt zwei Anziehungspunkte an derselben (Halte-)Stelle lagen und sich die Verkehrs- und – man will es nicht glauben – Parkplatzprobleme durch diese Doppelung Jahr um Jahr verschärft hatten.

Denn schon 1851 hatte es der Polizeipräsident von Berlin Carl von Hinckeldey für angezeigt gehalten, »wegen Aufstellung von Thorwagen bei dem Bechmannschen Grundstücke«

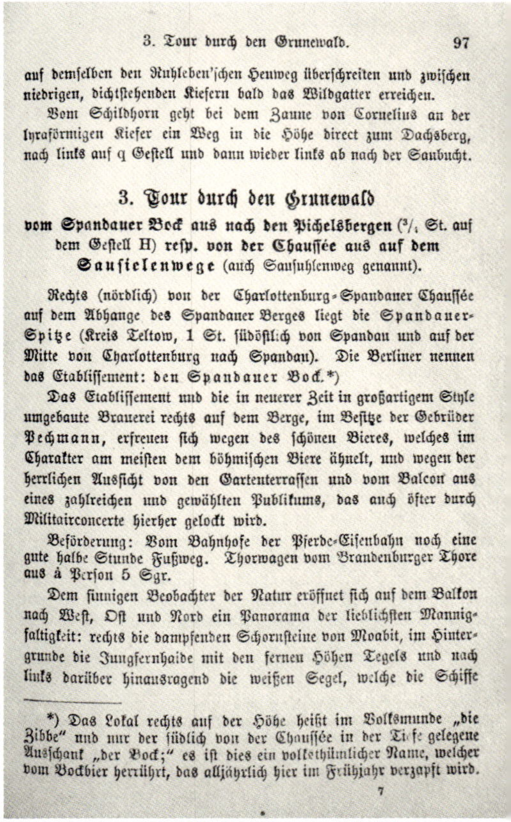

3. Tour durch den Grunewald. 97

auf demselben den Ruhleben'schen Heuweg überschreiten und zwischen niedrigen, dichtstehenden Kiefern bald das Wildgatter erreichen.

Vom Schildhorn geht bei dem Zaune von Cornelius an der lyraförmigen Kiefer ein Weg in die Höhe direct zum Dachsberg, nach links auf q Gestell und dann wieder links ab nach der Saubucht.

3. Tour durch den Grunewald

vom Spandauer Bock aus nach den Pichelsbergen (3/4 St. auf dem Gestell H) **resp. von der Chaussée aus auf dem Sausielenwege** (auch Sausuhlenweg genannt).

Rechts (nördlich) von der Charlottenburg-Spandauer Chaussée auf dem Abhange des Spandauer Berges liegt die **Spandauer-Spitze** (Kreis Teltow, 1 St. südöstlich von Spandau und auf der Mitte von Charlottenburg nach Spandau). Die Berliner nennen das Etablissement: **den Spandauer Bock.***)

Das Etablissement und die in neuerer Zeit in großartigem Style umgebaute Brauerei rechts auf dem Berge, im Besitze der Gebrüder **Pechmann**, erfreuen sich wegen des schönen Bieres, welches im Charakter am meisten dem böhmischen Biere ähnelt, und wegen der herrlichen Aussicht von den Gartenterrassen und vom Balcon aus eines zahlreichen und gewählten Publikums, das auch öfter durch Militairconcerte hierher gelockt wird.

Beförderung: Vom Bahnhofe der Pferde-Eisenbahn noch eine gute halbe Stunde Fußweg. Thorwagen vom Brandenburger Thore aus à Person 5 Sgr.

Dem sinnigen Beobachter der Natur eröffnet sich auf dem Balkon nach West, Ost und Nord ein Panorama der lieblichsten Mannigfaltigkeit: rechts die dampfenden Schornsteine von Moabit, im Hintergrunde die Jungfernhaide mit den fernen Höhen Tegels und nach links darüber hinausragend die weißen Segel, welche die Schiffe

*) Das Lokal rechts auf der Höhe heißt im Volksmunde „die Zibbe" und nur der südlich von der Chaussée in der Tiefe gelegene Ausschank „der Bock;" es ist dies ein volksthümlicher Name, welcher vom Bockbier herrührt, das alljährlich hier im Frühjahr verzapft wird.

7

Auf dieser Seite von Carl Riesels Buch *Das romantische Havelland* sollte 1869 in der Fußnote ein für allemal geklärt werden, an welcher Stelle auf dem Spandauer Berg der »Bock« und an welcher die »Zibbe« liegt – eine vergebliche Liebesmüh.

im *Amts-Blatt der Königlichen Regierung zu Potsdam und der Stadt Berlin* eine diesbezügliche Verordnung zu erlassen.

Das war eine Vorschrift für innerhalb der Tore der Stadt verkehrende Mietkutschen und ein schönes Muster preußischer Korrektheit: »Zur Ergänzung des Reglements für das öffentliche Thorfuhrwerk vom 31. Juli 1843 (Amtsblatt vom Jahre 1843 Stück 34 N°. 46, Seite 231 und ff.), insbesondere der im Anhange desselben *sub B* publizirten Standplatz-Nachweisung wird hierdurch zur öffentlichen Kenntniß gebracht, daß mit Vorbehalt des Widerrufs gestattet ist, die Thorwagen zur Aufnahme von Fahrgästen auf dem, zu diesem Zwecke eingeräumten und bezeichneten Platze des dem Brauereibesitzer Bechmann gehörigen Grundstücks, an der Chaussee zwischen Charlottenburg und Spandau belegen und die Spandauer Spitze genannt, aufzustellen. Die im vorgedachten Reglement *ad III.* über das Verhalten der Wagenführer beim Fuhrbetriebe gegebenen Vorschriften sind auf diesem Standplatze nicht minder, als auf den bereits angewiesenen, zu beobachten.

Berlin, den 22. Januar 1851. Königl. Polizei-Präsidium.«

Die Folgen einer blöden Geschichte

Conrad Bechmann war mittlerweile fünfzig Jahre alt. Er hatte eine siebenköpfige Familie, eine Wilhelmine, eine Charlotte und eine Emma hatten sich zu seinen Söhnen Johannes und August noch hinzugesellt, er besaß zu beiden Seiten der Spandauer Chaussee einen erfolgreichen Bierausschank, war Eigentümer einer wachsenden Privatbrauerei, hatte sich gegen Ende der Fünfzigerjahre ein stattliches Wohnhaus neben dem »Bock« errichtet, war zu Vermögen gekommen und verfügte über außergewöhnlich viel Land in allerbester Lage.

Deren Güte war, wie sich mit jedem Tag deutlicher zeigte, kaum zu übertreffen. Seine Majestät Höchstderoselbst sagte der Gegend bei einer Durchreise eine große Zukunft voraus, denn »hier oben weht eine frische und reine Luft«.

Wieviel die magnetische Kraft von Conrad Bechmanns »Spandauer Bock« zur Besiedlung von »hier oben« beigetragen hat, ist schwer zu sagen. Die These in Henry Gidoms

Der »Spandauer Bock« im Schmuck von Dekorationsflaggen des Deutschen Kaiserreichs

Buch *Berlin und seine Brauereien*: »Westend kann als einziger Ortsteil Berlins sein Entstehen einem Braubetrieb verdanken«, hat Esprit. Denn immerhin war die Gegend ja Tausenden von Ausflüglern von der ›Durchreise‹ her wohlbekannt.

Nehmen wir also eine Kombination aus des Kaisers Prophetie, aus Henry Gidoms Axiom und der landschaftlichen Schönheit *per se* als Motivation an.

Aus derselben wuchs nun zwischen dem »Spandauer Bock« und Charlottenburg sukzessive ein neuer Stadtteil heran, eben das Westend.

»Es lag hoch und frei,« schreibt der Beobachter dieser Entstehung, der Lehrer Willy Bark, in seiner *Chronik von Alt-Westend mit Schloß Ruhwald, Spandauer Bock und Fürstenbrunn*, »unmittelbar am Rande des Grunewaldes in angemessener Entfernung von der Stadt und doch in guter Verbindung mit ihr; denn die Weiterführung der Straßenbahn war nur eine Frage der Zeit. Der Grund und Boden gehörte Charlottenburger Bürgern, die mit dieser Wüstenei nichts Rechtes anzufangen wußten und hier eine günstige Gelegenheit sahen, ihn für einen annehmbaren Preis (300 bis 500 Taler je Morgen [oder 2500 Quadratmeter]) loszuschlagen.«

Wir erinnern uns an das Geschäft, als Conrad Bechmann 400 Taler für 40 Morgen zahlte.

Die Erschließung und die Entwicklung des Areals – man sprach auch von »steppenartigen Flächen« – war mit vielen Hemmnissen verbunden. 1866 kämpften Preußen und Österreich mit ihren jeweiligen Verbündeten gegeneinander, was jegliche Investitionsbereitschaft lähmte. 1870/71 führten die deutschen Staaten, Nord und Süd, unter der Ägide Preußens einen Krieg gegen Frankreich. Aus dessen Niederlage entstand am 18. Januar 1871 das Deutsche Reich unter Kaiser Wilhelm I. »Eine blöde Geschichte von lang nachwirkenden schädlichen Folgen« hat Golo Mann das Ganze mit der Schnoddrigkeit eines abgeklärten Historikers genannt.

Wie »blöd« das Ganze war, zeigte sich unter anderem daran, dass die Reparationen der Verlierer den Siegern die Mittel für einen Aufschwung sondergleichen lieferten, die Gründerzeit. Deren Boom freilich währte nur kurz und erwies sich nach wenigen Jahren als Strohfeuer und Anbeginn einer dauerhaften Krisenperiode. Eines »Hexensabbats«, wie es die nannten, die das damals durchlebten.

»Fast nirgends«, klagte der Königliche Gymnasial-Direktor Ferdinand Schultz 1887 in seinem »Kulturbild«, »raste der Tanz toller als in dem lieben Charlottenburg. Jedermann gedachte reich zu werden, und so mancher gab gern das Land, welches er genügsam bebaut, den Garten, aus dessen Pflanzen und Früchten er ein bescheidenes aber sicheres Einkommen gezogen, das Haus, welches ihm ein auskömmliches Erträgnis gesichert hatte, hin, um es in – Papier umzuwandeln, welches zu schwindelhaften Preisen an der Börse verhandelt wurde. Es war so, als stände ganz Charlottenburg auf dem Kopf.«

Dennoch vermochten alle Aufs und Abs, die Entstehung des Westends bloß zu verzögern. Aufzuhalten war sie nicht.

In einem weiträumigen Geviert zwischen der Spandauer Chaussee im Norden, der Residenzstadt Charlottenburg im Osten, dem Grunewald im Süden und einem Gebiet im Westen, wo sich Hase und Igel ›Gute Nacht‹ sagten, wurde unter der Führung der »Commanditgesellschaft Westend« und später der »Westend-Gesellschaft H. Quistorp & Co.« das »Bauterrain« parzelliert und am Anfang nur mühsam und schleppend verkauft, bis es auf einmal der hektischen Aktivität von Jobbern, Neureichen und Hasardeuren anheimfiel.

»Die Westend-Aktien«, so Bark, »wurden das an der Börse am meisten besprochene Papier.« Häuser, oft »Schlösser« oder »Protzenburgen«, schossen aus dem Boden, und Menschen zogen ein. Die aber waren teilweise hoch verschuldet, so dass, als sich der kurze Rausch der Gründerzeit verflüchtigt hatte, der Kater groß und die Immobilienblase geplatzt war.

»Niemand«, schrieb Otto Glagau in einer Artikelserie über den »Gründungsschwindel« in der *Gartenlaube* 1875, »will sich noch Gründer nennen lassen, Niemand ein Gründer gewesen sein.« Glagau wusste, wovon er sprach. Er hatte selbst spekuliert, aufs falsche Pferd gesetzt und alles verloren (wofür er indes nicht seine eigenen Fehleinschätzungen verantwortlich machte, sondern die »Judenschaft«).

Es brauchte Jahre, bis sich die Verhältnisse im Westend nach unzähligen Konkursen, Bankrotten und »Fallimenten«, der berüchtigten »Krach-Periode«, neu geordnet hatten. Dann aber war dort ein gutbürgerliches Publikum heimisch geworden.

Das konnte Conrad Bechmann, mehr noch seinen Söhnen, auf die der Patriarch sein Lebenswerk 1865 notariell übertragen hatte, um anschließend in Rente zu gehen, nur recht sein.

Sie hatten an Betrug und Schurkerei, die es auch in ihrer Branche gab (Stichwort »Dividendenjauche«), nicht teilgenommen, sondern den »Spandauer Bock« und die Brauerei – sie firmierte jetzt unter dem Namen »Spandauer Bergbrauerei (C. Bechmann)« – mit ruhiger Hand durch die wilde Epoche gesteuert.

Nun mussten sie sich überlegen, wie sie auch jenen Gästen etwas bieten konnten, die nicht auf den Pfennig guckten und von einem Schankbetrieb im Walde mehr erwarteten als ein gepflegtes »Bairisch Bier«.

Im Übrigen stellte sich mit jedem Tag drängender die Frage: Wie konnte die Beförderung aller dieser Menschen zu »Bock« und »Zibbe« verbessert und vornehmlich die Kapazität der Beförderungsmittel vergrößert werden?

Für »zwee jute Jroschen« zum »Spandauer Bock«

Die Achse von Berlin her mit seinen in der Zwischenzeit mehr als einer Million Einwohnern verlief über die Spandauer Straße, den Spandauer Berg und die Spandauer Chaussee – samt und sonders seit 1950 unter dem Namen Spandauer Damm zusammengefasst – bis zur Stadtgrenze Spandaus. Der Zugang von dort erfolgte über die Berliner respektive Charlottenburger Chaussee, die an der Stadtgrenze in die Spandauer Chaussee nach Osten hin überging.

Diese Querverbindung war seit langem befestigt und bildete das Fundament für den Anschluss des »Spandauer Bocks« an den öffentlichen – man sagt wohl besser nach wie vor – Fernverkehr aus Berlin und Spandau.

Zuerst, von 1842 bis 1865, noch dreiundzwanzig Jahre nach der Eröffnung des »Spandauer Bocks« und achtzehn Jahre nach dem Start der »Zibbe«, waren die Freunde des »Bairisch

Der »Hauptbahnhof« der Pferdeeisenbahn an der Spandauer Straße (heute Spandauer Damm) Ecke Sophie-Charlotten-Straße. Der Blick fällt auf den 1891 dort errichteten Neubau der Gipsformerei der Königlichen Museen zu Berlin.

Bieres« auf Pferdefuhrwerke angewiesen – oder auf gutes Schuhwerk. Und bedenkt man diesen Umstand, wird nochmals die Zugkraft von Conrad Bechmanns Amüsierbetrieben deutlich. Wie viele Menschen müssen weiland den Pilgerpfad – um nicht zu sagen »Gambrinusweg« – zu »Bock« und »Zibbe« vor allem an den Wochenenden bevölkert haben!

Der Anmarsch verkürzte sich, als die »Berliner Pferde-Eisenbahn-Gesellschaft E. Beskow« im Juni 1865 ihre erste Linie, die vom Brandenberger Tor kam, bis zum Pferdeeisenbahnhof an der Spandauer Straße (heute Spandauer Damm) Ecke Sophie-Charlotten-Straße in Charlottenburg führte. »Hauptbahnhof« prangte in Berliner *understatement* über dem Schuppen!

Es war, schreibt Christian Winck in seiner Monographie über *Die Straßenbahn im Bezirk Charlottenburg-Wilmersdorf*, »die älteste Strecke einer Straßenbahn in Deutschland«. Hier, an der westlichen Endstation, konnten die zweispännigen Wagen mit Oberdeck, die »Decksitzwagen«, gewendet werden und sich Mensch und Tier fürs erste erholen. Die einen, um den Rückweg zur Innenstadt anzutreten, die anderen, um sich dem Ziel auf dem Spandauer Berg mit eigenen Mitteln zu nähern.

Der nächste Schritt erfolgte sechs Jahre später, 1871, als eine Anschlusslinie von der Spandauer Straße Ecke Sophie-Charlotten-Straße bis zur Kastanienallee ausgebaut war. Sie erleichterte nicht nur den Wallfahrern zum »Spandauer Bock« und zur »Zibbe« das Leben, sondern ganz erheblich auch den ersten Siedlern im Westend.

Dann aber, noch einmal acht Jahre später, am 11. Mai 1879, ließ die »Berliner-Pferde-Eisenbahn-Gesellschaft, Kommanditgesellschaft auf Actien I. Lastmann & Co.« ihre Wagen bis zum »Spandauer Bock« und der »Zibbe« fahren. An Sonn- und Feiertagen – unterwegs zu Trinksprüchen und Wohlsein-Rufen als sogenannte »Vivats!-Bahn« – alle zwölf Minuten. Für »zwee jute Jroschen« strömten an manchen Wochenenden Tausende von Gästen nach Bechmanns Waldeslust.

Wie solche Menschenmassen dorthin gelangen konnten, ist schwer vorstellbar, wenn man bedenkt, dass die »Waggons« der Straßenbahn bloß 24 Plätze besaßen – egal, ob von einem Pferd gezogen oder elektrifiziert, sie waren baugleich.

Ein Holzstich des Wagens 36 der »Berliner Pferde Eisenbahn«, an Bord nicht mehr als 22 sitzende und stehende Passagiere sowie der Fahrer und der Schaffner, lüftet das Geheimnis. Da zockelt das Gefährt – worauf die Zielanzeige auf dem Wagendach hinweist – in Richtung Spandauer Berg. »Der Betrieb auf dieser Berliner Pferdeeisenbahn«, schrieb Willy Bark 1936, »und besonders auf der Verlängerungsstrecke nach Westend hinauf hatte etwas unendlich Gemütliches.«

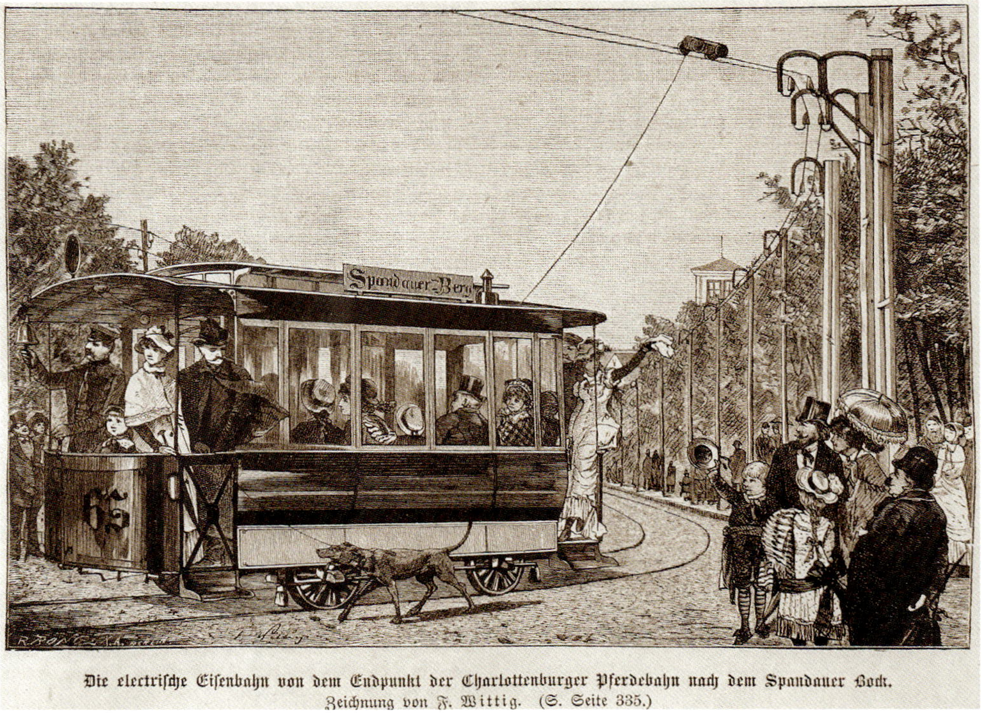
Die electrische Eisenbahn von dem Endpunkt der Charlottenburger Pferdebahn nach dem Spandauer Bock.
Zeichnung von F. Wittig. (S. Seite 335.)

Hoffentlich kommt der Hund auf den knapp drei Kilometern vom »Hauptbahnhof« bis zum »Spandauer Bock« bei dieser Methode des Gassi-Gehens und -Fahrens nicht unter die Räder.
Holzstich nach einer Zeichnung von Friedrich Wilhelm Wittig (1854–1912)

So scheint es.

Erinnert man sich aber an die Schilderung eines Zeitzeugen von 1875, der in der »Allgemeinen Illustrirten Zeitung« *Ueber Land und Meer* das Besteigen der Wagen durch die Berliner beobachtet hatte, dann sieht die Sache anders aus. Da »drängt, klettert, schiebt, stößt, kriecht, springt, schlüpft und stürmt deren eine bunte Menge auf Tritte, Bänke, Treppen in, auf, über und unter den Wagen durch und das Ding ist vollbepackt und behängt mit Menschen, wenn die Pferde davor kommen, daß man glaubt, es müßte jeden Augenblick zusammenbrechen oder auseinandergerissen werden, aber der Berliner hält aus und die Ladung rollt [...]«.

Vergeblich mahnten die Betriebsämter die Fahrgäste, sich bei Massenzustrom »des Drängens zu enthalten«.

Gleichwohl, auch wenn man sämtliche Wagen, die im Zwölf-Minuten-Takt die Spandauer Chaussee hinauffuhren, bei der Berechnung als vollbesetzt zugrunde legt, und auch wenn man nach der Jahrhundertwende diejenigen mit einschließt, die mit der »Bockbahn« aus Spandau im Fünfzehn-Minuten-Takt herbeigeschafft wurden – keine Kalkulation der Benutzerzahlen von öffentlichen »Verkehrsverbindemitteln«, wie man damals sagte, da mag man die Kremser, Droschken, Equipagen, »Thorwagen« und anderen Fahrzeuge, sowohl private wie kommerzielle, allesamt hinzufügen (ferner die Dampfer »Kladderadatsch« und »Trio« auf der Unterspree), keine noch so großzügige Schätzung kann die Menge von mitunter 20 000 zu befördernden Passagieren pro Tag auch nur annähernd erreichen.

Mit anderen Worten: Die überwiegende Mehrzahl der Besucher des »Spandauer Bocks« und der »Zibbe« ist in der Frühzeit nicht mit der »Pferde-Eisenbahn«, sondern auf Schusters Rappen oder einem Drahtesel dort eingetrudelt … und dabei hat sie auch erst jetzt jenen Durst erzeugt, zu dessen Löschung sie mit Kind und Kegel aufgebrochen war. »Die Strasse vom Brandenburger Thor bis zum Spandauer Bock«, schreibt *Kapp's Berlin-Führer* aus dem Jahr 1873, »hat vielleicht Betreffs der Masse der Gefährte und Fussgänger nicht ihres Gleichen in der Welt.«

Genau solches Szenario zeigt der eben zitierte Holzstich, wenn man an dem Waggon vorbei auf den Hintergrund schaut: Da läuft eine ununterbrochene Kette von Fußgängern die Spandauer Chaussee entlang.

Die Graphik ist eindrucksvoll, aber reinweg gar nichts gegen den Augenzeugenbericht des Berliner Schriftstellers und Journalisten Paul Lindenberg. Der hat 1893 in einem Band aus *Philipp Reclam's Universal-Bibliothek*, die im ganzen Deutschen Reich verbreitet war, geschildert, was auf dem Spandauer Berg los war, sobald der »Spandauer Bock« nach der Winterpause seinen Gartenbetrieb an Ostern oder schon am Gründonnerstag oder Karfreitag wieder aufnahm (die Restaurants wurden, wie die geschmückten Weihnachtsbäume auf einigen Postkarten und übrigens auch der eingangs geschilderte adventliche Frühstücksbesuch der Mitglieder der »Brandenburgia« zeigen, ganzjährig betrieben).

Beim Erwachen der linden Lüfte hatte sich das Verlangen, die trockenen Kehlen im Freien zu netzen, dermaßen druckvoll aufgestaut, dass alle Zäume barsten, da war kein Halten mehr.

Paul Lindenberg hat es erlebt: »Dann sieht man kaum etwas von dem grauen Boden der Chaussee, Menschen neben Menschen, so weit wir blicken können, ein wahres Meer von Köpfen, das sich nicht zu erschöpfen scheint, sondern stets neuen Zuschuß erhält. Aus dem Arbeiter-, Handwerker- und kleinen Beamten-Stande rekrutirt sich diese Menge, wahre Familien-Karawanen pilgern den Berg hinan, vom Großvater an bis zum Enkel herab, der noch auf dem Arm getragen oder im Kinderwagen – zuweilen ersetzt ein Schubkarren

Der Text auf der Bildseite dieser Karte vom 23. März 1902 bestätigt die belebende Kraft des Waldes und des »Bocks«, vertreibt sie doch Kopfschmerz und Erschöpfung (zumindest bei der »lieben Hete«).

dessen Stelle – gefahren werden muß. Ob die Sonne scheint oder ob es regnet, ob es stürmt oder ob es bitterlich kalt ist – das bleibt sich gleich, der Spandauer-Bock ist eröffnet!«

Wen sorgte es, wenn er bei solchem Massenansturm auf dem Gelände von »Bock« und »Zibbe« keinen Platz fand! Ein paar Schritte zur Seite, und Orje, Kutte, Emma und Helene und wie sie alle hießen, lagerten sich unbekümmert mit Bier und Stulle, so *Fontane's Führer durch die Umgegend Berlin's*, »unter den Bäumen des angrenzenden Grunewalds«.

Diese Geschwader von Quietschvergnügten, diese Trecks von Waldeslustfreunden, diese Fluten von Freizeitgenießern, diese Aber- und Abertausendschaften von Hinterhaus-emigranten und auf 'ne kesse Sohle oder einen Schwips Erpichten (nicht zu vergessen die Großabnehmer im Westen, das in Spandau stationierte Militär!) – sie alle hatten Conrad Bechmann zum endgültigen Durchbruch verholfen.

Der Schaden, der am 15. März 1874 durch den Brand des Hauptgebäudes auf dem »Spandauer Bock« angerichtet wurde, war zwar schmerzlich. Denn nichts, aber auch gar nichts hatte das Feuer verschont. Das Haus war bis auf die Grundmauern zerstört und verwüstet.

Doch Bechmann war kapitalkräftig genug, um den Neubau unverzüglich einzuleiten.

Zudem stand drüben noch die »Zibbe«, und gottlob war es gelungen, die Flammen vom Heim der Bechmanns fernzuhalten.

Kurzum: Anderthalb Jahre später, am 17. August 1875, konnte die Bewirtung mit neuem Schwung und neuem Schwof schon wieder aufgenommen werden.

Entstanden ist dabei ein Gebilde, dessen Architektonik nirgendwo schlüssig einzuordnen ist. Das vergleichsweise kleine Bauwerk folgte mit seiner imposanten Schaufront zwar dem Geschmack des Historismus des frühen 19. Jahrhunderts.

Mit seinen hohen Rechteckfenstern und den sie überfangenden durchfensterten Bögen sowie der Gliederung durch Gesimse und Pilaster erinnerte es hingegen an die typischen Gestaltungsformen der Neorenaissance. Man spricht auch vom »Berliner Rundbogenstil«. Zeitgenossen beanspruchten sogar »einen besonderen Berliner Styl der Neuzeit«. Auf jeden Fall stand dieser Grunewald-Palazzo in einem sprachlos machenden Widerspruch zu dem, was sich ein Mensch heutzutage unter »Ausflugslokal« vorstellt.

Es gibt allerlei Abbildungen des neuen Hauptgebäudes auf dem »Spandauer Bock«, aber aus keiner geht dessen Grundriss stimmig hervor. Zumal Plan und Ausführung divergierten.

Ansicht des »Spandauer Bocks« von der Chaussee her. Die Halle rechts hinten gehört zu den privaten Baulichkeiten der Bechmanns.

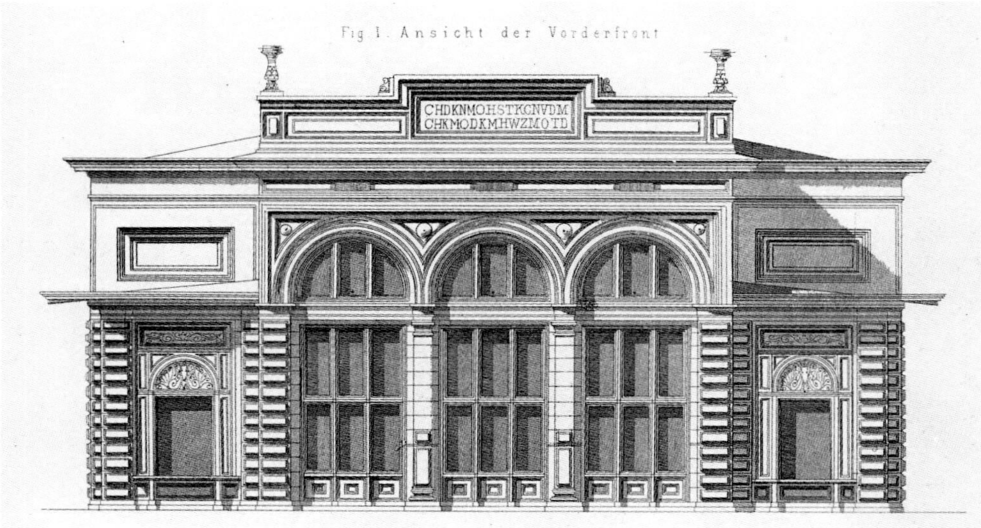

Der Entwurf des Haupthauses auf dem »Spandauer Bock« von Oscar Titz (1845–1887) weicht mehrfach von dem tatsächlich errichteten Gebäude ab – vor allem aber dadurch, dass die linke Seite oberhalb des Gesimses über dem späteren »Buffet« nicht in Symmetrie zur rechten Seite ausgeführt wurde.

Nachgerade verstörend wirkt, dass der auf der linken – der östlichen – Seite erstellte wohl fünf Meter hohe Appendix mit dem Kranzgesims, der als »Buffet« diente, abweichend vom Entwurf des Architekten Oscar Titz nicht überbaut war.

Das gilt ebenso für den Holzverschlag, der auf der rechten Seite dieselbe Bestimmung erfüllte. Später wurde er durch einen massiven Kiosk ersetzt – an den die Betreiber weitere Schuppen anstückelten.

Damit war dann auch der letzte Anflug von Symmetrie und Harmonie des ursprünglich dreiachsigen Objekts, wie es sich 1877 in Carl Scholtzes »Monatsheft« der *Façaden-Entwürfe neuer Gebäude aller Art* noch dargeboten hatte, ruiniert.

Der Berliner Architekten-Verein bemängelte in einer Monographie aus dem Jahr 1896 zu Recht, dass bei den Vergnügungs-Anlagen der Stadt nicht alles »mit Geschmack und Geschick« gestaltet worden war.

Und dennoch: Das gesamte Ensemble strahlt in seiner stilistischen Nonchalance, in seinem Irgendwie-gewollt-doch-irgendwie-nicht-gekonnt etwas Sympathisches aus: Eine Akzeptanz des Unperfekten, des Ist-halt-so, Kommt-nicht-drauf-an, des Zweckmäßigen, das zu den Gerstensaft- und Kaffee-Trinkern unter den Bäumen (»Die Obstgärten in voller Blüthe«) eher passte als an derselben Stelle ein makelloses Schinkel- oder Semper-Imitat.

Dem kam das Innere des »Bock«-Gebäudes schon näher …

Berliner Bock-Brauerei,
Tempelhofer Berg.
44te Bock-Bier-Saison 1882.
Heute, Sonntag, grosses Militair-Concert von Rossberg.
Anfang 4 Uhr. Entrée 25 Pf.

Spandauer Berg-Etablissement.
15 Minuten v. d. Stadtbahnst. Westend. Von allen Theilen Berlins leicht zu erreichen.
Sonntag, den 30. April: **Gr. Concert** – Alpen- u. Felsengrotten-Beleuchtung. Electr. Licht. Wunderfontaine ꝛc.
Concert-Anfang 4 Uhr. Entrée 20 Pf.
Die Obstgärten in vollster Blüthe.

Hoppegarten.
Sonntag den 30. April 1882, Nachmittags 3 Uhr:
I. Tag des Frühjahrs-Meeting.
Abfahrt der Extrazüge vom Ostbahnhof Berlin:
2 Uhr und 2 Uhr 30 Minuten Nachmittags.
Rückfahrt von Hoppegarten:
5 Uhr 30 Minuten und 6 Uhr Nachmittags.
Das General-Secretariat des Union-Club.

Königlich privilegirte Berlinische Zeitung von Staats- und gelehrten Sachen. Vossische Zeitung 201, Morgen-Ausgabe vom Sonntag, dem 30. April 1882 – sechs Fingerzeige und ein Druckfehler machen aufmerksam auf den »Spandauer Bock«.

Denn überraschend ist nach dem verwirrenden äußeren Erscheinungsbild des Neubaus die Eleganz des Restaurants, das – wie es in der Konstruktionszeichnung heißt – »ausschliesslich nur als Aufenthalt der Besucher des Gartens bei ungünstiger Witterung« gedacht war, denen in diesem Fall auch ein »Billard-« und ein »Gesellschafts-Spiel-Zimmer« neben dem Restaurationssaal zur Verfügung stand.

Eine winzige Lithographie auf einer dieser ersten sehr kleinen Postkarten vom »Spandauer Bock« zeigt einen Raum, in dem vier Reihen mit jeweils fünf Tischen zu sehen sind. An denen stehen einheitlich sechs Stühle. Legt man die hierdurch grob vorgegebenen Maße einem unverbindlichen Überschlag zugrunde, dann kommt man auf eine Grundfläche des Gastraums von ungefähr 300 Quadratmetern und eine lichte Höhe von zehn bis zwölf Metern.

Das war imposant.

Und es wurde noch übertroffen, sobald die Gäste ihre Blicke zur Decke des Raumes erhoben.

Dort erblickten sie ein mit Ornamenten und Rosetten verschwenderisch geschmücktes Gewölbe, das in eine waagerechte Fläche übergeht und dadurch einen sogenannten

Diese Lithographie zeigt in der Blase rechts die einzige überlieferte Ansicht vom Festsaal des Hauptgebäudes auf dem »Spandauer Bock«.

Oscar Titzes Entwurf für die »Decken-Eintheilung« des Saales im Restaurationsgebäude des »Spandauer Bocks« – eines volkstümlichen Gasthofs wohlgemerkt

»Deckenspiegel« bildet, also eine Ebene die parallel zur Grundfläche des Raumes verläuft, aber kleiner ist als diese.

Das war alles pompös.

Nur waren die wenigsten der Gäste Architekturkritiker, und sie haben sich auch kaum in die baulichen Details des Hauses vertieft. Sie fanden es in unbefangenem Bestaunen des Bombasts schlechterdings eindrucksvoll und von nun an umso mehr einer Exkursion »auf den Bock« wert. Zur »Spandauer Straße 15«, wie er inzwischen amtlich gekennzeichnet war, damit ihn auch ja keiner verfehlte.

Doch die Gefahr war gering.

Denn der »Spandauer Bock« war im Leben Berlins zu einer festen Größe geworden.

Die schon erwähnte Karte aus dem Juni 1904, die heute im Bauaktenarchiv des Bezirks Charlottenburg-Wilmersdorf asserviert ist, gibt zwar die örtlichen Verhältnisse jenes Jahres wieder, doch haben auf dem »Spandauer Bock« gegenüber dem Urzustand von 1842, beziehungsweise nach dem Brand von 1874 kaum wesentliche Veränderungen stattgefunden. Das sollte die Geschäftsleitung sogar noch 1911 bestätigen.

Seit seiner Eröffnung bildete das »Restaurationsgebäude« mit dem Bierlagerkeller sowie der Wohnung für den »Ökonomen« und die Dienerschaft in der oberen Etage das Zentrum der Ausflugsstätte. Östlich davon standen eine langgestreckte offene Halle, zwei, drei »Spielbuden«, ein Kasperletheater, eine Kegelbahn und »Buffets« auf Schritt und Tritt sowie, selbstverständlich, mehrere »Latrinen«. In schalldämpfendem Abstand war ein Karussell und eine Schießbude aufgebaut.

Als Zeugen aus den Gründertagen des »Spandauer Bocks« befanden sich westlich vom Hauptgebäude nach wie vor das Wohnhaus und der Pferdestall mit einem Bretterschuppen und daneben der »Garten des Herrn C. Bechmann«.

Diese Ansammlung von Baulichkeiten war über das gen Süden zur Straße 7a hin abschüssige Pachtgelände verstreut, ein Flurstück von sage und schreibe 31 750 Quadratmetern.

Dessen Kiefern- und Eichenbestand prangte, womit oft in Zeitungsanzeigen geworben wurde, »im schönsten Grün«. Und die Kronen der alten Bäume wölbten sich über dem Geschehen darunter als ein Schutz suggerierender Schirm. In seinem Schatten luden mit weißen Häkeltüchern gedeckte Tische und einfache Gartenstühle zum Bier- und Kaffeetrinken ein. Und Napf- und Streuselkuchen gab's auch.

Das alles – in Gottes freier Natur – verlieh dem »Bock« ein heimeliges und zugleich bieder-betuliches Gepräge, das mit dem Wohnhaus der Wirtsleute und ihrem Gärtchen zudem noch einen familiären Anflug bekam.

Die Menschen, die Gewohnheitstiere waren, fühlten sich hier wohl. Seit einem halben Jahrhundert.

Die anderen aber, die das Obendrein suchten, das Neuartige, die mussten die Straßenseite wechseln.

Spätestens 1880 …

Der Garten des »Bocks«. Deutlich sind der dichte Baumbestand und das abschüssige Gelände des Spandauer Berges zu erkennen. Da brauchten nicht nur die Zecher, sondern auch die Seidel Standfestigkeit.

Menschen, Biere, Sensationen

Ein Jahr nachdem die »Berliner-Pferde-Eisenbahn-Gesellschaft« die Straßenbahn-Strecke schließlich von der Kastanienallee bis zum »Spandauer Bock« verlängert hatte, wurde das Plateau, auf dem die »Zibbe« an der Senke zur Spree und zur Jungfernheide lag, um eine beträchtliche Fläche nach Westen hin erweitert. Sie war nun ungefähr acht Morgen oder 20 000 Quadratmeter groß.

Beeindruckt von diesem Schau-Platz erinnerte sich ein Gast: »Das Schönste und Anziehendste aber auf diesem durch gärtnerische und dekorative Kunst zu einem höchst angenehmen Aufenthalt gestalteten Fleckchen Erde ist und bleibt die wundervolle Aussicht, die in jeder Jahreszeit neue Reize entfaltet.«

Sobald sich der Naturfreund an dem pittoresken Panorama sattgesehen und alsdann umgewendet hatte, überraschte ihn das Direktorium des Unternehmens 1880 zur Eröffnung des Gartenbetriebs auf der »Zibbe« neben der schäumenden Bockbier-Frühlingsgabe mit einem faszinierenden Spektakel für Jung und Alt.

In der Fülle aller – auch englischen (»a well known resort«) und französischen (»un établissement très populaire«) – Reise-, Stadt- und Wanderführer, Vorschläge für »Radler-Streifzüge«, Wörterbücher und Verzeichnisse von Redensarten jener Tage hat sich ein literarisches Juwel erhalten, dessen Verfasser sein eigenes Staunen über das, was er dort erblicken konnte, in einer immer noch nachfühlbaren Weise zu Papier gebracht hat.

Aloys Hennes empfahl in seinem 1881 im Selbstverlag herausgegebenen Heftchen *Station Hundekehle* [das ist der heutige Bahnhof Grunewald] *als Ausgangspunkt für 30 Grunewald-Ausflüge* aus lauter Begeisterung gleich drei verschiedene Wege, auf denen man sich den zu schauenden Wundern annähern kann – Wege durch eine Landschaft, die »mit ihren wildromantischen Waldschluchten ganz besondere Naturgenüsse« bietet und jede Mühe lohnt.

Kaum vorstellbar, dass jemals ein Leser dieser schwärmerischen Einstimmung auf einen »Glanzpunkt des Grunewalds«, auf ein »entzückendes Panorama«, auf das »im Sonnenglanze strahlende Spreethal« und einen Tag voll »poetischer« Eindrücke eine einzige Sekunde lang gezögert haben könnte, sich *stante pede* auf die Socken zu machen.

So erreichte er dann jene Stelle auf der »Zibbe«, an der seine Sinne überwältigt wurden: »Das auf besteigbaren Felsen sich erhebende Bild einer Alpenlandschaft mit ihrem idyllischen Dorfleben wird Jeder als eine Spielerei betrachten, die bei der gelungenen Ausführung

Kein Mensch in Berlin sagte »Garten der Spandauerberg-Brauerei«. Man sagte »Zibbe«.

Der Bierpalast auf der »Zibbe«. Halbrechts die »Schlucht« des künstlichen Gebirges, davor, ganz rechts, der Aufgang zum Aussichtsturm, im Hintergrund die Türme von Spandau und dazwischen Boote auf der Spree. (Ausschnitt von einer Postkarte)

keineswegs ohne Reiz ist. Hat von der höchsten Felsenspitze gegen Abend der Wasserfall mit seinem Rauschen begonnen, so belebt sich die ganze Alpenscene. Das Wasserrad der Mühle mahlt zwar kein Getreide, sondern setzt nur die Kuhherden mit ihrem Geläute in Bewegung, um über die Brücke hinweg den Heimweg anzutreten, und daß schließlich, wenn die Zeit dazu gekommen ist, auch das Alpenglühen nicht ausbleiben wird, zeigt uns der zu den Gletschern in die Höhe geleitete Draht.«

In seinem Überschwang ist der Mann nicht mehr zu bremsen: »Eine andere hübsche Sache ist die, daß unter dem Felsenthor zwei Personen im Flüstertone mit einander sprechen können, ohne daß eine in der Mitte stehende dritte Person etwas davon vernimmt. Was in der Rundung rechts die eine Person scheinbar der Wand ganz leise anvertraut, vernimmt ganz deutlich in der Rundung links die andere Person von der dortigen Wand. – Aber nicht nur alles dieses, sondern auch das herrliche Schauspiel des Sonnenuntergangs wird an diesem reizenden Punkte jeden zum längern Verweilen veranlassen.«

Das war nicht übertrieben. Noch sieben Jahre später schwärmte der sonst so mokante *Kladderadatsch* (in dem der »Bock« ein Dauergast war): »Der Sonnenuntergang auf dem

Pfauen auf dem Gelände der »Zibbe«. Links der Aussichtsturm, der einen Blick auf die ›Alpen‹landschaft gewährte.

Ein farbenfrohes Allerlei aus der Frühzeit der Postkartenherstellung. Man sieht die mächtige »Spandauerberg Brauerei«, einen der »Zauberbrunnen« auf der »Zibbe« sowie den Aussichtsturm vor dem in der Ferne blau schimmernden Alpenpanorama – mitsamt einem mutigen Gipfelstürmer.

Spandauer Bock imponirt selbst Fremden, welche die Schweiz gesehen haben.« Und irgendwo stolzierten jene Pfauen umher, denen Elisabeth Krickeberg 1919 in ihrem Roman *Im Dschungel der Großstadt* ein literarisches Denkmal gesetzt hat.

Während nun der »Bock« seinen Charakter als Gasthaus im Walde bewahrte und Brauchtum verkörperte, das Urwüchsige, war die »Zibbe« mehr Vergnügungspark als Gartenlokal.

Sie war das Neue, Freizeitindustrie.

Für Menschen, von denen kaum einer das Gebirge aus eigener Anschauung kannte, gab es dort – »Jroßet Panorama, noch nie dajewesen!« – Aussichtsturm mit Kraxlstieg und Kuhgeläut, eine Riesendame, die mit entsprechendem Holz vor der Hütt'n zum »jütijen« Besuch einlud, Bizepsmesser, Leierkästen, eine Camera obscura, »Caroussels« und Feuerwerk, Schießstände und Wurfbuden, Losverkäufer und Schnellfotografen, »Wunderfontainen« und Kegelbahnen und zuletzt das Beste von's Janze: »Militairconcerte« (»Concert-Anfang 4 Uhr«) nebst Tanzboden für einen feschen Alpenball.

Seine Teilnehmer pfiffen darauf, dass sich die Zeitschrift *Jugend* 1903 im »Berliner-Jipfel-Lied« über die Kulisse – »naturjetreu jemalt von Künstlerhand« – lustig machte. Die

Hinter dem Lattenzaun auf der linken Seite von Tullports Gatan 42 verbirgt sich der Vergnügungspark »Södra Tivoli« von Fredrik Rosenquist af Åkershult (1805–1872) und Franz Adam Bechmann (1813–1859)

Männer kamen mit bloßen Waden, die Frauen kleideten sich »oberammergau'sch«. Und schon vergaßen die Steifmeiers von der Spree alle Sorgen bei Ländler-, Walzer-, Polkaklängen.

Der Ursprung des Konzepts zu diesem Spaßangebot lässt sich auf einem verblüffenden, aber schnurgeraden Wege bestimmen.

Ein dritter Bruder der »Gebrüder Bechmann« vom Spandauer Berg, Franz Adam, war 1843 als Braumeister nach Stockholm gegangen und hatte dort für einen schwedischen Hobbybrauer, Fredrik Rosenquist af Åkershult, bayrisches Bier produziert. Damit war er so erfolgreich, dass er im Handumdrehen zum Kompagnon von Rosenquists »Tyska Bryggeriet«, »Deutscher Brauerei«, aufstieg. Beide bildeten ein starkes Team. Bechmann stellte ein begehrtes Produkt her, und Rosenquist sprühte vor Ideen, wie man es verkaufen könnte.

Eine davon war, seine Kunden auf dem neben der Brauerei gelegenen Gartengrundstück durch allerlei Zerstreuungen zu binden, auf dass sie ihr Labsal nicht bloß bei der Brauerei abholten, sondern dort umsatzsteigernd gleich konsumierten – zwischen Schiffschaukel, Schießbude und »dansbana«. Da Rosenquist vor großen Tönen nie zurückschreckte, taufte er die Anlage »Södra Tivoli«, das »Tivoli im Süden der Stadt«.

Damit war das 1843 eröffnete Kopenhagener »Tivoli« als Vorbild für den eigenen und all die anderen nunmehr in Europa entstehenden Vergnügungsparks beim Namen genannt. Der bekannteste deutsche sollte der »Volksgarten Nymphenburg« in München werden – eher ein Gaudi-Dschungel.

Dass die Bechmann-Brüder, die ungeachtet der räumlichen Ferne ein Leben lang Kontakt hielten, über diese Erweiterung der Möglichkeiten ihrer »Zibbe« gesprochen haben, liegt auf der Hand. Darum ist die weitläufige Kopenhagener Einrichtung ohne Zweifel auch die ›Mutter‹ des im Vergleich dazu beinahe verträumten Kunstalpenweilers an der Spandauer Chaussee.

Allerdings: Für die-Seele-baumeln-lassen, Tannenduft und Nickerchen am Wirtshaustisch war die »Zibbe« nicht geeignet.

Da suchte man besser den »Bock« auf …

»Am Nachmittag«, schrieb Georg Bamberger 1930 in seinen Erinnerungen an *Allerlei Ernstes und Heiteres aus dem alten Berlin*, »gingen die Familien durch die hintere Tür des Lokals in den angrenzenden Grunewald, um sich dort gemütlich zu lagern, und dabei sah man fast immer dasselbe Idyll. Der Vater lag im tiefsten Schlafe laut schnarchend am Boden, die Mutter saß mit dem Rücken gegen eine Kiefer gelehnt und strickte Strümpfe, während die Kinderchen ›verwechselt das Bäumchen‹ oder ›Räuber und Gendarm‹ spielten.«

Freudenhandlungen anderer Art notierte der Wachtmeister Goldmann in seinem Polizeibericht aus dem Jahr 1885 von demselben Revier, als »ich und [mein Kollege] Wettermann in Civilkleidern auf unsrer Patroullie am Grunewald zwei Frauenzimmer mit Männern gehen [sahen], welche wir dann auch einige Entfernung verfolgten, und bald darauf sahen, wie sich beide Frauenzimmer nebeneinander niederlegten und mit den Männern Hurerei betrieben, ohne dass sie sich um das im Walde umhergehende Publikum kümmerten«.

Berta Sch. und Auguste A. wurden arrestiert, jedoch zur Entrüstung des wackeren Ordnungshüters wieder freigelassen, worauf sie sich erneut auf den Weg zu ihrer Wirkungsstätte in den Lustwald begaben.

(Weil unsere Erzählung nun in bedenkliche Nähe zum Thema »Kriminalität« geraten ist, soll in Klammern neben allen Tätlichkeiten, Taschendiebstählen und Trickbetrügereien auf dem Spandauer Berg – beliebt war das »Kümmelblättchen«-Spiel – des 1892 verhafteten Frauenmörders Bruno Schulz aus der Belegschaft der »Spandauerberg Brauerei« mit derselben Zurückhaltung gedacht werden wie des Lohnkellners Heinrich vom »Spandauer Bock«. Der hatte als Gast im »Raddei'schen Restaurations-Lokal« in Pichelswerder ein paar Jahre zuvor bei einer Reiberei über einen zerbrochenen »weißen Teller« den Kahnverleiher Koeppen und den Schießstandpächter Schmidt, die den Streit schlichten wollten, ohne großes Federlesen mit einem Stockdegen erstochen.)

Unterdessen verbreiteten bei Einbruch der Dunkelheit ringsum aufgestellte Kandelaber mit getönten Milchglaskugeln ein anheimelndes elektrisches Licht, bedienten Ober in Frack und schwarzer Fliege die Gäste, flanierten herausgeputzte Hetären der Residenzstadt Berlin und dann die Herren Leutnants der Infanterie-Schießschule Ruhleben oder, mit Monokel, ein versprengter Von-und-zu vom Zweiten Bataillon des Garde-Fusilier-Regiments in Spandau, den »Maikäfern«, in seiner pittoresken Ausgehuniform.

Garde meist sehr exklusiv,
Von feudalem Geist,
Sieht auf Bürgerpack nur schief,
Weil der Grundsatz heißt:
»Adelsprädikat bezweckt,
Daß kein Plebs uns naht,
Völlig wertlos so'n Subjekt
Ohne Prädikat!«

Während die angesprochene Schicht schon etwas schleppend der Frage nachsann, wer hier wohl am falschen Ort war, nahm sie einen Absacker nach dem anderen zu sich. Bis auch von ihr Gesang ertönte und ein besäuselter Vertreter des Volkes der Dichter und Trinker das melancholische, aber metrisch Promille-geschädigte Liedchen anstimmte:

Juta Mond, wenn ick Dir seh',
machste mir jroße Plage,
Du bist im Jahr nur zwölfmal voll,
und ick bin's alle Tage.

Wer also wollte bezweifeln, dass auf dem Spandauer Berg auch die Musen eine Heimstatt hatten?

Zumindest dann, wenn die Woche herum war, hielt das Orchester Einzug unter den rauschenden Bäumen im Biergarten der »Zibbe«: »In ihm fand allsonntäglich«, so abermals Georg Bamberger, »ein sogenanntes ›Sechs Dreier-Konzert‹ statt, weswegen dieses Lokal

Wer diese Karte gegen eine Lampe hielt, den bezauberte der milde Glanz der Kandelaber und der warme Lichtschein aus dem Innern des Gebäudes.

auch hauptsächlich nur von den sogenannten besseren Kreisen besucht wurde, denn für ›bloße Musike‹ zahlte der Berliner damals im allgemeinen nicht gerne Eintrittsgeld.«

Aber was heißt »der Berliner«?

Hatte nicht Paul Lindenberg gerade seine Leser gemahnt, es sei bei einem Besuch von Berlin eine »Bürgerpflicht« für *jedermann*, auch auf dem »Bock« gewesen zu sein?

Das also tat, Ehrensache, 1890 auch die »Vereinigung der Bureau-Vorsteher der Rechtsanwälte und Notare zu Stettin«, wobei es zu einer hochnotpeinlichen Begebenheit kam.

Denn nachdem der Vorstand ein paar Monate später in der »Zeitschrift für den Bureaubeamtenstand«, der *Schreibstube*, einleitend seine Befriedigung über die rege Teilnahme an den monatlichen Zusammenkünften und »Kränzchen« äußern konnte, musste er beim Rückblick auf die Berliner Studienfahrt zerknirscht und reumütig gestehen: »Wenn die Sedansfeier am 2. September hiervon eine kleine Ausnahme machte, wie in der Sitzung am 18. d. Mts. zur Sprache kam, so hat dies wohl hauptsächlich seinen Grund darin, daß sich viele der Mitglieder verschleppen ließen und sich an den von den hiesigen Kriegervereinen veranstalteten Feierlichkeiten betheiligten, die auf dem ›Bock‹ […] stattfanden.«

Unter Missachtung jeglichen patriotischen Comments am zwanzigsten Jahrestag der entscheidenden Niederlage der französischen Armee im Krieg 1870/71 von der anberaumten Festlichkeit fernzubleiben und sich stattdessen bei »Bairisch Bier« und Brez'n im Grunewald zu verlustieren, war eine preußische Verfehlung sondergleichen!

Hätten die Schwänzer doch nur schon gewusst, was Leo Woerl ein paar Jahre später in seinem *Führer durch Spandau und Umgebung* als Anstoß für einen Besuch auf dem »Bock« und der »Zibbe« angeben sollte: »In beiden, namentlich Sonntags, vorzügliche Gelegenheit zur Beobachtung des ›Berliners‹.«

Fehlt noch, dass er gesagt hätte: »... im Freigehege«.

Sei's drum: Die Herren Bureau-Vorsteher hätten sich auf ihre ethnologischen Interessen berufen können und eine schlüssige Entschuldigung für ihren Fauxpas gehabt.

3. April 1885

Der »Bock« und die »Zibbe« waren ein Freiraum, in dem Gesittungen gelegentlich ihre Festigkeit verloren.

»Diese übermäßige Ausgelassenheit«, klagte Willy Bark, »herrschte späterhin merkwürdiger- und bedauerlicherweise an dem dazu am wenigsten geeigneten Tag des Jahres, dem Karfreitag.«

Was sich unter diesem Datum auf dem »Spandauer Bock« schon seit längerem abgespielt haben soll, war der breiten Öffentlichkeit spätestens am 9. April 1882 durch einen Artikel in der Morgen-Ausgabe des *Berliner Tageblatts* vermittelt worden. Darin beschrieb der Verfasser »dort draußen auf dem Spandauer Bock ein wahres Höllenstelldichein [...], an welchem sich der hauptstädtische Abschaum in viehischer Lust betheiligte«. Immer wieder Anlauf nehmend, Einzelheiten auszuführen, bremste sich der schockierte Osterspaziergänger, um am Ende über die Wirksamkeit von Polizeiverordnungen und -verboten zu sinnieren.

Wie nahe er mit seinen Schilderungen und Gedanken an dem war, was drei Jahre später zum Eklat führte, konnte der Mann noch nicht wissen. Sein Resümee jedenfalls verharrte im Vagen: »Als einziges Vergnügungsventil den Spandauer Bock und ähnliche Vorortlokale wirken zu lassen, erscheint uns sehr bedenklich.«

Pädagogisch wertvoll war es dagegen dem *Düsseldorfer Volksblatt* vom 13. April, weil es an den »sittenlosen ›Vergnügungen‹ der berliner Familien« zeigen konnte, welch »wohlthätigen Einfluß« das gottgefällige katholische Vereinsleben ausübt.

Ungläubig die Augen reiben musste sich nach solchen Ausführungen demzufolge, wer die *Norddeutsche Allgemeine Zeitung* vom 9. April gelesen hatte.

Auch sie gab Eindrücke vom diesjährigen Karfreitag auf dem »Bock« wieder – ein schillerndes Stimmungsbild, in dem das renovierte Inventar ebenso wortreich belobigt wurde wie die frisch gestalteten Gartenanlagen und »eine effektvolle ›Bock-Venusgrotte‹« auf einem Gemälde in einem der Säle.

Eine weitere »Sehenswürdigkeit« war der vierzehn Jahre alte Max Pscherer aus Unterlind in der Oberpfalz. Der verschlang innerhalb »von circa zwei Stunden 4 Pfund Schweinefleisch, 20 Kartoffelknödel und trank dazu 27 Maß Bier. Als Dessert verzehrte er ein Pfund Butter und ein halbes 50-Pfennig-Brot«.

Ein lauschiges Plätzchen rechts von der »Grotte« und dem Alpenpanorama auf der »Zibbe«

Zuzüglich Militärkonzert, Felsenbeleuchtung, Schaubuden, Springbrunnen und Wasserspiele, ein harmloses Idyll, das umso bemerkenswerter war, als der Urheber dieser Notiz die Zahl der Besucher auf 60 000 (vielleicht ein bisschen über)schätzte. Nichts deutete auf einen Skandal hin.

Kopfschüttelnd musste sich jener Leser der drei Zeitungen fragen: Was gilt jetzt?

Hier die Bestürzung über »ein wahres Höllenstelldichein«? Dort die Kurzweil dank der »Sehenswürdigkeit« eines Meisterfressers? Was war der »Spandauer Bock«? Hoheitsgebiet des Guten oder Zone des Bösen?

Die Allianz von »Spandauer Bock« und »Charfreitag« blieb widersprüchlich und bestenfalls eine belustigt beäugte ambivalente Gesellschaftserscheinung.

So hielt es beispielsweise der Romancier Julius Stinde und nannte das Phänomen 1885 im zweiten Teil seiner Roman-Trilogie über die Berliner *Familie Buchholz* augenzwinkernd eines der vielen ausgesuchtesten Rätsel der Natur. »Im Frühling, sobald der erste erwärmende Sonntag lockt, wandert [der Mensch] in die Umgebung, am Charfreitag muß er nach dem Spandauer Bock.«

Was hier burschikos formuliert ist, war der matte Widerglanz dessen, was wenige Wochen vor der Publikation von Stindes Buch stattgefunden haben soll und auf seine Art einen Höhepunkt in der Geschichte des »Spandauer Bocks« schuf.

In vieler Preußen Augen: den Tiefstpunkt.

Hatte die Morgen-Ausgabe der *Berliner Zeitung* vom 5. April 1885 unlängst noch feuilletonistisch den immerwährenden Durst zu den »Nationaltugenden der Deutschen« gezählt und dabei errechnet, dass die Menge der Schoppen, die anlässlich der Feiern zu Bismarcks siebzigstem Geburtstag am 1. April in deutschen Landen getrunken worden war, ungefähr dem Volumen eines Binnensees entsprach, so hätte das Blatt eine Woche später bei einem nachgewiesenen Konsum von »ca. 200 Tonnen Bier« auf immerhin ein Schwimmbecken kommen können – allein für den »Spandauer Bock«.

Da berichtete dieselbe Zeitung über die Geschehnisse dort am 3. April, dem Karfreitag. »Vom frühen Morgen bis zum Einbruch der Dunkelheit wanderten Zehntausende hinaus nach jenem beliebten Brauerei-Etablissement. Auf der Charlottenburger Chaussee entwickelte sich in den Nachmittagsstunden ein riesenhafter Korso: auf der ganzen großen Strecke vom Brandenburger Thor an, durch Charlottenburg nach Westend hinauf und die Spandauer Chaussee entlang reihte sich Wagen an Wagen, Passant an Passant. Alle Verkehrsmittel, welche Berlin kennt, reichten kaum aus, um den ungeheuren Andrang, der selbst für Berliner Verhältnisse geradezu unerhört war, zu bewältigen. Gegen 15 000 Menschen fanden sich am Charfreitag auf dem Spandauer Bock zusammen!«

Der Autor dieser Zeilen sprach von einer Fahrzeugschlange von rund zehn Kilometern Länge. Wer diese dann irgendwann verlassen konnte, der habe ein Tollhaus betreten. Krach und Krawall, Krakeel und Klamauk rundherum.

»Alles drehte sich wie im Wirbelsturm. Willenlos wurde man rückwärts, seitwärts getragen, wohin der Menschenstrom trieb, da mußte man mit. Ein wüster Lärm war schon von weither vernehmbar. An der Kasse gabs förmliche Bataillen und man konnte von Glück sagen, wenn man endlich mit heiler Haut und heilen Kleidern in den Garten hineingewälzt war.«

Eine Dame zweifelhafter Provenienz durchschreitet danach das Meer der Gäste, das sich unter dem Gejohle, Gegröle und Gebrüll ihrer dito fragwürdigen Bewunderer zur Rechten und zur Linken teilt. Ein bauchredender Spaßvogel in skurrilem Aufzug mit roter Krawatte bringt die Masse weiter in Raserei. »Auf dem Orchesterraum, auf welchem die Musikanten nicht spielen dürfen, hat ein Radauorchester Platz genommen, das mit Kindertrompeten, Blechpfeifen, Flöten, Mundharmonikas und Papptuten einen infernalischen

Wilhelmine Buchholz nebst Tochter Betti ist ihrem Roman *Aus dem Leben der Hauptstadt* entstiegen und unterhält sich mit dessen Autor Julius Stinde (1841–1905) am Brandenburger Tor über das Neueste vom Tage. Zeichnung von Christian Wilhelm Allers (1857–1915) aus dem Jahr 1889

Spektakel vollführt. Je mehr die Zeit vorrückt, desto wahnsinniger wird das Treiben, das die ›anständige‹ Berliner Gesellschaft zum Besten giebt.«

Einer ihrer Vertreter, der Stadtverordnete Wilhelm Julius Pickenbach aus Berlin W., habe sich gleichfalls daneben benommen, beteuerte aber einen Tag nach der Veröffentlichung dieses Berichts, es sei alles erstunken und erlogen gewesen.

Doch wer wollte – völlig betäubt von der Suada von dort, wo sich angeblich Höllenschlünde aufgetan hatten – noch klaren Blickes und Gedankens eine nüchterne Äußerung wagen?

Zu den Vorfällen auf dem Rückweg nach Berlin schwieg des Verfassers Höflichkeit. Was ihn in demselben Maße ehrte wie sein abschließender Appell: »So feierte die goldene Jugend Berlins den weihevollsten Festtag des ganzen Jahres – die Provinzstädte mögen sich an einer solchen Festfeier ein abschreckendes Beispiel nehmen!«

Die *Neue Preußische Zeitung*, deren Kopf das Eiserne Kreuz zierte, die »Kreuz-Zeitung«, war weniger zurückhaltend: »Die Elemente Berlins, welche an jener ›nicht sehr rühmlichen Stätte‹ ihren Charfreitag ›feiern‹, werden sich durch ernste Darstellungen nicht von dort fort*locken* lassen; sie können nur durch ein energisches Einschreiten der Polizei von dort ver*trieben* werden. Daß ein derartiger Skandal am Todestage unseres Erlösers überhaupt in einer christlichen Stadt geduldet werden kann, ist uns schier unbegreiflich.«

Es hagelte Klagen und Kritik von allen Seiten – auch aus dem Ausland. Einesteils wurde darauf hingewiesen, dass die diesjährigen apokalyptischen »Orgien« und »Pöbelszenen« zwar die schlimmsten gewesen seien, sich in ähnlicher Weise jedoch schon seit Jahren am selben Festtag zugetragen hätten, ohne dass hiergegen eingeschritten worden sei. »Das Alles geschah fort und fort«, tönte es aus – Liechtenstein.

Andernteils wurde gerügt, dass man »vielfach jenen Dingen sogar eine humoristische Seite« abgewonnen habe. Dabei richtete sich die Kritik mit aller Schärfe und auf breiter Front gegen die laxe Haltung der Regierung in Berlin im allgemeinen und der Polizei in Charlottenburg im Besonderen. Ein Leserbriefschreiber der *Neuen Preußischen Zeitung* erwog: »Man müßte Massenpetitionen veranstalten.«

Weil nach dem preußischen Kalender schon der nächste arbeitsfreie Feiertag dräute, der Buß- und Bettag am Mittwoch, dem 29. April, warnten die Betreiber des »Bocks« – aufgeschreckt durch die Flutwelle der Empörung und vorsichtig geworden – die Besucher mit Aushängen auf dem Anwesen des »Spandauer Bocks«, sich jeglicher Ruhestörung zu enthalten, »da andernfalls die Unterzeichneten sich genöthigt sehen, das Local räumen zu lassen«.

Doch obwohl es daraufhin in ihrem Etablissement gesittet zuging, war der Stein längst ins Rollen gebracht. Schon am 12. April hatte die *Berliner Börsen-Zeitung* in ihrer Morgen-Ausgabe gemeldet, sie habe gehört, dass »von der Centralinstanz an die betheiligten Behörden die Anregung ergangen [ist], zu erwägen, mit welchen Maßregeln in Zukunft solchen Ausschreitungen mit Erfolg wird entgegengetreten werden können«.

Diese Überlegungen sind in schriftlicher Form erhalten geblieben und nachzulesen in einem Konvolut, welches das Brandenburgische Landeshauptarchiv in Potsdam verwahrt.

Es trägt den internen Titel *Maßnahmen zur Verhinderung öffentlichen Ärgernisses durch Exzesse auf dem Volksfest im »Spandauer Bock«, Kr. Teltow, an christlichen Feiertagen (1885–1886).*

Die Akte »Rep. 2A I Pol Nr. 3293/1«

Schaltstelle war das Regierungspräsidium in Potsdam. Hier lief die Korrespondenz von ›unten‹ und die von ›oben‹ zusammen. Von hier stammen die einzigen Briefentwürfe, weil die Originale von hier aus nach ›oben‹ und von hier aus nach ›unten‹ verschickt worden sind.

Die Sammlung der Schriftstücke in dem Potsdamer Konvolut umfasst 88 Blatt. Sie setzt ein am 12. April 1885 und endet mit einem Ablagehinweis vom 30. April 1886. (Beiliegt als »Abschrift« ein Brief des Berliner Polizeipräsidenten an den Direktor der Berliner-Bock-Brauerei A.-G. auf dem Tempelhofer Berg Paul Haenel, beziehungsweise an dessen Stellvertreter Gustav Harms, vom 25. April 1885.) Hier und da sind die Seiten gefaltet, auf manche wurden Zeitungsausschnitte geklebt, insgesamt sechzehn Stück.

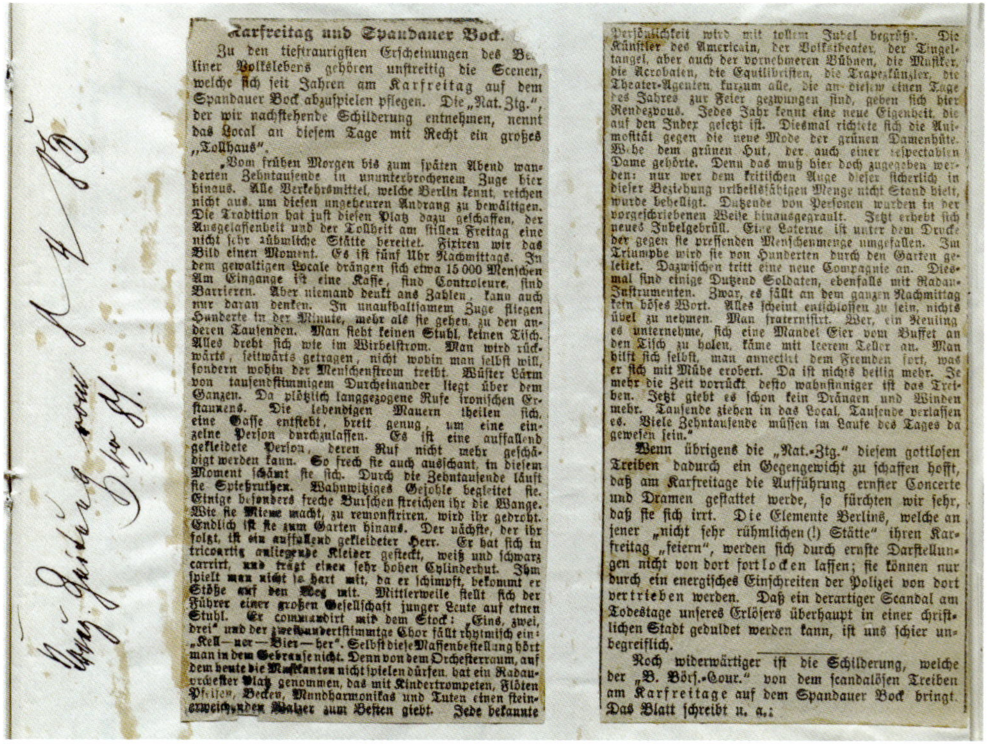

Karfreitag und Spandauer Bock.

Zu den tieftraurigsten Erscheinungen des Berliner Volkslebens gehören unstreitig die Scenen, welche sich seit Jahren am Karfreitag auf dem Spandauer Bock abzuspielen pflegen. Die „Nat. Ztg.", der wir nachstehende Schilderung entnehmen, nennt das Local an diesem Tage mit Recht ein großes „Tollhaus".

„Vom frühen Morgen bis zum späten Abend wanderten Zehntausende in ununterbrochenem Zuge hier hinaus. Alle Verkehrsmittel, welche Berlin kennt, reichen nicht aus, um diesen ungeheuren Andrang zu bewältigen. Die Tradition hat just diesen Platz dazu geschaffen, der Ausgelassenheit und der Tollheit am stillen Freitag eine nicht sehr rühmliche Stätte bereitet. Fixiren wir das Bild einen Moment. Es ist fünf Uhr Nachmittags. In dem gewaltigen Locale drängen sich etwa 15 000 Menschen. Am Eingange ist eine Kasse, sind Controleure, sind Barrieren. Aber niemand denkt ans Zahlen, kann auch nur daran denken. In unaufhaltsamem Zuge fliegen Hunderte in der Minute, mehr als sie gehen, zu den anderen Tausenden. Man sieht keinen Stuhl, keinen Tisch. Alles dreht sich wie im Wirbelstrom. Man wird rückwärts, seitwärts getragen, nicht wohin man selbst will, sondern wohin der Menschenstrom treibt. Wüster Lärm von tausendstimmigem Durcheinander liegt über dem Ganzen. Da plötzlich langgezogene Rufe ironischen Erstaunens. Die lebendigen Mauern theilen sich, eine Gasse entsteht, breit genug, um eine einzelne Person durchzulassen. Es ist eine auffallend gekleidete Person, deren Ruf nicht mehr geschädigt werden kann. So frech sie auch ausschaut, in diesem Moment schämt sie sich. Durch die Zehntausende läuft sie Spießruthen. Wahnwitziges Gejohle begleitet sie. Einige besonders freche Burschen streichen ihr die Wange. Wie sie Miene macht, zu remonstriren, wird ihr gedroht. Endlich ist sie zum Garten hinaus. Der nächste, der ihr folgt, ist ein auffallend gekleideter Herr. Er hat sich in tricoartig anliegende Kleider gesteckt, weiß und schwarz carrirt, und trägt einen sehr hohen Cylinderhut. Ihm spielt man nicht so hart mit, da er schimpft, bekommt er Stöße auf den Weg mit. Mittlerweile stellt sich der Führer einer großen Gesellschaft junger Leute auf einen Stuhl. Er commandirt mit dem Stock: „Eins, zwei, drei" und der zweihundertstimmige Chor fällt rhythmisch ein: „Kell—ner—Bier—her". Selbst diese Massenbestellung hört man in dem Gebrause nicht. Denn von dem Orchesterraum, auf dem heute die Musikanten nicht spielen dürfen, hat ein Radauorchester Platz genommen, das mit Kindertrompeten, Flöten, Pfeifen, Becken, Mundharmonikas und Tuten einen steinerweichenden Walzer zum Besten giebt. Jede bekannte Persönlichkeit wird mit tollem Jubel begrüßt. Die Künstler des Americain, der Volkstheater, der Tingeltangel, aber auch der vornehmeren Bühnen, die Musiker, die Acrobaten, die Equilibristen, die Trapezkünstler, die Theater-Agenten, kurzum alle, die an diesem einen Tage des Jahres zur Feier gezwungen sind, geben sich hier Rendezvous. Jedes Jahr kennt eine neue Eigenheit, die auf den Index gesetzt ist. Diesmal richtete sich die Animosität gegen die neue Mode der grünen Damenhüte. Wehe dem grünen Hut, der auch einer respectablen Dame gehörte. Denn das muß hier doch zugegeben werden: nur wer dem kritischen Auge dieser sicherlich in dieser Beziehung urtheilsfähigen Menge nicht Stand hielt, wurde behelligt. Dutzende von Personen wurden in der vorgeschriebenen Weise hinausgegrault. Jetzt erhebt sich neues Jubelgebrüll. Eine Laterne ist unter dem Drucke der gegen sie pressenden Menschenmenge umgefallen. Im Triumphe wird sie von Hunderten durch den Garten geleitet. Dazwischen tritt eine neue Compagnie an. Diesmal sind einige Dutzend Soldaten, ebenfalls mit Radau-Instrumenten. Zwar, es fällt an dem ganzen Nachmittag kein böses Wort. Alles scheint entschlossen zu sein, nichts übel zu nehmen. Man fraternisirt. Wer, ein Neuling, es unternehme, sich eine Mandel Eier vom Buffet an den Tisch zu holen, käme mit leerem Teller an. Man hilft sich selbst, man annectirt dem Fremden fort, was er sich mit Mühe erobert. Da ist nichts heilig mehr. Je mehr die Zeit vorrückt, desto wahnsinniger ist das Treiben. Jetzt giebt es schon kein Drängen und Winden mehr. Tausende ziehen in das Local, Tausende verlassen es. Viele Zehntausende müssen im Laufe des Tages da gewesen sein."

Wenn übrigens die „Nat.-Ztg." diesem gottlosen Treiben dadurch ein Gegengewicht zu schaffen hofft, daß am Karfreitage die Aufführung ernster Concerte und Dramen gestattet werde, so fürchten wir sehr, daß sie sich irrt. Die Elemente Berlins, welche an jener „nicht sehr rühmlichen(!) Stätte" ihren Karfreitag „feiern", werden sich durch ernste Darstellungen nicht von dort fortlocken lassen; sie können nur durch ein energisches Einschreiten der Polizei von dort vertrieben werden. Daß ein derartiger Scandal am Todestage unseres Erlösers überhaupt in einer christlichen Stadt geduldet werden kann, ist uns schier unbegreiflich.

Noch widerwärtiger ist die Schilderung, welche der „B. Börs.-Cour." von dem scandalösen Treiben am Karfreitage auf dem Spandauer Bock bringt. Das Blatt schreibt u. a.:

Dieser Artikel in der *Kreuz-* oder *Neuen Preußischen Zeitung* vom 8. April 1885, der auf dem Text in einer anderen Zeitung, der *National-Zeitung*, beruht, steht am Anfang eines Vorgangs, in den zahlreiche Behörden monatelang Beiträge eingespeist haben, ohne den Sachverhalt, um den es geht, zu kennen.

Und mit diesen beginnt das Konvolut – bezeichnenderweise!

Die Presseberichte über das, was auch immer sich am 3. April 1885 auf dem »Spandauer Bock« zugetragen haben mag, lieferten die Textvorlage für das, was folgen sollte – für ein absurdes Theaterstück. In dem sind die *dramatis personae*: Viele aufgeregte Gemüter und ein besonnener Geist.

Dieser ist der Jüngste auf der Bühne, der einunddreißigjährige Assessor und Landrat *in spe* im Landratsamt des Teltow'schen Kreises in Berlin W., Ernst Stubenrauch. Mehr als ein Jahr lang muss er sich behaupten gegen den Regierungspräsidenten Karl von Neefe in Potsdam, den Polizeidirektor Alfred von Saldern in Charlottenburg, den Oberpräsidenten der Provinz Brandenburg Dr. Heinrich Achenbach in Potsdam, den Polizeipräsidenten Guido von Madai in Berlin, den Oberförster Gustav Freiherr von Schleinitz im Forsthaus Grunewald sowie den Vizepräsidenten des Staatsministeriums und Minister des Innern Robert von Puttkamer in Berlin.

Verstreut in einem in dessen Haus 1841 angelegten Dossier mit dem umständlichen Titel *Acta betr. die polizeiliche Beaufsichtigung der Hopfschen Schankwirthschaft vor dem Hallischen Thore, besonders rücksichtlich der durch den übermäßigen Genuß des sogenannten Bockbiers daselbst herbeigeführten Exzesse* kamen im Geheimen Staatsarchiv in Berlin zudem Dokumente zum Vorschein, die sich ebenfalls mit dem »Bock« befassen. Weil es sich dabei freilich vorwiegend um Abschriften und Wiederholungen aus dem Potsdamer Konvolut handelt, besteht der einzige Erkenntnisgewinn aus ihnen im Beitritt des Chefs des Ministeriums der geistlichen, Unterrichts- und Medicinal-Angelegenheiten Gustav von Goßler zur Truppe der schon genannten Hauptdarsteller.

In der Rolle von Statisten treten auf: ein Hutmacher, ein Glasermeister, zwei Buchhalter, fünfzehn Studenten der Technischen Hochschule, ein Polizei-Lieutenant und ein Polizei-Anwärter, ein Tierarzt, die beiden Geschäftsführer und der »Restaurateur« des »Spandauer Bocks«, ein Bauführer sowie einige bloß mit Namen genannte Herren. Keine Damen.

Allein die Statisten kannten das Wie und das Was.

Die Beamten dagegen in ihren bis zu einundzwanzig Seiten (!) pro Absender umfassenden Einlassungen verhandelten eine Sache, von der sie ausschließlich aus Zeitungen erfahren hatten – beziehungsweise aus Zeitungen, die andere Zeitungen zitierten. Was sie dort lasen, war von Beginn an aus dem Bereich des vermeintlich faktischen Inhalts aller Meldungen in die Sphäre einer abstrakten ideologischen Kontroverse zwischen verschiedenen »öffentlichen Blättern« geraten und hatte genau genommen weder mit dem »Spandauer Bock« noch mit dem 3. April 1885 das Allergeringste zu tun.

Aus welchem Grund auch immer: Fast kein Text über den »Spandauer Bock« kommt ohne die Wiedergabe dieser Postkarte aus.

Denn in der Presse wurde wie in der gerade einmal vier Jahre zurückliegenden Auseinandersetzung von Intellektuellen über den Einfluss des Judentums auf das öffentliche Leben, dem sogenannten Berliner Antisemitismusstreit, nicht darüber gestritten, was auf dem »Spandauer Bock« angeblich Skandal gemacht hatte. Vielmehr stand unversehens die Frage im Raum, ob die Beschreibung jener »Vorfälle« ein gespieltes Entsetzen jüdischer Blätter über das Verhalten von Christen an ihrem höchsten kirchlichen Feiertag war.

Mit einem Seitenhieb auf die *National Zeitung* und den *Berliner Börsen-Courier*, beide in jüdischer Hand oder unter jüdischer Leitung, schrieb am 9. April 1885 die *Staatsbürger Zeitung*, das Sprachrohr des deutsch-nationalen Antisemitismus: »Ueber das Treiben auf dem Spandauer Bock am Charfreitag bringen die Juden- und Fortschrittsblätter lange Artikel voll sittlicher Entrüstung, deren Ursprung aber nicht etwa in einer moralischen Empörung über die widerlichen Vorgänge dort zu suchen ist, sondern lediglich in einer tendenziösen Parteihetzerei, die inderthat noch mehr anwidert als das geschilderte Treiben selbst.«

»Heuchelei« war der Vorwurf oder, wie die *Staatsbürger Zeitung* schrieb, »tendenziöse Parteihetzerei«.

Während damit die Diskussion über welche Ereignisse auch immer auf dem »Spandauer Bock« ins Politische abdriftete, erwies sich das zwölf Monate lang veranstaltete Hin und Her von Anfragen, Stellungnahmen, Anordnungen, »Rescripten«, Bescheiden, Schriftsätzen, Verfügungen, Notizen und Dekreten mit jedem Tag mehr als aktionistischer Bürokratismus.

»Aus Veranlassung der in den öffentlichen Blättern enthaltenen Schilderungen über die Vorgänge auf dem Spandauer Bock am Karfreitag« verfasst der Potsdamer Regierungspräsident von Neefe am 12. April 1885 in scharfem Ton eine Reihe von Dienstanweisungen respektive Erlässen an den Regierungs-Assessor Stubenrauch im Landratsamt Teltow.

Die beginnt mit der Aufforderung, er möge baldigst »einen eingehenden Bericht über die Maßnahmen erstatten, welche dortigerseits zur Begegnung dieses wüsten Treibens getroffen waren, nachdem bereits in den Vorjahren ähnliche Excesse auf dem Bock verübt worden sind«.

Die Fakten unterlagen keinem Zweifel. Es hatte ja in der Zeitung gestanden.

Wiewohl nicht in allen!

Hätten die preußischen Beamten, sagen wir, am 5. April das *Berliner Volksblatt* aufgeschlagen, verstohlen und mit spitzen Fingern, wären sie verblüfft gewesen, dass der Reporter dieses sozialistischen »Organs für die Interessen der Arbeiter« in der Rubrik »Lokales« zwar über »die dichten Staubmassen auf der Chaussee nach dem Spandauer Bock« und die dort sich drängelnden Menschenmengen geklagt, aber kein Sterbenswörtchen über irgendwelche »Exzesse« verloren hatte.

Von derselben Unbeschwertheit war die Reportage eines Mitarbeiters der *Norddeutschen Allgemeinen Zeitung* gewesen, der tags zuvor »die amüsantesten Szenen aus dem ›Kampfe ums Dasein‹« unter denen ausgemacht hatte, die bei herrlichem Frühlingswetter auf dem »Bock« nach einem kühlen Bierchen lechzten. »Wer hätte diesen Lockungen widerstanden?«

Dagegen nun das!

In spürbarem Bemühen, die allgemeine Aufregung zu beruhigen und die Wogen zu glätten, antwortet Stubenrauch am 14. April auf das Schreiben von Neefes, dass an jenem Tag ausreichend Gendarmen auf dem »Bock« gewesen seien. Ja, mit Rücksicht auf 20000 Besucher, die 200 Fass Bier getrunken hätten, seien zusätzliche Ordnungskräfte eingesetzt worden. Es habe sich dort nichts anderes abgespielt als in früheren Jahren an diesem Tag auch, und vor allem sei alles in einer Art und Weise vonstattengegangen, dass es keinerlei Anlass zu polizeilichem Einschreiten gegeben habe.

»Zur Beseitigung der Aergernisse würde am Besten dienen,« fügt Stubenrauch hinzu, »wenn der Spandauer Bock am Charfreitag geschlossen würde. Dieses hat der Eigenthümer des Etablissements für die Zukunft in's Auge gefaßt und ich werde nicht verfehlen, ihn in dieser Absicht zu bestärken.«

Ein unverhohlener Verweis darauf, wie es seiner Ansicht nach zu den üblen Auslassungen über den Festtagsverlauf auf dem »Spandauer Bock« kommen konnte, ist seine Formulierung, dass sie auf jene in der »jüdischen« *National Zeitung* und jene im »jüdischen« *Berliner Börsen-Courier* zurückgehen.

Gleichwohl: Seine Feststellung, dass es keines der auf dem »Bock« patroullierenden »zwölf Organe der öffentlichen Sicherheit« für notwendig gehalten habe, eine Festnahme durchzuführen, hätte ausreichen können, den Fall zu den Akten zu legen. Aber der hatte längst eine Eigendynamik entwickelt, die nicht mehr aufzuhalten war.

Und nicht vom Fleck kam.

Monoton ist die Lektüre der manchmal täglich gewechselten Briefe, die immer dieselben Wörter und immer dieselben Begriffe verwenden, »Excesse«, »Vorfälle«, »schändliches Treiben«, »Vorgänge am Charfreitag«, und keinen neuen Gesichtspunkt enthalten. Als am Rand eines Schriftstücks von Neefes am 24. April plötzlich der heutigen Ohren verniedlichend klingende Halbsatz »Unfug auf dem Span. Bock« fällt, schreckt der Leser verdutzt zusammen.

Genauso wie ihn das kürzeste Skriptum des Konvoluts wieder belebt. Auf einem kleinformatigen Blatt enthält es die selbstbewusste Antwort des »Landrathsunterverwalters« vom 26. April auf das Ansinnen des Grunewalder Oberförsters von Schleinitz, er möge die zwölf Gendarmen, die am 3. April auf dem »Bock« patrouilliert waren, gefälligst zum Rapport einbestellen.

Stubenrauch nimmt »Abstand davon«. Denn keiner der Beamten habe »Veranlassung oder Gelegenheit zu polizeilichem Einschreiten gehabt«. Und somit liege auch kein Grund vor, »jeden der am Charfreitag auf den Spandauer Bock commandirt gewesenen Gendarmen zu besonderem Bericht« aufzufordern.

Abgang von Schleinitz.

Und dann taucht einen Tag später aus den Aktenbeständen des Berliner Polizeipräsidiums unter Guido von Madai ein dicker Packen mit Protokollen von Zeugenaussagen auf, ein Subkonvolut, dessen Inhalt die Diskussion über »die Vorgänge auf dem ›Spandauer Bock‹ am letztverflossenen Charfreitage« in einer nicht zu übertreffenden Weise *ad absurdum* führt.

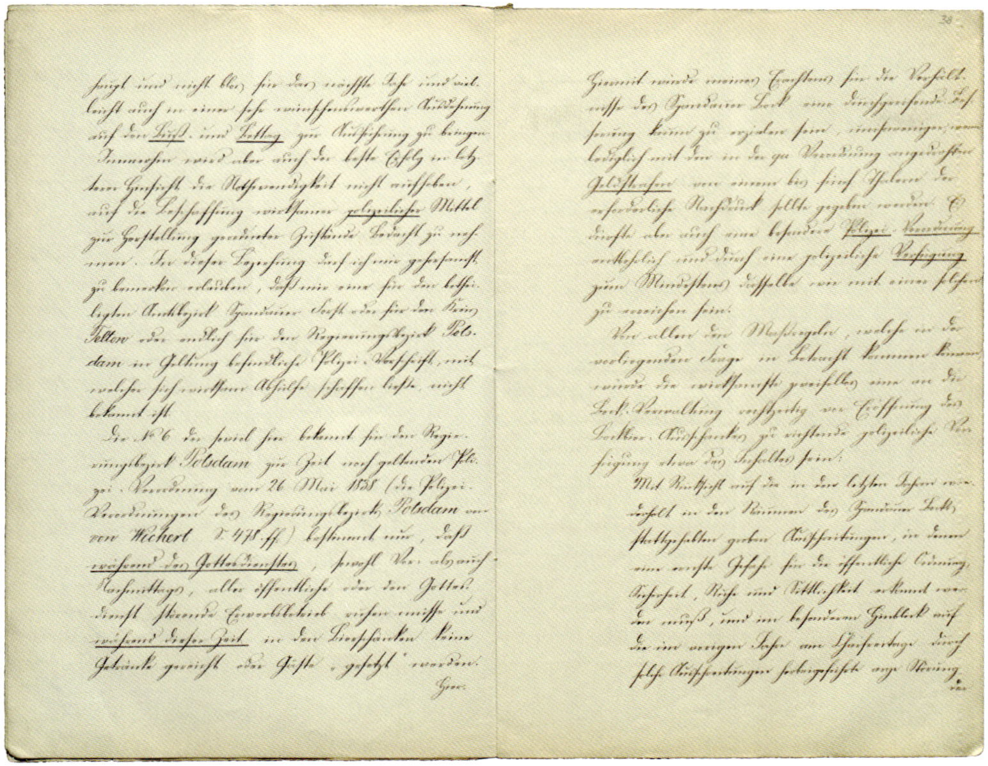

Die Seiten 4 und 5 aus der zehn Seiten langen Stellungnahme des Polizei-Präsidenten von Berlin und Wirklichen Geheimen Ober-Regierungs-Raths Guido von Madai vom 27. April 1885 gegenüber dem Vice-Präsidenten des Königlichen Staatsministeriums und Minister des Innern Viktor von Puttkamer zum »Exzess« auf dem »Spandauer Bock« am Karfreitag 1885

Von Madai hatte das neue Material von der Polizeidirektion Charlottenburg unter dem Datum des 21. und 23. April erhalten. Und die hatte es am 18., 19. und 20. April erstellt.

Vor einer Woche!

Das heißt: Die allseitige Erregung hatte stattgefunden und sich gesteigert, während auf der subalternsten administrativen Ebene bereits Dokumente vorlagen mit, wie von Madai mit großem Nachdruck unterstreicht, »schriftlichen Angaben einer Reihe von glaubwürdigen Augenzeugen [, die] ein der Wahrheit im Wesentlichen entsprechendes Bild geben«.

Das aber straft sämtliche Zeitungen Lügen, die die Existenz der inkriminierten »Exzesse« in die Welt gesetzt und unter Beschuss genommen hatten.

So sagt der Hutmachermeister Leopold Stark aus, er habe, während er auf dem »Bock« war, »nichts Auffälliges bemerkt«. Allein beim Vorüberwandeln von Damen zweifelhaften

Ein mehrfach eingesetztes Motiv. Nur der kleine hellblaue Kasten unten rechts zeigt an, woher die Grußkarte kam.

Rufes seien »laute Töne« zu hören gewesen: »z. B. – Ah! –«. Im Übrigen könne er das, was er auf dem »Bock« gesehen habe, »nicht als unanständig bezeichnen«. Sein Begleiter, der Buchhalter Adolf Steinkraus fügt hinzu: »Diese Aussage ist auch die meine.«

Der spätere Hof-Glasermeister Seiner Majestät des Kaisers Carl Pahl hatte sich vier Stunden lang auf dem »Bock« aufgehalten und nichts bemerkt, »welches den Anstand verletzt hätte«. Zuweilen seien Gruppen junger Leute von einem Ausflug in den Grunewald zurückgekehrt und hätten »(Radau-)Musik« gemacht. »Diese Gesellschaften gingen gewöhnlich nur durch den Garten und zogen mit ihrer Musik auch wieder ab.«

Dass es bei dem »großen Menschenandrang« auf dem »Bock« an diesem Tag einigen Besuchern gelungen sei, ohne ein Billett zu lösen, auf den »Bock« zu gelangen, hätte der Buchhalter Adolf Just in seiner »Kassenbude« zwar mitbekommen, aber keiner Aufregung für wertgehalten.

In diesem Stil geht es weiter.

Studenten kommen zu Wort und ein Tierarzt. Zwar können sie laute Zurufe bestätigen, aber das seien solche »nach dem Kellner« gewesen. Unsittlichkeiten gegen Frauenzimmer seien nicht vorgekommen. Einmal freilich hätte eine Situation ausarten können, »wenn nicht der Wirth Welzin dazwischen getreten wäre«.

Die Brüder August und Johannes Bechmann sagen aus, dass in dem Gedränge von Abertausenden von Menschen eine Laterne und irgendwo auch ein Tisch umgestoßen worden sei. Aber *summa summarum* soll »am Charfreitage nicht mehr ruinirt worden sein, wie gewöhnlich«. Mit Bestimmtheit lässt August Bechmann den Polizei-Lieutenant Münster noch den Nachsatz notieren, dass er bei seinen Rundgängen auf dem »Spandauer Bock« durchweg »Ruhe und Ordnung« festgestellt habe.

Unbewusst schlägt am Ende dieses Bündels von Gegendarstellungen der Polizeianwärter Léon den Bogen zurück an den Anfang des ganzen Skandals, als er seiner Darlegung ein Postscriptum hinzufügt: »Nachträglich bemerke ich noch, daß ich Schlägereien nicht bemerkt habe und daß die meisten Zeitungsartikel übertrieben sind.«

Alles dies schickte der Berliner Polizeipräsident von Madai am 27. April 1885 zusammen mit einem zehn Seiten langen Begleitschreiben sowie einem 54seitigen Supplement an den Vizepräsidenten des Staatsministeriums und Minister des Innern Robert von Puttkamer.

Und wer immer das dort mit klarem Verstand gelesen hat, musste sich fragen, ob Madai den Inhalt jener Beiblätter überhaupt gekannt hat.

Denn nachdem er die Seriosität aller Zeugen hervorgehoben hatte, die einhellig die Berichte vom 3. April auf dem »Spandauer Bock« entkräftet hatten, schloss er sich mit gewundenen Worten dem von ihnen vermittelten Gesamteindruck an, indem er erklärte, dass die diesbezüglichen Texte aus den Redaktionsstuben »als, anscheinend im Partei-Interesse, nicht unerheblich übertrieben zu erachten sein werden« …

… um dann im selben Atemzug doch wieder davon zu schwafeln, dass »die auf dem Spandauer Bock am 3. d. Mts. verübten Ausschreitungen derart gewesen, daß sie ebensosehr als eine grobe Entheiligung des Charfreitags wie als eine arge Störung der öffentlichen Ordnung anzusehen sind, welche leicht zu weit ernsteren Konsequenzen für die öffentliche Ruhe und Sicherheit führen können, als dies erfreulicherweise im vorliegenden Falle geschehen ist«.

Damit war der ganze Vorgang erneut auf Anfang gestellt und konnte von vorne beginnen.

Doch nichts geschah.

Bis sich zehn Monate später, als der eine oder andere schon gedacht haben mag, das Ganze sei im Sande verlaufen, am 23. Februar 1886 der Oberpräsident der Provinz Brandenburg Dr. Heinrich Achenbach beim Regierungspräsidenten Karl von Neefe in Potsdam meldete und sich erkundigte, »welche Maßnahmen zur Verhütung von Ausschreitungen angeordnet sind und was mit dem Königlichen Herrn Polizeipräsidenten in Berlin zur Erzielung eines gemeinschaftlichen Zusammenwirkens vereinbart worden ist«.

Unter demselben Datum fragte auch der Minister des Innern bei von Neefe plötzlich nach den getroffenen Maßregeln zur Verhütung von »Exzessen auf dem Spandauer Bocke«. Man handelte offenbar in einer konzertierten Aktion. Schließlich stand der 23. April vor der Tür, der Karfreitag 1886!

Nach einer in Anbetracht der Brisanz des Falles langen Frist versicherte von Neefe dem Minister am 20. März, Stubenrauch – der jüngst von Kaiser Wilhelm I. zum Landrat des Kreises Teltow ernannt worden war – befände sich »mit den Eigenthümern des Etablissements auch bereits in Verhandlungen, welche, wie mir der Landrath erst vor Kurzem mittheilte, Aussicht auf Erfolg versprechen«.

Weil es hierzu keinen schriftlichen Austausch gibt, wird diese Auskunft entweder auf eine persönliche Begegnung der beiden Männer zurückgehen oder schlichtweg ein Zitat dessen sein, was ihm Stubenrauch am 14. April des letzten Jahres ausgerichtet hatte. Eine – »vor Kurzem« – Notlüge also.

Um sich daher über den augenblicklichen Sachstand Klarheit zu verschaffen, fragte von Neefe parallel zu seinem Schreiben an den Minister in Berlin bei Stubenrauch – ebenfalls in Berlin – nach, wie weit denn jene Verhandlungen gediehen seien. Die Antwort bekam er in einem Schriftsatz, der auf den 9. April 1886 datiert ist.

Gruss vom Spandauer Bock.
P. Eile.—Tel. Charlottenburg 848.

Das Geheimnis des »Spandauer Bocks«: Hier ist der feine Herr vorne links noch im Bild …

… aber warum ist er hier jetzt wegretuschiert? War die Dame in Weiß vielleicht keine Dame, mit der man sich sehen lassen wollte?

Er bildet in der Groteske den Epilog.

Denn eingangs ließ der Landrat den Regierungspräsidenten wissen, dass alle Gespräche mit den Bechmanns »resultatlos verlaufen sind«. Dann legte er zum Zeichen der Bereitschaft der Staatsmacht, nun aber auch ganz energisch und eisern und entschlossen durchzugreifen, jene Verfügung in Abschrift bei, die dem Verwalter des »Spandauer Bocks« Emanuel Weltzien am selben Tag mit schwungvoll verschnörkeltem, aber falschem Vornamenskürzel »C.« übersandt worden war.

Auf diese Weise hatte Stubenrauch das letzte Wort.

Dessen Inhalt war läppisch: Es dürfe keine Werbung für den Karfreitagsausschank gemacht werden, Ruhe sei zu gewährleisten, Eintritt in Höhe von 50 Pfennig sei zu erheben, Damen ohne Begleitung seien zurückzuweisen, desgleichen Prostituierte (soweit sie als solche bekannt sind [!]), Überfüllung sei zu vermeiden und aufmerksames Personal einzusetzen.

Sollten sich, wurde den Bechmanns und ihrem »Restaurateur« im Schlusssatz bedeutet, Zustände wie die vom 3. April 1885 wiederholen, »so haben Sie die sofortige und eventuell zwangsweise Räumung und Schließung aller zum Bier-Ausschank benutzten Räumlichkeiten der Spandauer Berg-Brauerei durch die Gendarmerie zu gewärtigen«.

Den Inhalt dieser Drohung gaben die Wirtsleute umgehend durch Anschläge auf dem Gelände des »Bocks« bekannt.

Als von Neefe kurz darauf noch einmal nachkartet und eine über »eventuell« hinausgehende schärfere Gangart verlangt – darunter ein Besuchsverbot auf dem »Spandauer Bock« für die Angehörigen der umliegenden Garnisonen –, lässt ihn der mutige junge Landrat am 18. April 1886 nach allen Regeln der Kunst in einem letzten Brief abblitzen.

Dergleichen »würde mir unerwünscht sein«.

Mit diesem *Punctum!* am Ende zwölfmonatiger Bemühungen, bei denen von namhaften Königlich Preußischen Wohl- und Hochwohlgeborenen viel Tinte und Papier verbraucht worden war, senkte sich der Vorhang über einer aberwitzigen Klamotte um Lüge, Lebenslust und falschen Alarm.

Der Titel des Stücks war geläufig: *Viel Lärm um nichts.*

Suff und Gesang und weltanschauliche Orientierung

Die Aussagen derjenigen, die vor der Polizeidirektion in Charlottenburg die journalistischen Darstellungen des Karfreitags 1885 auf dem »Spandauer Bock« relativiert hatten, sind nie an die Öffentlichkeit gelangt. Weder über Potsdam, noch über Berlin. Insofern waren alle Publikationen in einem Bereich konserviert, von dem die *Staatsbürger Zeitung* schon am 9. April 1885 lebenserfahren geschrieben hatte, man könne dort »frisch drauf loslügen und verleumden, ohne der Lüge oder Verleumdung überführt zu werden«.

Und Gegendarstellungen wie die durch den »Restaurateur« des »Bocks« Emanuel Weltzien in der *Rixdorfer Zeitung* vom 15. April desselben Jahres konnten das massiv indoktrinierte Publikum verständlicherweise nicht überzeugen.

Infolgedessen blieb das Bild, das Blätter wie die *National Zeitung* oder der *Berliner Börsen-Courier* – aus ideologischer Ranküne oder nicht – wahrheitswidrig vom »Bock« als einem Brutherd der Exzesse gezeichnet hatten, in der Erinnerung der Menschen auf Dauer bestehen. Zumal es ständig reproduziert wurde und niemand jemals Veranlassung sah, das Stigma infrage zu stellen.

»(Du mußt) nur tüchtig verleumden, irgendwas bleibt immer hängen« – in diesem Fall traf die alte Sentenz nicht zu. Es blieb nicht »etwas« hängen. Es blieb alles hängen.

In einem seiner ersten Bücher, *Die Gurgel von Berlin*, empörte sich 1905 der späterhin namhafte Arzt und Sexualwissenschaftler Magnus Hirschfeld über den unverändert exzessiven Bierkonsum in den Berliner Pinten und Kaschemmen.

Anlässe gäbe es genug: Die »Sommerfeste im Zeichen des Alkohols«, die Besäufnisse mit »Punsch oder Sekt« an den Jahreswechseln, »das nächste große Trinkfest [zu] Kaisers Geburtstag, an dem man selbst hohe Offiziere und Beamte in den Berliner Straßen abends schwankend beobachten kann«.

So gehe das fort: »Im Februar und März folgt die von München importierte ›Bocksaison‹, die im Gegensatz zum Karneval, der in Norddeutschland nicht recht heimisch werden will, von Jahr zu Jahr mehr um sich greift.« Und diese Wochen, fügte er 1907 hinzu, haben es in sich, denn »Zimperlichkeit ist bei den Bockbierfesten ein höchst überflüssiger Ballast«.

Nichtsdestotrotz: Das sei alles zu vernachlässigen gegenüber dem, was nach wie vor der Gipfel war: »An tumultuarischen Szenen noch übertroffen werden die Bockbierfeste von den schon seit vielen Jahren in Berlin zur richtigen Unsitte gewordenen Charfreitagsgelagen auf [...] dem Spandauer Bock.«

Mit dieser Geißelung des exzessiven Alkoholismus wurde Hirschfeld zu einem vielzitierten Aktivisten des globalen »Anti-Alcohol Movement«. Und wie zu erwarten berief sich Ernest Gordon, Autor einer in den Vereinigten Staaten von Amerika, in Kanada und Großbritannien veröffentlichten Kampfschrift wider das Übel, 1913 bei der Aufzählung der allerschlimmsten Auswüchse auf die von Hirschfeld geschilderten »Good Friday drinking bouts at [...] the Spandauer Bock, ending in indecencies and riotings«.

Vom »wilden Treiben auf dem Spandauer Bock«, den »joies sauvages du Spandauer Bock«, war im Nachbarland Frankreich schon seit langem zu lesen.

Am Ende aber wundert einen gar nichts mehr.

Da erfährt man, »daß am Charfreitag Nachmittags alles, was Lärm und Skandal liebt und macht, zum ›Spandauer Bock‹ strömte«, und stellt fest: Dies und der Nachsatz »Es ging da schlimm zu« stand am 8. Juni 1887 in der deutschsprachigen *Australischen Zeitung* aus Adelaide, South Australia.

Der Ruf des »Spandauer Bocks« hatte den Erdball umrundet. Der »Bock« besaß traurigen Weltruhm.

Da konnte nicht einmal die in aller Herren Länder (auch in Australien!) durch Printmedien jeglicher Art verbreitete Mitteilung, die erste Straßenbahn mit Oberleitung »runs from West End, near Charlottenburg, Berlin, to the well known summer resort and beer garden known as the ›Bock‹, near the fortress Spandau«, etwas wettmachen. Genauso wenig wie die Angabe, dass Werner von Siemens' »premier chemin de fer électrique« auf einer Strecke verkehrte, »qui, longeant le Westend, va de Charlottenbourg au Spandauer-Bock«.

Die internationale Assoziation des Namens des »Bocks« mit diesem kurzen zivilisatorischen Momentum war eingedenk der unaufhörlich fortschreitenden technologischen Evolution flüchtig.

Der weltumspannende Ruf des verruchten Sündenpfuhls dagegen blieb haften.

Zumal die Frage, wie die Verbindung von Massenbesäufnis, Randale und »stillem Freitag« zu erklären sei, kaum schlüssig beantwortet wurde.

An einer wenig überzeugenden, wenngleich einfallsreichen Erklärung für dieses Mysterium hatte sich 1881 der uns schon bekannte Aloys Hennes versucht. Von Hause aus Klavierlehrer und mit Phantasie ausgestattet, schrieb er in seinem *Hundekehle*-Führer über die Bechmann'sche Schankwirtschaft: »Eine ganz besondere Anziehungskraft besitzt dieses hübsche Etablissement am Charfreitage, wo sämmtliche Berliner Theater geschlossen sind,

Das Pferd des Reiters im Hintergrund braucht die Gleise nicht mehr zu fürchten. Denn seit 1882 kommt der Strom für die »Elektrische« über ein Verbindungskabel durch das Kontaktwägelchen aus den Kupferdrähten von oben.
Holzstich nach einer Zeichnung von Robert Meinhardt (1835–1910)

und alles, was zur Bühne gehört, hinaus zum *Spandauer Bock* fährt, um hier nach englischer Weise ›Good Friday‹ zu feiern. Das ist dann auch für viele Andere Veranlassung zu einer Fahrt dahin, denn, alle diese Damen und Herren an diesem Tage hier ohne Kostüm zu sehen, hat auch seine Reize.«

Das nennt man eine veritable Absolution – und amüsante Stilblüte.

In Erwartung ähnlicher Kitzel machte sich 1884 eine Clique von Studierenden der Technischen Hochschule an der Berliner Straße (heute Straße des 17. Juni) zu einem Ausflug zum »Bock« auf. Fidel hatten sie das Dach ihres einstöckigen Pferdebahn-Waggons erklommen, als sie Ecke Hardenbergstraße plötzlich gewahrten, »wie der Kaiser nebst Adjutanten zu Wagen nahte«. Verlegen sprangen sie auf, nahmen Haltung an, das begleitende »Musikkorps intonirte die Nationalhymne und Alle stimmten Angesichts des Kaisers in den Gesang ein, um dann in weithin schallende, jubelnde Hochrufe auszubrechen. Sichtlich erheitert musterte der hohe Herr die fröhliche Schaar, mit huldvollen Handbewegungen dankend«.

Wenig später aber war nach »Heil dir im Siegerkranz« erdnäher »Gaudeamus igitur« fällig: Eine dreifach bebilderte Postkarte zeigt einen weiteren – offiziellen! – »Ausflug der Studentenschaft nach dem ›Spandauer Bock‹«.

Vor dem Antritt der Fahrt versammeln sich die Herren Professores, Magistri und Studiosi, alle dunkel gekleidet, viele – der Wald wird nicht fern sein – mit Spazierstock und manche mit einer ›Kreissäge‹ auf dem Kopf. Beim Abmarsch eine einzige große schwarze Ballung von Menschen, die wenig später zu Hunderten aufgereiht an weißgedeckten Tischen unter

Lange her sind die Zeiten, dass Studenten auf den »Spandauer Bock« hinauszogen, um sich dort mit Polizisten zu prügeln. Nach dem Anbruch des neuen Jahrhunderts machen sie gemeinsam mit ihren Professoren einen »Ausflug« dorthin – »laßt uns also fröhlich sein«.

Bäumen sitzen. Ein scharfes Auge kann zwei, drei Kommilitoninnen entdecken, was auf eine Landpartie um die Wende vom 19. zum 20. Jahrhundert hinweist.

Seit kurzem waren Frauen in Preußen als »Hörerinnen« zum Studium zugelassen – als »Gasthörerinnen«.

Die Situation dieser jungen Frauen wird deutlich, wenn man an das Schicksal jenes Gesuchs erinnert, das zweiundvierzig couragierte Abiturientinnen am 3. Februar 1902 beim Preußischen Kultusminister Dr. Heinrich Konrad Studt eingereicht hatten. Ihr Ziel war es gewesen, sich als vollgültige Studentinnen immatrikulieren zu dürfen. Nachdem sein Haus daraufhin bei allen Universitäten Preußens Stellungnahmen eingeholt und mit Ausnahme von zwei, drei Fakultäten durch die Bank weg negative Voten erhalten hatte, beschied der Minister die Petition der Frauen abschlägig.

Hervorgetan hatte sich bei der Befragung die Berliner Juristische Fakultät. Sie formulierte in ihrer Antwort den *circulus vitiosus*, in dem sich die Antragstellerinnen befanden, mit beispielloser Kaltschnäuzigkeit: »Da die Frauen bisher zu keinem Beruf zugelassen sind, welcher ihnen durch die Absolvierung des Universitätsstudiums eröffnet werden könnte, so ist ihre Immatrikulation zwecklos.«

Dieser Satz folgte derselben Logik, nach der in Carl Zuckmayers Drama *Der Hauptmann von Köpenick* der Schuster Voigt keine Aufenthaltsgenehmigung für Potsdam erhält, weil er keinen Arbeitsplatz nachweisen kann, und keine Anstellung bekommt, weil ihm die Meldepapiere fehlen.

»Det is nu ne Kaffeemihle.«

Die Gegenwart von einigen versprengten »Hörerinnen« auf dem »Spandauer Bock« machte deutlich, dass auf seinem Boden jenseits aller Ausgelassenheit auch gesellschaftliche Abläufe zu beobachten waren. Bisweilen subtile wie auf dem Foto von der Exkursion »ins Jrüne«, dann wieder demonstrative mit kämpferischen Schlachtgesängen.

Der Gott, der Eisen wachsen ließ,
Der wollte keine Knechte,
Drum gab er Säbel Schwerdt und Spieß
Dem Mann in seine Rechte,
Drum gab er ihm den kühnen Muth,
Den Zorn der freien Rede,
Dass er bestände bis auf's Blut,
Bis in den Tod die Fehde.

Unter den Klängen dieses widerständigen Liedes schnitten am 8. Mai 1905 viertausend Studierende der Technischen Hochschule in Charlottenburg die akademische Feier zum hundertsten Todestag ihres Idols Friedrich Schiller und marschierten stattdessen auf den »Spandauer Bock«. Dort hielt »Studiosus Seck eine feurige Ansprache [und] pries die studentische Freiheit«.

Gegenüber diesem ideologisch eher unscharfen Aufbegehren der dennoch kaisertreuen jungen Akademiker besaß die Idee der »Freiheit« auf dem »Bock« vom Beginn seines Bestehens an, spätestens aber seit dem 17. Juli 1849, als die Berliner mit »rothen Abzeichen« hier ihre, wie es schien, siegreiche Revolution gefeiert hatten, eine ganz konkrete Tendenz. Immer stand in seinen Gärten und Hallen hinter allem Drang, den bedrückenden Mietskasernenmief zu verlassen, zugleich das Bedürfnis, die als entwürdigend und ungerecht empfundene Gesellschaftsordnung durch Kundtun von Kritik zu überwinden.

Mitunter war der »Spandauer Bock« ein Klassenkampfplatz.

So trivial und beiläufig die Fotografie auch ist, die den Marxisten Karl Liebknecht als jungen Mann in den Neunzigerjahren zusammen mit seinem Freund, dem Sozialisten Oskar Cohn, auf dem »Spandauer Bock« zeigt, so bezeichnend ist sie doch für die hier verkehrende Klientel.

1930 hatte sich der schon erwähnte Georg Bamberger zu einer differenzierenden Charakterisierung des Publikums von »Bock« und »Zibbe« hinreißen lassen, als er davon sprach, dass die »Zibbe« im Gegensatz zum »Bock« »hauptsächlich nur von den sogenannten besseren Kreisen besucht wurde«.

Der Halbsatz ist zu Recht mit Vorbehalten gespickt. Denn das Publikum entsprach mehr oder weniger jener Beschreibung, die der *New English Illustrated Berlin Guide* von 1885 gegeben hatte, als er die Besucher des »Spandauer Bocks« kurzweg als »the lower order of the people« bezeichnete.

In der Sprache des Gastlandes: die »untern Volksklassen«.

Eine deutsche Zeitung, *Die Presse* aus Thorn, beschrieb einmal die Vergnügungen der »Minderbemittelten« von Berlin, die zu Ostern eine kleine Reise planten. Dann fuhr das Blatt fort: »Und wer dazu nicht das nötige Kleingeld hat, der freut sich, daß er nun bald wieder des Sonntags hinausziehen kann in den Grunewald [...] oder auch nur nach dem Zoo oder nach Charlottenburg und dem Spandauer Bock.«

Genaugenommen ist eine Feinscheidung der Besuchermassen auf dem »Bock« allein in Bezug auf ihre Bedürfnisse möglich.

Oscar Cohn (1869–1934), links, und Karl Liebknecht (1871–1919) bei einer entspannten Kassenhäuschen-Besetzung auf dem »Spandauer Bock«

Allzweck-Kulisse mit Bier-Pavillon

Die Bier- und Kaffee-Trinker zog es zum »Bock«; wer auf Volksbelustigung aus war, der zahlte Eintritt in der »Zibbe«. Der eine war bereit, für »bloße Musike« ein paar Münzen hinzulegen; der andere investierte sie lieber gegenüber in eine Molle mit Kompott.

Der Versuch, diese Gruppen soziologisch oder politisch voneinander zu trennen, scheitert an dem Sachverhalt, dass – wann immer Themen dieser Art mit dem »Spandauer Bock« in Verbindung gebracht wurden – diese Punkte ausschließlich unter der Rubrik »Spandauer Bock« behandelt wurden. So wie in der *Thorner Presse*. Kein Autor hat je eine grundlegende schichtenspezifische Trennung der beiden Ausflugsziele vollzogen. Denn sie war weder durchführbar noch nötig.

Die weltanschauliche Grundhaltung des Publikums des »Spandauer Bocks« – das heißt: von »Bock« und von »Zibbe« gemeinsam – war ungeachtet der »besseren Kreise« nach allen vorliegenden Quellen linksorientiert.

Dies hatte sich, nebenbei bemerkt, im allgemeinen Bewusstsein dermaßen eingenistet, dass in dem Buch *Die Sprache der Geisteskranken* 1903 ein signifikantes stenographisches Untersuchungsprotokoll eines Schmieds veröffentlicht werden konnte. Der Mann lebte in dem Wahn, man halte ihn für einen Sozialdemokraten und wolle ihn nach dem »Spandauer Bock« verschleppen und dort ersäufen. »Ich bin kein Sozialdemokrat«, jammerte er in seiner Verzweiflung. »Ich bin ganz anständiger Mann.«

Einer, dem dagegen vorgehalten wurde, er sei »ja wüster, rothester Socialdemokrat«, war es schließlich, der den »Spandauer Bock« auch in der Lyrik platzierte.

In seinem langen Gedicht, *Berliner Himmelfahrtstag,* räumte Arno Holz bei der Darstellung der von Turnerriegen und Leierkastenmännern begleiteten Massen, die aus ihrem Kiez hinausströmen, 1916 eine Zeile dem »Bock« ein.

Da schieben und drängen die Stadtflüchtlinge …

über
die
Brücke von Halensee,
über
Wilmersdorf, Schmargendorf, Zehlendorf,
über Charlottenburg, über
Westend
und
den Spandauer Bock,
von
allen Seiten, querüber den
›Stern‹
[…].

Diese Stationen passiert das frischlufthungrige Volk auf seinem Exodus aus der Stadt in Richtung Grunewald. »Bierbäuchig, weißwestig, leichenzylindrig« wimmelt und wuselt das alles mit Geschrei und Gestolper um- und durch- und übereinander. Bis die Sonne versinkt und die Nacht heraufzieht. Den Müll der Ausflüglerscharen, denen Flaschen- und Papiercontainer noch kein Begriff sind, gewahren sie nicht. Ohne innezuhalten – und damit endet das Gedicht – …

suchen sie … die blaue Blume!

In konsequentem Realismus, so seine Maxime, hat Arno Holz eine 1,8-Millionenmetropole im Stakkato ihrer dissonanten, arhythmischen Heterogenität dargestellt, im Facettenreichtum der Dinge und Gestalten und Verhaltensweisen. Gleich ist das Streben der Menschen raus aus der Enge, bloß weg vom Hier.

Dass sie damit jenen Brüdern und Schwestern im Geiste aus der Epoche der Romantik entsprechen, die gleicherweise die sie umgebenden Verhältnisse hinter sich lassen wollten, sowohl gedanklich als auch durch wirkliches Tun, kommt zum Ausdruck im Symbol ihres gemeinsamen Ziels: der imaginären blauen Blume.

Die reale rote Nelke der Sozialisten war in dieser Blütenlese ohne Frage gleichwertig – als florale Subversion.

Denn feixend konnten die Klassenkämpfer der Tagespresse entnehmen, dass just sie, »jene Blume, der man schon einen ›Parteicharakter‹ gegeben hat«, die Lieblingsblume des allerhöchsten Widersachers war. »Der Kaiser hat eine besondere silberne Vase für seine Lieblingsblume, und bei den Familienfesten erhält er von seiner Gemahlin regelmäßig einen prachtvollen Strauß von etwa vierzig solcher Nelken, die ihn außerordentlich erfreuen.«

Da gab es für die *Berliner Börsen-Zeitung* einen Trost: »Wenn man erst weiß, daß der Kaiser ein solcher Freund der rothen Nelke ist, so kann die ›Blume der Socialdemokraten‹ noch ein patriotisches Symbol werden.«

Schwarzer Humor im Jahr 1902.

Klassenkampf und Kaffeeklatsch

Fast vom ersten Tag an erscheint der »Spandauer Bock« in Polizeiberichten und anderen Schriften als Örtlichkeit, bei der mal über eine »Versammlung sozialdemokratischer Vertrauensmänner« skeptisch Protokoll geführt, mal die Zusammenkunft des Parteivolks – und das repressive Verhalten der Obrigkeit gleich mit – satirisch persifliert wird.

So in Adalbert Cohnfelds *Buddelmeyer-Zeitung*: »Ach, Du lieber Jott, vorigten Sonntag hat diese unjlückliche Menschenklasse auch wieder einen jroßen Biervertiljungszug nach'n Spandauer Bock unternommen un sojar die treulose Natur bejünstigte dieses Attentat durch schöne Witterung, und wer weiß, was düse schröckliche Umsturzparthei hier unternommen hätte, wenn nicht die jeöhrten Constablers in bedeutender Menge sich einjefunden, und jede That im Keume und jedes Lied in der Köhle erstückt hätten!«

Das war 1851 gewesen. Und hatte kein Ende genommen. Die gesellschaftlichen Gegensätze verschärften sich. Bismarck paukte 1878 das »Gesetz gegen die gemeingefährlichen Bestrebungen der Sozialdemokratie«, das Sozialistengesetz, durch. Aber nichts konnte die Linken im Lande mehr stoppen.

In Berlin besaßen sie – auch wenn dies nicht das einzige war – in »Bock« und »Zibbe« ein Stammlokal.

Es ist nicht wirklich ein Widerspruch dazu, dass just vom Kopf dieser beiden Betriebe, der Bechmann'schen »Spandauerberg Brauerei«, ein Ereignis verursacht wurde, das mit einer Düpierung der Linken begann und bis heute in der Gesellschaftswissenschaft diskutiert und analysiert wird, der große »Berliner Bierboykott« oder »-krieg«.

Sein Auslöser war unbedeutend, ein Geplänkel.

Aus Anlass der bevorstehenden Reichstagswahl am 15. Juni 1893 hatten die Sozialdemokraten – selbstverständlich an ›ihrem‹ Ort – versucht, einen Saal anzumieten. Das war ihnen mit fadenscheinigen Begründungen verwehrt worden, saß doch die Geschäftsführung der Brauerei zwischen Baum und Borke.

Erstens wollte sie nicht ihre Stammgäste vergraulen und zweitens auch nicht Gefahr laufen, ihren Großkunden in Spandau, das dem Kaiser ergebene Militär, zu provozieren und dadurch zu verlieren.

Einpeitscher des Konflikts war das »Berliner Volksblatt« *Vorwärts*, das »Zentralorgan der sozialdemokratischen Partei Deutschlands«. Von ihm angefeuert traten die Arbeiter im Juli das erstemal in einen Streik. Sie probten den Aufstand.

Nr. 111.

Erscheint täglich außer Montags. Preis pränumerando: Vierteljährlich 3,30 Mark, monatlich 1,10 Mk., wöchentlich 28 Pfg. frei in's Haus. Einzelne Nummer 5 Pfg. Sonntags-Nummer mit illustr. Sonntags-Beilage „Neue Welt" 10 Pfg. Post-Abonnement: 3,30 Mk. pro Quartal. Unter Kreuzband: Deutschland u. Oesterreich-Ungarn 2 Mk., für das übrige Ausland 3 Mk. pr. Monat. Eingetr. in der Post-Zeitungs-Preisliste für 1894 unter Nr. 6919.

11. Jahrg.

Insertions-Gebühr beträgt für die fünfgespaltene Petitzeile oder deren Raum 40 Pfg., für Vereins- und Versammlungs-Anzeigen 20 Pfg. Inserate für die nächste Nummer müssen bis 4 Uhr Nachmittags in der Expedition abgegeben werden. Die Expedition ist an Wochentagen bis 7 Uhr Abends, an Sonn- und Festtagen bis 9 Uhr Vormittags geöffnet.

Fernsprecher: Amt 1, Nr. 1508.

Telegramm-Adresse: „Sozialdemokrat Berlin."

Vorwärts

Berliner Volksblatt.

Zentralorgan der sozialdemokratischen Partei Deutschlands.

Redaktion: SW. 19, Beuth-Straße 2. | Donnerstag, den 17. Mai 1894. | Expedition: SW. 19, Beuth-Straße 3.

Arbeiter! Parteigenossen!

Trotzdem in keiner Weise der Rixdorfer Bierboykott zur Sache der Berliner Arbeiter gemacht wurde, hat gestern der von den Herren **Happoldt** und **Rösicke** geleitete Bierring in unerhörter Weise die Arbeiter Berlins und der Umgebung provozirt.

Der Bierring **verfolgt andere Zwecke,** als er vorgiebt. Nicht dem Rixdorfer Boykottbeschluß will er ein Paroli bieten, nein er glaubt jetzt den Moment gekommen, die Organisation der Brauerei-Arbeiter zerstören zu können. Von langer Hand war der Streich vorbereitet und trotzdem haben die Herren die Stirne, von **„Nothwehr"** zu sprechen! War es Nothwehr, daß gerade die **ältesten** Arbeiter entlassen wurden, die zehn und mehr Jahre in einem Brauereibetriebe gegen elenden Lohn ihre Gesundheit geopfert haben, um die in der deutschen Industrie einzig dastehenden Dividenden den Rösicke und Konsorten zu verdienen?

Der alten und der organisirten Arbeiter hat man sich entledigen wollen, der Organisation der Brauerei-Arbeiter hat der Brauereiring einen tödtlichen Schlag versetzen wollen.

Den Brauereibesitzern ist der Kamm gewaltig geschwollen, sie haben die für den 15. Mai angekündigte Entlassung schon für viele Brauerei-Arbeiter **früher** eintreten lassen, **um die Arbeiter zu reizen,** sie haben die Herausforderung verschärft, indem ihr Häuptling, der „Arbeiterfreund" Rösicke, auch noch eine Lohnreduktion eintreten ließ.

Die Würfel sind gefallen.

Die Brauereibesitzer zwingen **uns** den **Kampf** auf. **Wir nehmen ihn an.** Bis heute Abend sind in den verschiedenen Brauereien schon über 200 Arbeiter von der Tagschicht entlassen, mindestens weitere 200 von der Nachtschicht dürften bis morgen früh entlassen sein, so werden 400—500 Arbeiter außer Arbeit und Verdienst gesetzt, ohne irgend eine Schuld, blos aus Uebermuth, blos aus Haß gegen die Organisationen der Arbeiter, all' diese Arbeiter haben nicht das mindeste mit der eigentlichen Streitfrage, dem Böttcherstreik zu thun. Keiner von ihnen hat am 1. Mai gefeiert, Keiner durch irgend eine Forderung Anlaß zur Entlassung gegeben. Nur **kapitalistischer Uebermuth und frivole Brutalität** der Brauereiprotzen verlangte diese Opferung!

Gegen 500 Brauerei-Arbeiter und 300 Böttcher, 800 fleißige Männer, darunter sehr viele Familienväter liegen auf der Straße.

Wie haben wir diese unerhörte Provokation zu beantworten?

Unzweifelhaft mit der Waffe, die die Brauereibesitzer am schwersten trifft, mit dem

Boykott.

Es kann blos die Frage sein, ob der **Boykott** ein **allgemeiner** sein soll, oder ob diese Maßnahme nachhaltiger und erfolgversprechender sein wird, wenn wir uns auf eine bestimmte Anzahl Brauereien beschränken.

Die Unterzeichneten empfehlen, von einem allgemeinen Boykott abzusehen und sich auf die **Boykottirung einiger Brauereien** zu beschränken.

In der heißen Jahreszeit und bei der großen Bedeutung des Biergenusses für die Ernährung der Arbeiter würde ein allgemeiner Bierboykott nicht die erhoffte Wirkung haben; er würde, da wir auf die Energie sehr vieler Arbeiter rechnen können, alle Brauereien unzweifelhaft schwer schädigen, aber sicherlich nicht so, daß sie zum Nachgeben gezwungen würden. Unsere Kraft würde sich zersplittern, dagegen wird die Boykottirung einer Anzahl von Brauereien diesen die ganze Wucht unseres Angriffes fühlbar machen. Bier muß getrunken werden, aber boykottirtes Bier wird desto leichter entbehrt werden, wenn anderes zur Verfügung steht. Ein allgemeiner Boykott würde den Bierring stärken, **ein partieller sprengt ihn.**

Wer aber Bier aus Brauereien, in denen Arbeiter gemaßregelt wurden, nicht trinken will, dem steht dies ja immer frei.

Wir schlagen Euch vor, von heute ab **keinen Tropfen Bier** von folgenden Brauereien zu trinken:

1. **Schultheiß-Brauerei,** Aktien-Gesellschaft, Berlin, (und **Tivoli**). 2. **Brauerei F. Happoldt.** 3. **Böhmisches Brauhaus,** Kommandit-Gesellschaft auf Aktien, A. Knoblauch. 4. **Brauerei Karl Gregory,** Berlin (Adler-Brauerei). 5. **Vereins-Brauerei Rixdorf.** 6. **Spandauer Berg-Brauerei,** vormals C. Beckmann, Westend bei Charlottenburg. 7. **Aktien-Gesellschaft Schloß-Brauerei Schöneberg.**

Arbeiter! Zu Hause und im geselligen Verkehre, in der Werkstatt und bei Ausflügen, überall wo Ihr hinkommt sorgt für die strenge Durchführung des Boykotts. Nur dann wird jeder Berliner Arbeiter, der sich seiner Ehrenpflicht gegen die Partei, seiner Solidarität mit dem durch den Unternehmerhochmuth brotlos gewordenen Arbeitern bewußt ist, unausgesetzt den Boykottbeschlüssen gemäß handelt. Nur dann kann der Sieg unser sein, dann wird er auch ganz sicher errungen werden.

Die Welt muß wissen, daß die Einigkeit der Arbeiter stärker ist als der festeste Ring hochmüthiger Kapitalisten!

Sofort muß der Bierring die Aktion der Arbeiter fühlen. Kein Augenblick ist zu versäumen. Jedem müssen die Namen der boykottirten Brauereien fest eingeprägt werden!

Hoch die Solidarität der Arbeiter!

Nieder mit dem Bierring!

Mit der Durchführung des Boykotts sind bis auf Weiteres beauftragt:

J. Auer, SW., Katzbachstraße 9,
R. Millarg, NW., Lehrterstraße 22,
H. Mattutat, SO., Wrangelstraße 124,
H. Gumpel, NO., Weinstraße 31,
Paul Hilpert, Rixdorf, Karlsgartenstraße 1.

Am Freitag Abend finden zum Zwecke der Besprechung dieser Angelegenheit neun öffentliche Versammlungen statt in allen Stadttheilen Berlins.

Die Lokale werden noch durch Inserat im „Vorwärts" und durch Säulenanschlag bekannt gemacht.

Berlin, den 16. Mai 1894.

J. Auer. R. Augustin. J. Bamberger. A. Bebel. K. Berger. R. Beyer. W. Börner. H. Bolze. G. Bosse. H. Dornbusch. Karl Dost. H. Faber. Rich. Fischer. B. Franke. St. Fritz. J. Gandorfer. W. Gesche. C. Gruschke. H. Gumpel. R. Halfter. K. Hergt. K. Helbig. P. Hilpert. F. Hoch. E. Jost. F. Kitzing. H. Knüpfer. F. Kubat. Fr. Lehmann. K. Lenzner. W. Liebknecht. F. Lietzke. H. Mattutat. K. Metzner. R. Millarg. J. Otto. L. Pakuscher. M. Peper. W. Pfannkuch. J. Pfarr. H. Pötzsch. R. Schermig. R. Schmidt. B. Schneider. Jul. Schneider. C. Scholz. W. Schröder. P. Singer. J. Timm. R. Tschentscher. F. Warschowsky. Rob. Wengels. H. Werner. W. Winckelmann. H. Wörner. L. Zaake. F. Zubeil.

Titelseite des *Vorwärts* vom 17. Mai 1894, auf der das »Zentralorgan der sozialdemokratischen Partei Deutschlands« einen Boykott der Produkte der »Bierprotzen« vorschlägt

Und zwar erfolgreich.

Denn weil der *Vorwärts* zudem in regelmäßigen Abständen genüsslich die Namen von »Restaurateuren« publik machen konnte, welche aus Solidarität mit den Sozialdemokraten die Lieferungen der »Spandauerberg Brauerei« abbestellt hatten, und weil sich auch das Argument, in jenem Saal habe an jenem Tag »eine nothwendige Renovirung« stattgefunden, mehr und mehr als aus der Luft gegriffen erwies, gab der Vorstand der A.-G. am 29. August

1893 reumütig klein bei und erklärte, dass die von ihm vorgebrachten Verweigerungsgründe »keine stichhaltigen« gewesen seien.

»Ich verpflichte mich«, fügte Wilhelm Brähmer, der Repräsentant der »Spandauerberg Brauerei« hinzu, »in Zukunft der sozialdemokratischen Partei die Säle jederzeit zur Verfügung zu stellen.«

Von jetzt an hatte die Partei eine Dauerkarte für den »Spandauer Bock«.

Der *Vorwärts* aber triumphierte mit Pauken und Trompeten und verkündete zwei Tage später: »Die Arbeiterschaft hat somit wieder einen moralischen und auch faktischen Sieg errungen.«

Jetzt hatte sie Oberwasser. Und prompt entzündete sich der ohnehin schwelende Konflikt zwischen denen da unten und denen da oben bei Anbruch des neuen Jahres an einem größeren Thema. Nun ging es richtig zur Sache – um die alte Forderung nämlich nach Anerkennung des 1. Mai als Ruhetag. Um diesen durchzusetzen, traten 300 Böttcher in den Streik.

Die Antwort der Arbeitgeber, die sich vier Jahre zuvor in einem »Verein der Brauereien Berlins und Umgegend« verbündet hatten, war die Aussperrung der Streikenden. Daraufhin wehrten sich diese mit einem Aufruf an die Bevölkerung, kein Bier mehr von jenen sieben »Ringbrauereien« zu trinken. Ein Angebot zu Verhandlungen lehnten die Firmen ab und entließen in einem provokanten Racheakt 455 unbeteiligte Beschäftigte.

Koordinator der Direktoren des »Rings« war der im Jargon der Sozialisten »wildliberale Bierkönig« Richard Roesicke, der Chef von »Schultheiss«. Ihm und allen anderen bot der *Vorwärts* nun die Stirn, indem er am 17. Mai für ganz Berlin einen Boykott der Produkte der »Brauereiprotzen« vorschlug.

War noch 1892 in einer ähnlichen Situation in Hamburg Barmbek den gewerkschaftlich organisierten Brauern von ihrer Führung das Recht abgesprochen worden, eine »thörichte Boykott-Proklamirung« zu vollziehen, ja, hatte der Sozialdemokrat August Bebel eine solche Aktion schon 1890 in Berlin als »große Dummheit« gebrandmarkt, so ließ sich die Parteispitze diesmal vom Sog der Geschehnisse mitreißen.

Darauf brachen an der Spree alle Dämme. Brauer bestreikten Brauereien. Brauereien ächteten Wirte. Wirte setzten Kellner an die Luft. Und die Linke boykottierte – wie geheißen – die Erzeugnisse der Brauer. Jeder gegen jeden. Die Sache war aus dem Ruder gelaufen.

Die »Spandauerberg Brauerei« aber, die das Feuer an die Lunte gelegt hatte, blieb bei alldem ein geringer Akteur und setzte im Windschatten der »Verrufs« immer noch ein Drittel ihres einstigen Ausstoßes ab.

Daher wirkte der Vorstand auf der Jahreshauptversammlung der A.-G. am 26. November 1894 auch nicht allzu zerknirscht. Vielmehr zeigte er in der Person Wilhelm Brähmers Unerschütterlichkeit. Selbstironisch bemerkte er, dass derzeit »schwerlich an eine Steigerung des Absatzes zu denken« sei, man sich jedoch bemühen wolle, »den Ausfall durch Aufnahme des Exportgeschäfts auszugleichen«.

Womöglich hatte Wilhelm Brähmer dabei eine Grenzüberschreitung Richtung Spandau im Sinn.

Umso mehr aber galt der Zorn der Konsumverweigerer der »Spandauerberg Brauerei«:

:»: Spandauer Berg :«:
Was hilft da alles Klagen!
Wie bald frißt dich der Boykottwurm,
Wenn dir nicht hilft der Juliusthurm,
:»: Spandauer Berg! :«:
Bald wirst du abgetragen!

Die Kontrahenten verbissen sich in Forderungen und Ablehnungen. Der *Vorwärts* in ganzseitigen Aufmachern, die Vereinsbrauereien in ganzseitigen Zeitungsannoncen. Und je länger der Konflikt währte, desto unnachgiebiger wurden die jeweiligen Positionen verteidigt, bis endlich am 29. Dezember 1894 ein Vergleich verkündet werden konnte.

Die von der SPD gesteuerten Arbeiter bliesen den Boykott ab. Die Brauereien stellten die Entlassenen wieder ein. Die Löhne wurden mäßig erhöht. Der 1. Mai blieb ein unverbindliches Ruhetags-Datum. Und jede Partei erklärte sich selbst zum Sieger und ihr Gegenüber zum Verlierer.

Kurz nach dem Friedensschluss veröffentlichte die Boykott-Kommission im *Vorwärts* einen Text, in dem es hieß: »Wir haben die Ueberzeugung, daß wenn ähnliche Kämpfe in Zukunft nothwendig werden sollten, die Berliner Arbeiter in gleicher Weise ihre Pflicht thun werden, um die Ehre, die Würde und die Interessen der Arbeiterklasse zu wahren.«

Keine Silbe davon, dass es auf den am Vortag in sechzehn Sälen abgehaltenen »Volks-Versammlungen« unter den Tausenden von Teilnehmern zu lautstarken Unmutsäußerungen gekommen war – gegen das magere Verhandlungsergebnis der Kommission unter Paul Singer sowie gegen den nicht durchsetzungsfähigen SPD-Vorsitzenden August Bebel.

Der Reichstagsabgeordnete der SPD Ignaz Auer bemängelte, der Boykott sei unnötigerweise in die Länge gezogen worden. Es dürfe, so zitierte ihn das *Berliner Tageblatt* am 1. Januar 1895, »künftighin das Glück von Hunderten nicht mehr so leichthin in Frage gestellt werden«. Man habe den Streik nur um des Streikes willen geführt und kaum etwas erreicht.

Was zu diesem Zeitpunkt noch als Nörgelei eines bei der Abstimmung Unterlegenen galt, benannte nichtsahnend den einzigen nachhaltigen Ertrag des Boykotts.

Denn die Sozialdemokraten hatten demonstriert, dass sie imstande waren, die Massen zu mobilisieren. Gefeiert wurde diese »Geschichte der sozialen Klassenkämpfe« und das erfolgreiche »Hineinwirken« der Parteipresse ins Volk noch auf dem Bundesparteitag der SPD 1979 im ICC in Berlin, wo sich niemand dessen bewusst war, dass man zugleich auch eine innerparteiliche Kontroverse und einen historischen Autoritätsverlust der Parteispitze zelebrierte.

Die Brauereibesitzer aber hatten gelernt, wie effektiv ein Schutz- und Trutzbündnis war. Umgehend gründeten sie 1895 den »Nationalverband Deutscher Brauereien«, in dem dessen Mitglieder in einen Gemeinschaftsfond Beiträge zahlten, um Rücklagen für künftige Streikfälle zu bilden.

So erbrachte der »Berliner Bierboykott«, dessen Ende wie ein Zusammentreffen von Pyrrhussieg und Hornberger Schießen wirkte, jedem Kombattanten einen Nutzen.

Alle waren's zufrieden.

Und der »Spandauer Bock« blieb ein Treffpunkt der Linken.

Darum begegnen wir Karl Liebknecht am 28. Dezember 1911 neuerlich auf dem »Spandauer Bock«, als er anlässlich der bevorstehenden Reichstagswahl vor 2500 Genossinnen und Genossen eine flammende Wutrede hält.

»In dichten Scharen«, so schwärmte der *Vorwärts* zwei Tage später, waren die Leute herangeströmt, um Karl Liebknecht zu hören. »›Unsere Ritter und Heiligen, die Stützen von Thron und Altar, haben ihren Hauptstützpunkt in dem preußischen Dreiklassenwahlrecht. Wer viel Geld hat, hat auch Rechte. […] Wenn der kleine Mann, der Arbeiter, der Handwerker, der Beamte, in sein leeres Portemonnaie sieht, dann wird er sich sagen: Am 12. Januar werde ich den Volksplünderern heimzahlen, dass ihnen Hören und Sehen vergeht.‹«

Die Feministinnen hingegen ag(it)ierten bei anderer Gelegenheit mit List und Tücke.

Käte Duncker, die Frauenrechtlerin, der im Deutschen Kaiserreich das Reden-Halten verboten war, erzählt ihrem Mann am 16. Mai 1917 in einem Brief, was sie mit etlichen Genossinnen ein paar Tage zuvor erlebt hatte – und vor allem, wo: »Es sollte der diesjährige Berliner Frauentag (weil die Polizei keine Versammlungen erlaubte) durch einen Ausflug nach dem Spandauer Bock ›gefeiert‹ werden, d.h. keinen gemeinsamen Ausflug, sondern ein Rendezvous dort. […] Dann allgemeines Kaffeetrinken im Garten des Spandauer Bock-

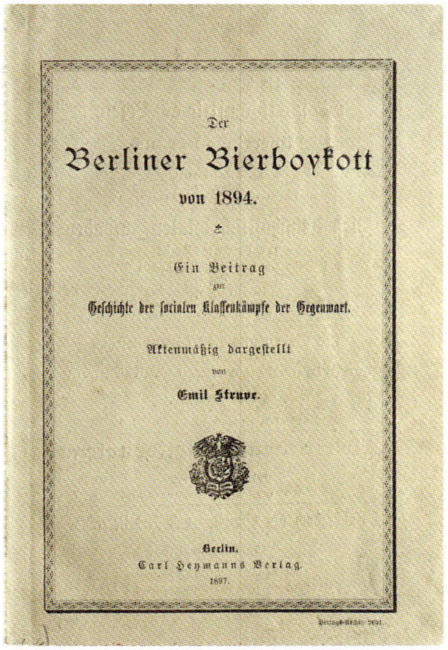
Der
Berliner Bierboykott
von 1894.

Ein Beitrag
zur
Geschichte der sozialen Klassenkämpfe der Gegenwart.

Aktenmäßig dargestellt
von
Emil Struve.

Berlin.
Carl Heymanns Verlag.
1897.

Die zeitgenössische »aktenmäßige« Darstellung des Berliner Bierboykotts macht Emil Struves Buch bis heute zu einer unverzichtbaren Quelle bei der Beschäftigung mit diesem Ereignis.

Gasthauses, bewacht von ca. 50 berittenen, 20 bis 30 unberittenen Polizisten und einer Unmenge Spitzelungeziefer, das versuchte, sich an die Tische zu drängen.«

Als nach dem klassenkämpferischen Kaffeeklatsch dann das politische Schulungsblatt *Die Gleichheit. Zeitschrift für die Interessen der Arbeiterinnen* verteilt wurde, kam es zu Verhaftungen, und die Frauen konnten ihren Bewachern bloß dadurch entkommen, dass sie sich durch das von Georg Bamberger erwähnte Hintertürchen – auf dem »Bock«! – in den Wald verzogen. »Man lief und sang, so gut oder so schlecht es ging: *Marseillaise*, *Sozialistenmarsch*, *Wer schafft das Gold zu Tage.*«

Rafft Eure Kraft zusammen
Und schwört zur Fahne rot!
Kämpft mutig für die Freiheit,
Erkämpft Euch bess're Brot!

Schade, dass die Mitstreiterin der Frauenbewegung und spätere Alterspräsidentin des Deutschen Bundestags Marie-Elisabeth Lüders diese ehrwürdige Kampfstätte ihrer Genos-

Blick auf die Kulisse der Gebirgslandschaft mit Almhütten – Schauplatz des allabendlichen »Alpenglühens«

sinnen in so schlechter Erinnerung hatte! In ihren Aufzeichnungen *Fürchte Dich nicht* sprach sie 1963 beim Rückblick auf ihre Kindheit und einen Besuch auf dem »Spandauer Bock« von »einem äußerst simplen, ungepflegten Gartenlokal«.

Weil nun aber die Schilderungen von Parteiveranstaltungen auf dem »Spandauer Bock« stets mit einem Hinweis auf die dortigen Gesänge endeten (auch bei Karl Liebknecht hatte ein Chor zwei Arbeiterlieder »zum Vortrag gebracht«), wird an einem 1. Mai im Ausgang der Zwanzigerjahre auf dem »Spandauer Bock« nach der Ansprache des Altvaters der Berliner Arbeiterbewegung Eduard Bernstein gewiss auch »Brüder, zur Sonne, zur Freiheit« angestimmt worden sein.

Das war die Erkennungsmelodie einer weiteren Facette im großen Wimmelbild »Spandauer Bock«.

Er war ein volkstümliches Etablissement, ein Sodom und Gomorrha schamloser Karfreitagsschänder, ein sonnendurchfluteter Hain im Grunewald'schen Naturparadies, ein Urquell literarischer Gestaltung, ein Propagandaforum linker Aktivisten, ein Motor der Verkehrstechnologie, (eine Stätte der Verdammnis sollte er bald werden), ein Symbol der Bierkultur, ein Industriestandort – und nun auch noch, man kann es kaum glauben, ein Platz für seriöse E-Konzerte, gar ein musikpädagogisches Konservatorium, betrieben von einem profilierten Repräsentanten der linken Avantgarde der Dreißigerjahre.

Paul Dessau, 1894 geboren, Freund des Dirigenten Otto Klemperer und des Dichters Bertolt Brecht, war vielseitig. Einen Namen hatte er sich als Kapellmeister und Komponist gemacht. Die Untermalung vieler Filme seiner Zeit stammte von ihm. Unter anderem hatte er als Bandleader im Alhambra-Palast am Ku'damm Walt Disneys *Alice in Cartoonland* vertont.

Ein besonderes Anliegen war ihm die musikalische Erziehung der Jugend. Für sie hatte er 1930 *Das Eisenbahnspiel* nach einem Libretto von Robert Seitz geschrieben, eine – so Dessau – »Kantate« für einen Kinderchor, ein paar Einzelstimmen und zwei Geigen oder ein Klavier. Paul Hindemith hatte ihn dazu angeregt.

Als es so weit war, das Stück einzustudieren, kam Dessau, den die Erfahrungen des Ersten Weltkriegs geprägt hatten, dem das Zack-Zack-Preußentum zuwider und der Sozialismus sympathisch war, jener Ort in den Sinn, den die Menschen aus den Berliner Häuserschluchten schon immer angesteuert haben, um tüchtig frische Luft zu schnappen.

Wie wäre es, auch den Kindern des »Deutschen Arbeiter-Sängerbundes« diese Möglichkeit zu bieten? Getroffen hatten sie sich bisher vier Treppen hoch in einem Seitenflügel des letzten von mehreren Hinterhöfen einer Mietskaserne.

»Wir beschlossen also, auf dem berühmten *Spandauer Bock* zu üben und so gleichzeitig eine Abwechselung für die Kinder zu schaffen, die ihnen in ihrem eintönigen Dasein etwas Freude bringen sollte.«

Zumal die Reise mit dem Zug nach »Honolulu« gehen sollte!

Das Ende dieser Gedankenfolge war ein Eintagsereignis mit *da-capo*-Potenzial. Paul Dessau gab ihm in einem Feuilleton für die Hausmitteilungen seines Verlages den Titel *Berliner Arbeiterkinderchor auf dem Spandauer Bock*.

Dieser Name hat es bis in die moderne Musikwissenschaft gebracht und dem »Spandauer Bock« einen Applaus in einer Sphäre verschafft, die bisher nur vom Tschingderassabumm »der ganzen Capelle des Garde-Fuß-Artillerie-Regiments in Uniform« oder den juchzerbegleiteten Klängen eines Ländlers erfüllt worden war.

Durch Paul Dessaus Bericht über die aus dem Großstadtmief in den Grunewald verlegte Singstunde ist das Ausflugslokal auf dem Spandauer Berg für einen kurzen Atemzug seiner Geschichte von Tönen, Texten und Geräuschen erfüllt, mit denen es sich der Nachwelt bisher nicht präsentiert hat.

Am Anfang stand, wie sich's gehört, ein Vorspiel.

»Zuerst verhandelte ich mit dem Wirt. Alles ging in Ordnung. Für 50 Kinder Schokolade und Kuchen an einem Wochentag, an dem ja sowieso kaum ein Gast kommt, bedeutet immerhin eine sichere Einnahme. Nun zum Karussell-Direktor. So etwas existiert dort nämlich auch – und dazu noch eine Luftschaukel. Kurz und gut, schließlich bewegte ich den eigentlich nur am Sonntag fahrenden Besitzer, dieses Kindervergnügungsvehikel ausnahmsweise mal am Donnerstag zu fahren, zumal ja doch 50 Kinder kämen, die sonst wenig Freude hätten. Wir einigten uns bald, und der ersehnte Tag nahte.

Ich war der erste oben. Die Kinder kamen aus Berlin j.w.d. (janz weit draußen, wie es in Berlin heißt), aus Lichtenberg und Neukölln, vom Wedding usw. Nach und nach trudelte aber alles fidel ein, teils solo, teils in mütterlicher Begleitung. […]

Endlich konnten wir anfangen. *Das Eisenbahnspiel* klappte schon recht gut. Erstaunlich, wie schnell die Kinder den ersten Chor lernten. Uebrigens erzählten mir viele Lehrer und Chorleiter, daß die Kinder alles spielend leicht erfaßten.«

Während also der Komponist und die Kinder, gestärkt durch Kuchen und Kakao, um die richtige Ausführung von abrupten Rhythmus-, Dur- und Moll- und Tonartwechseln rangen sowie um »gleichzeitiges Singen von ›E - Es‹«, während fünfzig helle Kinderkehlen jauchzten »Jetzt sind Ferien, jetzt geht's los« und Anweisungen erklangen wie »Nicht in den Wagen spucken!« oder – alte Faustregel! – »Beim Aussteigen linke Hand am linken

Griff!«, vermochte der eine oder andere der wenigen Besucher auf dem »Bock« an diesem Tag verwirrt von Bier und Gesang, die musikalische Geräuscherzeugung und das gastronomische Fortissimo nicht mehr auseinander zu halten.

Das war in seiner gewohnten Grunewalder Reinheit erst wieder zu vernehmen, als *Das Eisenbahnspiel* im Rahmen des Festivals »Neue Musik Berlin 1930« am Sonnabend, dem 21. Juni, »nachm. 5 Uhr« fernab von »j.w.d.« in der Hardenbergstraße seine Uraufführung hatte.

Derweilen dort bei »Tsch, tsch, tsch« und »dideldum« allmählich Honolulu in Sicht kam und Affen von den Palmen Kokosnüsse schmissen, war hier, unter den Kiefern und den Eichen – auch Obstbäume hatten die Wirte gepflanzt – auf dem »Spandauer Bock«, die alte Ordnung wiederhergestellt.

Das Atonale und Chaotische, das Gläserklirren und Suffgegröle, das Seidelanstoßen und Schenkelklopfen, das Jodelhochjauchzen und Polkagetrampel hatten »Bock« und »Zibbe« ihre angestammte Klangfarbe zurückgegeben.

Und animiert von alledem nutzten manche Gäste den Moment, an Biertisch oder Kaffeetafel aus vertrauter Umgebung eine Postkarte zu schreiben.

»Wo das Kreuz ist, sitzen wir.«

Der freundliche Gruß des Rotwilds aus dem Grunewald ist in Wahrheit ein Lockruf auf den »Bock«.

»... wir amüsiren uns famos ...«

In der Tat sind die Post- und Ansichtskarten vom »Spandauer Bock« ein Kapitel für sich. In ihnen hat das Stimmengewirr, haben die oftmals schrägen Zustände aus den Hallen und Gärten vom »Bock« und der »Zibbe« überlebt. Bis in unsere Tage. »Fritz, Bertha, Elschen u. Fränzchen haben einen Ausflug gemacht«, teilte ein Ernst einem Fräulein Anna mit, am 26. Juni 1905; doch seine Bleistiftzeilen liegen vor uns, als wären sie eben erst zugestellt worden.

Wer das Sammelsurium solcher Nachrichten vom Spandauer Berg heute durchliest, betreibt Soziologie bei denen, die unablässig »Dich« und »Dir« durcheinander bringen und – »Nu aber jrade« – Heimatklänge aus einer Zeit senden, in der das Medium der Ansichtskarten soeben anfing, Furore zu machen.

Nach mehreren Vorläufern wie »Avis-« und »Correspondenz-« und »Genre-Karten« erschienen die ersten »Bilderpostkarten« im Deutschen Reich in den Siebziger-, Achtzigerjahren. Dabei streiten sich die Gelehrten (und Sammler) ebenso wacker über die adäquate Definition – »illustrierte Postkarte«, »illustrierte Karte«, »Karte mit Abbildung«, »Bilderkarte«, »Bildpostkarte«, »Ansichtskarte« – wie über die genaue zeitliche Reihenfolge und Zuordnung der jeweiligen Produkte.

In jedem Fall machten diese neumodischen Erzeugnisse, wie die *Berliner Börsen-Zeitung* am 10. Mai 1902 umständlich erläuterte, »der Post viel zu schaffen«. Denn in kurzer Folge waren zudem »Glimmerpostkarten« auf den Markt gekommen, ferner solche mit Aufklebern oder mit Randschmuck oder mit Prägung oder solche mit all dem zugleich, weshalb die Leute begonnen hatten, die Briefmarken nicht mehr an der richtigen Stelle anzubringen. »Einzelne Postanstalten sahen sich deshalb genöthigt, derartige Karten zurückzuweisen.«

Und das umso bestimmter, als die Beliebtheit dieser Grußform im Nu dazu geführt hatte, dass die Reichspost mit Ansichtskarten überflutet wurde. In einer einzigen Woche im August 1900 beispielsweise hatte sie mehr als vier Millionen Exemplare befördert.

Dass sich das Bedürfnis der Ansichtskartenschreiber, dem Empfänger mitzuteilen, woher die Grüße kamen, bestens dazu eignete, für diesen Ort zugleich zu werben, erkannte man auf dem »Bock« auf der Stelle. Infolgedessen zögerte man dort auch keine Sekunde, sich dieses wohlfeilen Werbeträgers zu bedienen.

Vermutlich das erste Grußkartenmotiv vom »Spandauer Bock« – abgeschickt am 31. Mai 1898

An die sechzig bis siebzig verschiedene Motive mit Ansichten vom »Spandauer Bock« und der »Zibbe« (die mit dieser Bezeichnung nur auf einer einzigen Postkarte erscheint) gingen hinaus in die Welt. Anfangs in geringer Stückzahl als Lithographien, die höchstens in einer Auflage von vier- bis fünftausend Abzügen gedruckt werden konnten.

Die wahrscheinlich erste Karte vom »Spandauer Bock«, hergestellt von der Kunstanstalt C. Aug. Droesse, Berlin S. 42, zeigt in filigranem Detailreichtum über dem geschwungenen Schriftzug mit dem Namen des Ausflugslokals und umschwebt von Blumen und Blättern das Hauptgebäude und daneben den »Garten mit Halle«. Davor stehen aufgereiht zahllose Tische, an denen feingemachte Damen und Herren unter hohen Bäumen sitzen. Draußen auf der Chaussee prescht eine Kutsche mit zwei Fahrgästen vorüber, er im Zylinder und sie mit blauem Sonnenschirmchen. Der Radfahrer vor ihnen muss sich sputen, damit er nicht über den Haufen gefahren wird.

»Gelaufen«, wie man sagt, ist die Karte am 31. Mai 1898, und im Gegensatz zur zeichnerischen Kunst ihres Schöpfers steht die Ausdruckskraft ihres Absenders. Er teilt einem Magister B. in einem unleserlichen Irgendwo bei Gera mit: »Es ist heut ein schöner

Einer der Ausschänke auf dem »Spandauer Bock«, deren Tresen die Form eines liegenden offenen Fasses hatten, darüber die Erinnerung daran, dass Gambrinus, der Schöpfer des Bieres, seine Arbeit schließlich nicht vergebens getan haben wollte. Der Blick geht nach Süden.

Tag und sitze beim Glase Bier mit der alten und denke an Dir und sage daß ich morgen auch so schuften muß wir bleiben Ihr Freund.«

Dass dieses mehrdimensionale Gesamtkunstwerk dennoch am nächsten Tag zugestellt werden konnte, beweist der Eingangsstempel vom 1. Juni, der zugleich die Leistungsfähigkeit der damaligen Post demonstriert.

Bald wurden die Lithographien durch schwarz-weiße Fotos ergänzt und alsdann durch kolorierte. Geprägte Karten kamen hinzu und solche, auf denen in kleiner Schrift am oberen Rand die Empfehlung stand: »Bitte gegen das Licht zu halten.« Für den, der dieser Aufforderung folgte, warf der Bau des »Spandauer Bocks« zum Erstaunen des Betrachters einen warmen Lichtschein in die anbrechende Nacht hinaus.

Die Vielfalt der Karten und damit der Motive, der Variationen immer desselben aus immer verschiedenen Ecken und Winkeln, ist dermaßen groß, dass mit ihrer Hilfe die gesamte Anlage des »Bocks« und der »Zibbe« im Modell wirklichkeitsgetreu nachgebaut werden könnte – nebst dem Tonnenkiosk mit der Mahnung, zum Maßkrug zu greifen, weil Gambrinus den Trank nicht grundlos erfunden habe.

Dort hatte eine oder ein R. das Motto ›Reim Dich oder ich fress Dich‹ beim Wort genommen, und so erhielt der Rudolf in Spandau, *quasi* um die Ecke, so etwas wie eine Vermisstenanzeige:

Am Bock da ist der Jubel groß
wir amüsiren uns famos
Ich sage Dir ruft auf der Zicke,
Da kannst Du sehn die feschen Blicke
Wenn Du könntest bei uns sein an deren Hütte.

»Die feschen Blicke« … Gefahr im Verzuge!

Zuweilen befreite der Alkohol den Schreibstift vom Zwang der Schicklichkeit und der Grammatik. In Nikolaus- oder sonstiger Stimmung vertraute ein Georg am 6. Dezember 1901 einem Fräulein Helene in Chemnitz ein rätselhaftes Versprechen an: »Geehrtes Fräulein werde das versäumte nachholen und erlaube mir hiermit einen innigen Gruß zu senden. Um Ihrer werthen Sammlung zu vervollständigen, erlaube mir, Sie mit nur guten Sachen zu bedienen. Verbleibe mit einem herzlichen Gruß Ihr unvergeßlicher Georg.«

Dem Charakter des bayrisch-alpenländischen Lokals entsprechend ist das Bildmotiv umrankt mit geprägten Edelweißblüten. Zum Glück hatte der »unvergeßliche Georg« die Briefmarke an der richtigen Stelle aufgeklebt, denn Karten dieser Art bereiteten der Reichspost nicht selten Probleme und wurden oft nicht zugestellt.

Na, hoffentlich hat das Fräulein A. den Gruß an das »Frl. Helene« auch ausgerichtet!

Immer wieder diese Helenes!

Ein paar Jahre später richtet ein gewisser R. einem Fräulein A. in der Königlichen Munitionsfabrik in Spandau aus: »Leider habe ich Frl. Helene nicht treffen könen was mir sehr leid gethan hat bitte grüßen Sie diese Dame von mir.«

Alle diese ab 1900 durchweg mit der 5-Pfennig-Briefmarke der Reichspost, der »Germania grün«, frankierten und erstaunlich kleinen Ansichtskarten im Format von 144 × 88 mm liefern zusammen mit den auf ihnen erhaltenen Aufdrucken und Texten einen nicht zu unterschätzenden Beitrag zur Sozialgeschichte jener Epoche im allgemeinen und der des »Spandauer Bocks« im Besonderen.

Zugleich sind sie Belege für einen florierenden Wirtschaftszweig – den der Ansichtskartenindustrie, in der allein in Berlin um die Jahrhundertwende dreißigtausend Menschen beschäftigt waren. Die Menge der Hersteller, die unter dem Lemma »Postkarten« firmieren, füllt in den Branchenverzeichnissen der Stadt zu jener Zeit mehrere Spalten.

Geliefert wurden den Bechmanns und den Stegmeyers Karten von den Verlagen C. Aug. Droesse in Berlin S. 42, Kunstanstalt Aug. Finkenrath Söhne in Barmen, J. Goldiner in

Berlin C. 25, Hermann Gueffroy in Halensee, R. Hanow in Berlin W. 57, Warenhaus M. Hirsch in Spandau, Krüger & Co. Berlin W. 9, M. Neufeld, Berlin S.W. 19, Arthur Redecker in Tempelhof, R. Reimer in Spandau, E. A. Schwerdtfeger & Co. in Berlin N., Stollwerck in Köln und Otto Wandl in Berlin N. 28. Und es gab noch mehr.

Ein besonders professionelles Angebot legte die Kunstanstalt H. A. J. Schultz aus Hamburg vor. Dort war man nicht pingelig, was die Individualität der Motivik der Gastwirtschaften angeht, aus denen die Gäste ihre Grüße schickten. Dieselbe malerische (Grune-)Waldlandschaft mit dem sich in den Vordergrund windenden Flusslauf grüßt mal vom »Spandauer Bock«, mal von der Insel Pichelswerder und mal vom »Wirtshaus zum Freund« in Pichelswerder. Einzig die links oben eingesetzten, in Hellblau gehaltenen Miniaturen zeigen den jeweiligen Absenderort.

Die gleiche serielle Motivik gilt für die Lithographie mit dem Rehbock oder dem überall und nirgendwo zu verortenden Waldweg sowie der herbstlich eingefärbten Baumkulisse mit Unterholz.

Einige Karten sind nachträglich koloriert. Und auf einer ist eine Person auf eine Verdacht und Vermutung anregende Weise in der Neuauflage herausretuschiert.

Interessanter für den Lokal-Historiker sind demgegenüber die Aufdrucke auf den Karten, in denen die Namen der »(Gast-)Wirthschaftsverwalter« genannt sind, der – wie sie damals hießen – »Oekonomen«.

Wenn auf einer Ansicht ein stattlicher Herr mit Anzug, Weste, Uhrenkette sowie ein, zwei Kellnern an seiner Seite auf dem Foto posiert und weit und breit kein Gast zu sehen ist, dann geht man nicht fehl in der Annahme, in ihm die in der Beschriftung genannte Person zu erkennen.

Auf diese Weise erhält zum Beispiel Albert Stegmeyer, dessen Platz in der Reihe der Funktionsträger des »Spandauer Bocks« noch zu klären sein wird, ein Gesicht. Wie er da mit Hut und dickem Wollmantel unter dem lamettaglitzernden Weihnachtsbaum sitzt, winzig und verloren in der menschenleeren, schwach beheizten Riesenhalle, erfüllt er keine andere Aufgabe als die: der zu sein, dessen Name am Rand der Bildpostkarte steht!

Oder nehmen wir Paul Brennecke, der 1897 dem im selben Jahr verstorbenen Emanuel Weltzien als »Oekonom« auf dem »Spandauer Bock« gefolgt war. 1886 hatte ihm seine Ehefrau Anna ein Mädchen geboren. Ein Jahr später ein zweites Mädchen. Und dann im Alter von 43 Jahren 1904 als Nachkömmling ein drittes Mädchen. Stolz präsentierte der Vater, ein Bierglas in der linken Hand und die kleine Gertrud mit der rechten umarmend, den Nachweis seiner ungeschwächten Manneskraft auf einer Ansichtskarte.

Zwischen dem lamettageschmückten Weihnachtsbaum und der klavierbestückten »Konzertbühne« an der westlichen Stirnseite des Saalgebäudes der »Zibbe«: eine unterkühlte Selbstdarstellung Albert Stegmeyers (1870–1921)

Der »Oekonom« Paul Brennecke (1860–1910) mit seinem Töchterchen Gertrud im Jahr 1908

Da war Lokalgeschichte verwoben mit Familiengeschichte.

Dass Paul Brennecke neben seiner beruflichen Tätigkeit ein produktiver Komponist war – ursprünglich war er Musiklehrer gewesen! –, steht auf einem anderen (Noten-)Blatt. Und es ist nicht ausgeschlossen, dass manche seiner Tonschöpfungen auch auf dem »Bock« zu Gehör gebracht wurden. Sein *Alpenveilchen* hätte sich angeboten oder das *Edelweiss* oder besser noch das *opus* 42: *Klänge aus dem Grunewald*.

Welche Resonanz die Mucke bei den Gästen fand, das »Bierkonzert«, bestätigen Paul und Klara am 30. Juli 1905 auf einer Karte an Mutter Anna in Nauen. Sie sind rundweg begeistert: »Wetter herrlich, Concert großartig!« Die beiden waren nicht zum erstenmal hier: »Musikspiel schöner noch als neulich.« Wie das Feuerwerk sein wird, wissen sie am Beginn ihrer Zeilen zwar noch nicht. Aber nach einer Schreibpause können sie berichten, dass auch dies »herrlich« gewesen war. »Dann riesig voll, alles besetzt als wir kamen.«

Es war ein begeisterter Schnappschuss aus der »Zibbe«.

Folglich werden Paul und Klara nicht das letzte Mal hier gewesen sein.

Wie Elisabeth und ihr Walter und ihre Freunde, die Heta mit ihrem Fritz, die sich am 23. März 1902 mit der Entschuldigung »schon wieder das Kleeblatt« bei Toska in Harburg (Elbe) meldeten: »Die lustigste ist unsere liebe Hete trotz ihrer Kopfschmerzen. Sie sind aber beinahe weg. Wir sind ganz malade nach unserer 3stündigen Waldpartie, aber froh und lustig!«

Na, dann …

›Saison‹ war auf dem »Spandauer Bock«, auch das belegen die Ansichtskarten – genauso wie der Frühstücks-Besuch der Mitglieder der »Brandenburgia« nach ihrer Matinee mit Otto Monke auf Schloss Ruhwald im Dezember 1906 –, das ganze Jahr hindurch. Da half die Stimmung in Bechmanns Etablissement auch über Kopf- und Trennungsschmerzen hinweg.

»Bettychen« hatte einen Dänen geheiratet und war mit ihm 1908 nach Aalborg gezogen (wo man auch gutes Bier braute). »Doch müssen wir uns dabei beruhigen, dass es mal ein Wiedersehen giebt. […] Heute sind wir auf dem Bock.« Eltern, Bruder, lauter Freunde.

Ganz selten klingt aus den Texten das weltpolitische Geschehen hervor wie auf der Feldpost-Karte vom 6. September 1918 an einen Hans aus der 3. Korporalschaft der I. Ersatz-Kompanie des II. Ersatz-Bataillons des Landwehr-Infanterie-Regiments Nr. 46. Mehrfach wurde die Anschrift von Beamten geändert. Vater und Schwester des »Musketiers« sitzen auf der »Zibbe« und schauen nach Siemensstadt hinüber … »immerfort kommen hier Züge vorbei« … und dabei fragen sie sich voller Sorge und Hoffnung, »wo Du jetzt sein könntest«.

Titelblatt der Partitur des Opus 80, der *Fantasie für Pianoforte*, von Paul Brennecke – erschienen im Musikverlag seines Bruders Oscar Brennecke, Berlin S.W. 68

Bewegt vergegenwärtigt sich der Leser, der dieses kleine braune Stück Pappe ein Jahrhundert später in der Hand hält, die beiden Menschen mit ihren Gedanken an den Sohn und den Bruder auf irgendeinem Schlachtfeld. Und einmal mehr wird ihm dabei die Funktion des »Spandauer Bocks« augenfällig – als Anderort, an dem sich in sorgenvoller Zeit für einen Wimpernschlag die Utopie des Unbelastet-Seins realisiert … hintermalt von Jubel, Trubel, Heiterkeit.

Von der stillen Spitzweg-Romantik der Anfangsjahre wussten die Nachgeborenen nichts mehr, ihnen gefiel das Remmidemmi und Allotria, das Treiben und Getriebe, das Gewoge und Gewusel, die günstige Erreichbarkeit der Sommerfrische – der Vorposten Bayerns in Preußen mit seiner langen Tradition.

Auf einer Bildpostkarte mit der farbigen Gesamtansicht der »Zibbe« haben acht Corpsstudenten hochreflektiert am 22. Februar 1898 das Fazit gezogen:

»Das Spandauer Bier ist Bockbier. Das sagt alles.«

Wenn man auf der »Zibbe« nicht im Freien sitzen kann, geht man dort halt spazieren.

Das *Teltower Kreisblatt* berichtet

Hatten die Postkartengrüße der Gäste des »Spandauer Bocks« dem Bild des Etablissements Farbe verliehen, so erhielt es Kontrast durch Bekanntmachungen, Meldungen und Notizen von dort in der für dieses Gebiet zuständigen Presse.

Seit dem 5. Juli 1856 berichtete das *Teltower Kreisblatt*, das gleichzeitig die Funktion eines Verkündungsorgans »landräthlicher Erlasse für alle Ortspolizei-Behörden und Gemeinde-Vorstände des Kreises Teltow« innehatte, hautnah aus dem Kreisgebiet (auch wenn die Redaktion bis 1863 in Charlottenburg saß).

Zu Beginn erschien es einmal und ab dem 5. Juli 1871 schrittweise zweimal in der Woche. Somit unterschied es sich von überregionalen und täglich publizierten Medien wie dem *Berliner Tageblatt* oder der *Allgemeine Zeitung*, die ihrem Namen und Wesen entsprechend das große Ganze im Auge hatten und nur gelegentlich im Hinblick auf besondere Vorkommnisse – zuvörderst die dortigen »Exzesse« am Karfreitag 1885 – den »Bock« erwähnten.

Aber nicht allein, dass das *Teltower Kreisblatt* die kleineren und kleinsten Nachrichten routinemäßig verarbeitete, es tat dies auch mit jenem Lokalpatriotismus und Engagement, die sich aus der persönlichen Nähe der Schreiber und der Leser zu den zu meldenden Ereignissen ergaben.

Hatten es etwa auswärtige Presseorgane wie das *Berliner Tageblatt* und die *Vossische Zeitung* am 1. April 1893 wieder einmal für angebracht gehalten – will sagen: gewagt –, Kritik an Zuständen auf dem »Spandauer Bock« zu üben, wo gar noch »einige sozialdemokratische Genossenschaften« gesichtet worden waren, machte sich das *Teltower Kreisblatt* stark, um den Ruf seines Geltungsbereichs zu verteidigen.

Am 6. April 1893 schrieb es, »daß mit Sicherheit anzunehmen ist, die Herren Berichterstatter haben es sich sehr bequem gemacht und ältere Berichte benutzt und ihren Zeitungen als Original-Artikel zugeschickt. [...] Die Beamten und die Wirthe können aber nicht genug das ruhige und gemessene Benehmen des so zahlreich anwesenden Publicums loben. Seit Decennien ist es auf dem Spandauer Bock am Charfreitag nicht so ruhig zugegangen als in diesem Jahre«.

Eine Haltung und Klarstellung dieser Art hätte dem scheuenden preußischen Amtsschimmel vor sieben Jahren gut angestanden und ihm viele Mühen erspart.

Zwei Zecher am Tisch, ein Kellner daneben – ein ruhiger Tag auf dem »Bock«

Beflissen ist das Bemühen des Blattes nach jenem ominösen Karfreitag, darauf hinzuweisen, dass sich diesmal, 1887, »ein nach Tausenden zählendes Publikum trotz der Ueberfüllung sämmtlicher Räumlichkeiten […] in äußerst ruhiger und anständiger Weise« benommen habe.

Wenngleich 150 Tonnen Bier getrunken wurden.

Noch 1889 heißt es erleichtert: »Auf dem Spandauer Bock, war am Charfreitag keine Ausschreitung zu verzeichnen, obwohl an 20000 Gäste die beiden dortigen Lokale besuchten, 180 Tonnen Bier verschenkt und 200 Schock Eier und 4000 Würste verzehrt wurden. Ein Eintrittsgeld von 25 Pfennig ergab einen Betrag von 1800 Mark, die den Berliner und Spandauer Armen zu Gute kommen.«

Dieser Wohltätigkeitsaspekt des Massenbesäufnisses steht bei der Berichterstattung von nun am im Vordergrund. So schreibt das *Teltower Kreisblatt* am 12. April 1890: »[Das Entree] hat in diesem Jahre 1500 Mark betragen und ist in Beträgen von 375 Mark an die Armenkassen zu Charlottenburg und Spandau, an eine Privatstiftung zu Charlottenburg und an eine Stiftung des Teltowschen Kreises abgeliefert worden.«

Wo so viel Umsatz gemacht wurde, wo so viel Geld im Umlauf war, stellten sich auch Höker, Trödler und Nassauer mit Fuhrwerken ein.

Unter dem 2. April 1885 protokollierte ein amüsierter Redakteur: »Am Sonntag Nachmittag hielt einer dieser Wagen, hoch mit Kisten beladen, welche mit Käse gefüllt waren, auf der Chaussee bei dem von zahlreichem Publikum besuchten Spandauer Bock. Der Führer verkaufte ganz flott seine duftende Waare, bis ein Gendarm kam, seinen Namen wegen Gewerbe-Polizei-Kontravention notirte und dem geschäftigen Käsehändler den Weiterverkauf untersagte.«

Der Mann hatte Glück. Denn dass man in Preußen auch bei der Ahndung vermeintlicher Kavaliersdelikte kurzen Prozess machte, beweist ein Beitrag vom 31. Juli 1872, einer der frühesten im *Teltower Kreisblatt* über den »Spandauer Bock«: »Viele Menschen haben bekanntlich eine ganz besondere Liebhaberei für annectirte Seidel, die zum Nachtheile der Bierwirthe aus den Restaurationen mitgenommen werden. Das Strafgesetz bezeichnet auch diese Annectierung mit dem Ausdruck: Diebstahl. Wegen eines solchen hatte der Arbeiter Carl Friedrich Julius Seidel aus Charlottenburg sich zu verantworten, weil er ein Seidel vom Spandauer Bock hatte mitgehen heißen. Der von ihm erhobene Einwand, daß er zu tief in das Seidel gesehen und deshalb die Folgen seiner Handlung nicht habe überlegen können, schützte ihn nicht vor der [...] zweitägigen Gefängnißstrafe.«

Das war Preußen!

Recht und Ordnung herrschte auch dort, wo ein Herr Seidel ein Seidel gestohlen hatte. Der Witz der bösen Tat erschloss sich den Lesern des *Teltower Kreisblatts* beim Frühstück, während der Delinquent einsaß.

Sie konnten Justitia in derselben strammen Korrektheit auch bei der Causa des Kellners Thieme verfolgen, der mit dem Ober Jaffe im vorigen Jahr auf dem »Bock« tätig war und das Zimmer teilte.

Lang und breit wird ausgeführt, wie Jaffe abends seinen goldenen Siegelring vom Finger streifte und versteckte und sich niederlegte und einschlief und erwachte und sich ankleidete – und das Schmuckstück vermisste. Ein Routinefall, den das Gericht nach dem Grundsatz *in dubio pro reo* entschied. Dass der damalige Leser den Angeklagten dennoch wieder auf dem »Bock« erblickt hat, dürfte zu bezweifeln sein. Das alltäglich Abgeschmackte aber aus dem dortigen Arbeitsumfeld vermittelt uns der Report immer noch.

Betrüblicher und seltsam sind die mehrfachen Erwähnungen von Selbstmorden im Umkreis des »Spandauer Bocks«. Besonders die Nachricht vom 17. Oktober 1885: »Der 16jährige Sohn eines Brauereibesitzers, Schüler der Untertertia einer höheren Lehr-Anstalt,

Die Spandauer Chaussee um die Wende vom 19. zum 20. Jahrhundert ungefähr auf der Höhe des heutigen Spandauer Damms 264 mit Blick nach Westen. Rechts das Eingangstor zur Brauerei, »das unter der beständigen Obhut eines sehr wachsamen Pförtners steht«.

hatte sich, da er die völlige Reife für Obertertia nicht erreicht, nach Schluß der Ferien einem Nachexamen zu unterziehen gehabt. Dieses fiel für ihn ungünstig aus, und aus Verzweiflung hierüber beschloß der Knabe, seinem Leben ein Ende zu machen. Er kaufte sich einen Revolver, und in der Nähe des Spandauer Bocks erschoß sich der von seinen Eltern geliebte […] Knabe.«

Wie mühelos es offenbar für einen Pennäler in Preußen war, sich einen Revolver zu besorgen!

Die naheliegende Vermutung, es könnte sich bei dem unglückseligen Besucher der Dorotheenstädtischen Realschule um ein Kind der Bechmanns gehandelt haben, war durch die Abend-Ausgabe der *Vossischen Zeitung* vom 14. Oktober entkräftet worden, die in der gleichen Meldung von einem Sohn des Brauereibesitzers »P.« gesprochen hatte, eines Mannes namens Oscar Pietsch.

Viele Details sind dem *Kreisblatt* auch in Bezug auf den Wirtschaftsfaktor »Spandauerberg Brauerei« zu entnehmen.

So, wenn es darüber informiert, dass das Unternehmen 1886 in der Selbstgewissheit seiner Bedeutung eine eigene Station auf der Strecke Berlin – Hamburg beansprucht hatte.

»Die Verwaltung der Eisenbahn machte nun aber zur Bedingung, daß die Brauereigesellschaft das Terrain unentgeltlich hergebe, die Kosten der ganzen Anlage und der Wartehalle trage, endlich auch die Beamten besolde. Auf die letzte Forderung sind die Petenten nicht geneigt einzugehen. Die Eisenbahn-Verwaltung motivirt ihren Standpunkt damit, ›daß die Haltestelle lediglich im Interesse der Brauereigesellschaft, nicht aber des öffentlichen Verkehrs erwünscht sei.‹«

Als 1894 über das Biersteueraufkommen der Stadt Spandau in der Zeitung räsoniert wird, stellt sich *en passant* heraus, dass ein Drittel allein von der »Spandauerberg Brauerei« gezahlt worden war, 2050 Mark pro Monat.

Es sind diese kurzen Blicke hinter die Kulissen des »Spandauer Bocks« und der »Spandauerberg Brauerei«, die das Blättern in den alten Ausgaben des *Teltower Kreisblatts* so reizvoll machen.

Wo sonst bekäme man jene Szene vor Augen geführt, in welcher der ungewöhnlich frühzeitige Bock-Anstich im Februar 1888 lebensnah dargestellt wird: »Die Mittagssonne schien bei wolkenlosem Himmel so warm, daß den zahlreichen Bockbiergästen der Zutritt zu dem oberen Lokal [also der ›Zibbe‹], besonders den Damen, fast unmöglich war, ohne ihre Toiletten durch den aufgeweichten Straßenschmutz zu verderben. Im Garten waren Laufbretter gelegt, die den Verkehr nach dem Saale erleichterten.«

Die Heiterkeit dieser Abkehr aus dem Alltag variiert ein Artikel, der 1895 – welches andere Blatt hätte dergleichen eine einzige Zeile gewidmet? – das Treiben von Jugendlichen kolportiert.

Die hatten nicht zu tief in die Humpen, wohl aber »zu tief in die Indianer-Geschichten geguckt«, sich verkleidet und neben den Wegen zum »Spandauer Bock« im Dickicht versteckt, um heranwandernde Gäste »durch plötzliches Hervorspringen, verbunden mit wilden Geberden und Indianergeheul« zu erschrecken.

Bis ein Gendarm kam.

Auch wenn die »Talmi-Rothhäute« Jagd auf die falsche Beute gemacht hatten, so waren doch ihre *hunting grounds* nicht schlecht gewählt. »Die Hirsche im Grunewald«, heißt es in einer Mitteilung des *Teltower Kreisblatts* vom 29. November 1884, »haben sich in letzter Zeit anscheinend erheblich vermehrt. Seit dem Schneefall in den letzten Tagen wurden mehrfach ganze Rudel Hirsche auf der Chaussee zwischen Spandauer Bock und Ruhleben angetroffen.«

Die kitschige Postkarte mit dem Sechsender im grünen Wald und dem »Gruss vom Spandauer Bock« hatte nicht gelogen!

Der Fremdling, den das Hochgebirge im Hintergrund dieser »Partie aus dem Grunewald« zu einem Besuch Berlins angeregt hat, wird die Berge lange gesucht haben.

Mit Fontanes auf dem »Bock«, oder: Die bucklige Verwandtschaft

Bei der großen Popularität der beiden Lokale, des »Spandauer Bocks« und der »Zibbe«, konnte es nicht ausbleiben, dass sie nicht nur in allen möglichen Handbüchern und Zeitungen, sondern auch in der schönen Literatur als Ort der Handlung erschienen: in Briefen, Romanen und in Lebenserinnerungen.

Und es nimmt auch nicht Wunder, dass seine erste literarische Spur in Schriften des Preußen-Biographen Theodor Fontane zu entdecken ist.

Der schreibt im Alter von 37 Jahren während eines mehrjährigen Aufenthalts in England einen Brief an seinen Freund aus den Zeiten beim Barras, Bernhard von Lepel. Und darin sinniert er über das, was sich im gesellschaftlichen Umgang gehört, und dass man sein Benehmen und sein Verhalten den jeweiligen Umständen anzupassen hat, dass nicht jederman an jeden Platz gehört: »Meine vorgesetzte Behörde […] wünschte daß ich mit allen Lords der 3 Königreiche Abends Whist en quatre und mit den jungen Ladies ›Pfänderspiel mit Küssen‹ spielen möchte; man wünschte wo möglich daß ich der Königin ›Fanchon-Zeck mit Anschlag‹ als preußisches Nationalspiel beibringen und mit dem Prinzen v. Wales über die Schlacht von Crecy und den Ursprung von ›Ich dien‹ eine längere Unterredung führen sollte, aber Niemandem ist der Gedanke gekommen: daß man in Windsor nicht ganz so erscheinen kann wie auf dem Spandauer Bock.«

Wie es auf dem »Spandauer Bock« zuging, weiß man bei den Fontanes. Emilie, Theodors Ehefrau, ist dort nachweislich öfter gewesen. Am 22. August 1866 hat sie, um ein Beispiel zu nennen, auf dem »Bock« laut Haushaltsbuch »1 Taler« ausgegeben.

Und als Fontane zwei Jahre später wieder einmal auf Reisen ist und das Städtchen Thale im Harz kennenlernt, vergleicht er es mit dem von ihm bevorzugten Kösen in Thüringen und beschreibt es der Gattin im Stil von ›Du weißt schon, was ich meine‹: »Hier zuerst empfind' ich, daß die Edeltanne edler ist als das Laubholz, besonders wenn es so jung auftritt wie hier. Dies ist eins. Die Hauptsache aber ist doch die, daß Thale eigentlich nur ein 30 Meilen entfernter ›Spandauer Bock‹ ist, wo die Eisenbahn Berliner Nachmittagsvergnüglinge in derselben Weise ablädt, wie beim Spandauer Bock die Pferdebahn.«

Am nächsten Tag macht Emilie einen Ausflug dorthin …

Da rümpft Fontane die Nase. Der »Spandauer Bock« ist bei ihm der Inbegriff des Deftigen und Vulgären. Vor allem die holde Weiblichkeit geht dort am besten nicht hin. »Ausgerechnet Spandauer Bock, das ist nur was für rustikale Figuren, das können nur Brunhilden leisten.«

Immer schwingt in seinen Äußerungen über die Bechmann'sche Gründung das Unterschichtige mit, knarzt sozusagen das unedle »Laubholz«.

Doch wie lange steht der Mensch mit seinem Widerspruch zu seinem Gerede von gestern ...

An einem lauen Maientag des Jahres 1881 bestieg das Ehepaar Fontane zusammen mit dem im selben Haus wohnenden Hofrat Carl Herrlich und dessen Ehefrau Marie frohgemut eine Droschke und machte, wie Fontanes Tagebuch verzeichnet, eine »Spatzierfahrt nach dem Spandauer Bock«. Wo es dem Quartett offenbar so gut gefiel, dass man erst um neun Uhr abends wieder zurück war in der Potsdamer Straße 134c.

Und auch Tochter Martha und Sohn Theo zeigen zwei Monate später – wie ihre Mutter Emilie – bei ihrem spontanen Entschluss, mal eben mit Freunden zum Essen »nach dem Spandauerbock zu fahren«, keinerlei Berührungsangst gegenüber welchem Gehölz auch immer.

Doch jetzt kommt der Clou!

Die Sache hat eine Pointe.

Theodor Fontane war verschwägert mit Conrad Bechmann.

Eine Irrung, Wirrung, die dadurch entstanden war, dass George Emile, Fontanes ältester Sohn, 1886 Martha Robert geheiratet hatte, die Tochter des vermögenden Rechtsanwalts und Notars Justizrat Karl Robert und dessen Ehefrau Emma.

Emma Robert aber war eine geborene Bechmann, die jüngste Tochter von Conrad Bechmann.

»Ausgerechnet Spandauer Bock« ...

Unglücklicherweise verstarb George Emile schon ein Jahr nach der Hochzeit, so dass die Mesalliance nur kurz dauerte.

Demgemäß konnte Fontane, ohne weiterhin Rücksicht nehmen zu müssen auf verwandtschaftliche Beziehungen, am 14. Januar 1892 freimütig über seine ehemalige Schwiegertochter und deren Herkunft vom Leder ziehen: »[Sie ist] nur ein Kreuzungsprodukt der Häuser Bechmann und Robert. Ihr Großvater Bechmann war bairischer Brauknecht und besaß zuletzt, als vielfacher Millionär, die Spandauer Bock-Brauerei mit Tingeltangel und Karfreitags-Radau; ihr Großvater Robert war ein Lebemann, ihr Vater auch, beide halb

Julius Stinde: *Die Familie Buchholz*, Berlin 1893 (80. Auflage)

verrückt, alles nur auf Geld zugeschnitten, – zwei Häuser ohne jeden Beisatz von Edelmetall (trotzdem sie viel davon im Kasten hatten), alles Tombak, Zinkguß mit Anstrich.«

Oder, wie gesagt, »Laubholz«.

Ein Schelm, wer hier den Dünkel eines Intellektuellen wittert? Oder gar Sozialneid?

Näher am Laubholz gebaut hatte der 1841 geborene Zeitungsschreiber und Erzähler Julius Stinde. In seinem Unterhaltungsroman *Die Familie Buchholz* von 1884 berichtet er menschenklug und lebensecht, wie der Untertitel heißt, *Aus dem Leben der Hauptstadt*. Sein Sprachrohr ist Mutter Wilhelmine, die mal weise, mal schlau und mal listig, doch stets mit Humor das Herz auf dem rechten Fleck, sprich: auf der Zunge hat. Die Auflagen des Werks waren exorbitant, nach nicht einmal zehn Jahren war bereits der achtzigste Nachdruck erschienen.

Eines der Geheimnisse dieses Erfolgsbuchs, das Julius Stinde mehrere Fortsetzungen abverlangte, war das Spiel des Autors mit Wilhelmines Liebe zu Berlin.

Die einen Leser erhielten auf nahezu jeder Seite der Bücher die Einladung, diese schöne Haltung zu teilen und Wilhelmine beizupflichten.

»›Berlin!‹ jubelte ich.«

Den anderen wurde mit demselben Augenzwinkern unablässig eine Vorlage geliefert, sich über Wilhelmines allzu ausgeprägtes Berlinertum zu belustigen – so, wenn sie auf ihrer Italienreise nicht umhin kann, das architektonische Meisterwerk des Mailänder Doms zu bestaunen. Da sie aber durch die Bewunderung von Fremdem keinen Verrat an der Erstrangigkeit ihrer Heimatstadt üben will, beendet sie die Kunstbetrachtung jäh mit den Worten: »… überdies haben sie hier ja nicht einmal eine Stadtbahn!«

Bei Stinde war es allen Lesern wohlgetan.

Niemand brauchte sich der Lektüre dieser populären Romane zu schämen, war sich doch selbst der Reichskanzler Otto von Bismarck nicht zu schade gewesen, dem Verfasser noch im Jahr des Erscheinens von dessen Roman in einem Brief zu bestätigen: »Aus den feinen Zeichnungen des Berliner Lebens und der genauen Wiedergabe des Dialekts hatte ich, der ich während der Hälfte meines Lebens Berlin bewohnt habe, nicht anders entnehmen können, als daß der Autor ein Kind dieser Stadt sei.«

Nach diesen Worten zollte der Fürst »der Treue der Bilder« seine Anerkennung, und der Empfänger zögerte nicht, diese Zeilen im folgenden Jahr in *Schorers Familienblatt* werbewirksam abzudrucken.

Wie wirklichkeitsnah die von Otto von Bismarck bewunderten Bilder waren, konnten die zeitgenössischen Leser bei der Lektüre jener Episode des Romans erkennen, in der Wilhelmine Buchholz aus Berlin N.O. »als Schriftstellerin, die vor nichts zurückbebt«, einen Ausflug mit ihrem Gatten Karl und Onkel Fritz auf den »Bock« beschreibt.

Die Entrichtung von Eintrittsgeld deutet auf einen Besuch in der »Zibbe« hin.

»Onkel Fritz nahm sehr gentiler Weise die Entrées für uns Dreie, und wir traten ein in das Lokal. Ein Glück,« spricht Wilhelmine ihre Leser persönlich an, »daß ich nicht nervös bin! Denken Sie sich zwei große Hallen, die wie ein Winkelmaß aufeinanderpassen, und uns Drei dort stehen, wo die beiden Enden zusammenstoßen und die Ecke bilden, so daß wir links die eine und rechts die andere Halle vor uns haben.«

Wilhelmine ist, man merkt es, pedantisch.

»Diese Hallen sind blitzblau von Tabaksqualm, oben voll von Gaskronen, unten voll von Menschen, also oben hell, in der Mitte graublau und unten schwarz. Aus jeder Halle dringt nun ein Getöse auf den ahnungslosen Ankömmling ein, daß er nicht weiß, ob er bleiben oder sofort wieder fliehen soll, und zwar so viel Lärm, als zwei Musikchöre und eine tobende Menschheit zusammen vollführen können. Welche singen, welche klopfen mit den Seideln, welche schlagen mit den Spazierstöcken auf den Tisch, welche schreien, aber still ist Keiner. Dies muß man sich von Tausenden von Menschen vorstellen. Es ist, als wäre die Hölle losgelassen. O du Grundgütiger, dachte ich, wärst du hier nur wieder weg.«

Aber nichts da! Die Krauses tauchen auf, und in ihrem Kielwasser das Fräulein Erika Lünne aus Lingen an der Ems, auf das Onkel Fritz ein Auge geworfen hat. Und kaum haben sich alle herzlich begrüßt, setzt die »Musi« mit dem *Bockwalzer* ein. »Da habe ich denn zum ersten Male erlebt, was eigentlich Radau ist.«

Denn der *Bockwalzer* von Carl Leibl ist, was Wilhelmine nicht wusste, die von einem vielhälsigen Urschrei begleitete Zugnummer auf jeglichem bayerischen Festplatz, in jedwedem bayerischen Bierzelt. Der Mitgröl-Klassiker schlechthin. Und das seit einem halben Jahrhundert, seit 1827. Deswegen gehörte er auf die »Zibbe« wie die Blume auf die Molle.

Des Weiteren war Wilhelmine bis zur Stunde vorenthalten, dass Nicht-Bajuwaren beim Erklingen der ersten Akkorde dieses Stücks von einem Einheimischen schon mal dringend gewarnt werden konnten: »Geben Sie acht, jetzt bricht die Bestialität los!«

Und so geschah es dann auch. Mit elementarer Wucht und Gewalt schlugen die Schallwellen in A-Dur über Wilhelmine zusammen, ein Armageddon der Geräusche.

Sinn und Verstand waren außer Kraft gesetzt:

O Je---rum, je---rum, je---rum, je----rum,
Heidilididi-li-—di-di-li---di-di-li---dum.

Schon als der *Bockwalzer* des Kölner Domkapellmeisters Carl Leibl (1784–1870) zu Beginn des 19. Jahrhunderts noch den Titel *Lied ohne Text. N°. 1* trug, wurde des Publikum in der Partitur aufgefordert, das Stück mit Gläser-Klingeln, Hände-Klatschen, Husten, Pfeifen, Niesen, Lachen und Pstpst-en zu begleiten.

Auch wenn der Franko-Schweizer Reisende Victor Tissot (1844–1917) ein böses Buch über die Deutschen geschrieben hat – der darin 1875 abgedruckte Holzstich von Arthur Hauger (1843–?), *Le Bockwalzer*, zeigt ein Dorfanger-Idyll, das nur die Gänse erschreckt.

Wilhelmine erstarrte. Und hätte ihr jemand in diesem Zustand zugerufen, dass das – so zwei Zeitgenossen – »liebliche«, gar »allerliebste Musikstück« des *Bockwalzers* durch die Aufnahme in Jacques Offenbachs Burleske *Tromb-Al-cazar oder der Räuberhauptmann* längst den Niederungen des Tumults und des Krawalls enthoben und salonfähig geworden war, es hätte ihre Anspannung nicht gelöst. Sie hätte schrill aufgelacht.

Bierdunst und Krakeel waren eins.

O Je---rum, je---rum, je---rum, je----rum,
Wer nicht mehr steh'n kann, der falle nur um.

Wilhelmine war kurz vor dem Kollaps. »Geschrieen und gekrieschen haben die Menschen, geklopft, getrampelt und gegröhlt, aber immer mit der Musik im Takt. Einige tanzten auch, oder thaten so, wobei die Damen bunte Papierkappen aufhatten und die Herren kapute Hüte.

Fräulein Erika sagte kein Wort, sondern sah erschreckt auf das Gewiege und Gewoge und trank auch nicht von dem Biere, das vor ihr stand.«

Eine Schwester im Geiste Wilhelmines!

Der Rückzug – »ein Glück, daß mein Karl einen älteren Cylinder aufgesetzt hatte, um den neuen wäre es zu schade gewesen« –, der Rückzug der Buchholzens mitsamt Onkel Fritz und ohne die Krauses und das Fräulein Erika Lünne aus Lingen an der Ems war eine Flucht.

Und niemand wird bestreiten, dass der Bericht der Buchholzen im Grunde eine Originalübertragung ist, eine Reportage aus dem wahren Leben der Hauptstadt, zwar eine Fiktion und doch die Realität.

Wer die Verfilmung dieser Szene aus Carl Froelichs Streifen *Familie Buchholz* aus dem Jahr 1944 kennt, besitzt eine nachhaltige Vorstellung von dem Getose und Getöse zwischen Fähnchenschwenken und Biergläserklirren, Bockwurstessen und Tröteblasen, Massengesängen und Stampfmusik, in dem man sein eigenes Wort nicht versteht – und auch das nicht von Henny Porten.

Aber wie das so geht …

Als Wilhelmine auf Reisen in Italien weilte, sah die Welt schon anders aus. Da war aller Schrecken verflogen, und sie dachte angesichts der dort servierten Speisen – zum Beispiel der *Calamari fritti* – voller Wehmut an die Gastlichkeit auf dem »Spandauer Bock«: »Ueberall die Tausende von Menschen und jeder ist vergnügt und trinkt sein Bier und seinen Kaffee und hat einen ordentlichen Happen-pappen zu prepeln. Wenn man auch nicht immer weiß, was in der Wurst ist – so viel steht sicher fest, Polyp ist nicht darin.«

.ubel, Bier und Heiterkeit ringsum. Doch Wilnelmine Buchholz alias Henny Porten (1890–˙960), links, ist unter ihrem Federhütchen sehr echauffiert.

Von den zwei Seiten des »Spandauer Bocks«

Doch nicht immer schafft Distanz auch Einsicht und Milde.

Vor allem nicht dann, wenn verständliche nationale Ressentiments im Spiel sind.

1887 erschien in Paris der Roman *La Belle espionne* (»Die schöne Spionin«) von dem Autorengespann Bertrand Millanvoye & Alfred Étiévant. Das Werk ist voller Hass auf das Deutsche an sich, und so ist es – nach »70/71« – nicht verwunderlich, dass irgendwann das Thema ›Trinken‹ berührt wird.

Der Weg zum »Spandauer Bock« ist dabei nicht weit. Ihn beschreitet einer der Protagonisten des Buches, dem in Ansehung dessen, was sich seinem Auge bietet, im gleichen Maße übel wird wie dem Leser bei der Lektüre der seitenlangen Auslassung.

»Eine Menge vom Laster triefender, nach Elend riechender und Trunksucht ausspeiender Wesen drängte sich dort lärmend herum. Zerlumpte Männer leerten stehend oder sitzend Steinkrügel voll Bier und assen rohe Eier dazu. Mit Lappen bekleidete Frauen, aus deren offenen Miedern Zipfel schmutziger Wäsche und Stücke schmierigen Fleisches hervorschauten, rauchten grosse Zigarren. Alle diese Bestien, die die Trunkenheit wild gemacht hatte, stürzten auf einander, Speichel und Koth im Munde. [...] Alle Diebsschenken, Verbrecherkeller und Spelunken entsandten ununterbrochen ihre Kunden in diese Vorstadtkneipe.«

Mit diesem Tenor wehte der Leumund des »Bocks« immer weiter nach Westen. Durch den Wegfall des nationalistischen Elements aber verlor er dabei seine allzu krude Widerwärtigkeit.

So bewies am 7. April 1901 ein Journalist der *Indiana Tribüne* aus dem fernen Indianapolis in den U.S.A., welches Image der »Spandauer Bock« mittlerweile jenseits des Atlantiks besaß.

Dass er dort eines hatte, befremdet nicht, wenn man an die Vielzahl deutscher Auswanderer denkt. So geschieht es, dass der »Bock« immer wieder hier und da in den Spalten amerikanischer Blätter erscheint. In kleinen Meldungen, die man aus heimatlichen Zeitungen abgekupfert hat, oder in mehr oder weniger *sentimental memories*. Gelegentlich auch mit einer Albernheit, aus der die Stimmung nach einem Besuch auf dem Spandauer Berg widerhallt.

Allein so ist es zu erklären, wenn sich ein Skribent – allem Anschein nach als Absolvent einer altsprachlichen Lehranstalt – Gedanken macht über den Rhythmus der Wörter »Span-

Der bierfleckige »Gruss vom Spandauer Bock« mit der Ansicht des Festsaals und des Eingangs zur »Zibbe« ist ein bis heute gültiger Beweis für die feucht-fröhliche Stimmung auf dem Stiftungsfest der Bannervereinigung Grunewald vom 20. Juli 1901.

dauer Bock« nach antikem Versmaß und dabei zu einer Folgerung von stupender Schlüssigkeit gelangt: »Der Bock hat gemeinhin vier Füße; der Spandauer Bock dagegen hat nur 1½ Fuß, nämlich einen Daktylus und einen halben Trochäus. Daher ist es auch kein Wunder, daß Diejenigen gewöhnlich nicht sicher stehen, welche auf dem Spandauer Bock fußen.«

Ernsthafter ging der Autor der *Indiana Tribüne* vor.

Der Mann war entsetzt, war schockiert vom Widerspruch des feinen Erscheinungsbildes der Gäste zu ihrem groben Benehmen auf dem »Bock«: »Hier kennt man den Berliner nicht wieder. Und auch die Berlinerin nicht. Diese Menschen sind Sonntags natürlich auch alle besonders hübsch angezogen. Mädchen und Frauen massenhaft in seidenen Blusen und mit kühnen Hüten, die Männerwelt in feierlichen Gehröcken und Smokings und mit farbigen seidenen Halsbinden. [...] Wenn aber der Bierwalzer ertönt – und oft genug wird er unter donnerndem Wildgetrampel ertrotzt – dann soll man einmal die Messer und Schlüssel am Bierglas erklingen hören von tausend Händen, die den klingenden Tact mitschlagen, an den entsprechenden Stellen mit den Stöcken stampfen und die Runde einmüthig dazwischen hinein singt.«

Wie eine hoch aufragende Festung beherrscht die Mälzerei der »Spandauerberg Brauerei« weithin sichtbar die Landschaft der Spreewiesen.

Spätestens in der nächsten Passage wird der Text des, wie er sich nannte, »gewissenhaften Quellenforschers« zur Zeichnung einer Karikatur: »Schon Nachmittags um 5 Uhr ist ein Gipfelpunkt walkyrischer Stimmung erreicht: die Jung-Germaninnen fühlen, wie ihr Corsett zur Walkyren-Brünne wird, wie ihre Hüte zu Flügelhelmen werden und ihnen mitten auf dem Rücken die Walhall-Flügel wachsen [die Wiedergeburt der Fontane'schen «Brunhilden»!]. Die Cigarrendämpfe verdichten sich zu dunklen Wetterwolken, edele Jünglinge aber, wie gefallene Helden bleich im Arme der Jungfrauen zurückgelehnt gehalten, überwältigt vom siegenden Gambrinus, gleichen nunmehr den Helden, welche die Walkyren gen Walhall geleiten. Je mehr die Stunden sich dem Abend und der Nacht nähern, desto mehr wächst die Sangslust der Kehlen und die Neigung, den Boden mit den Füßen zu stampfen nach dem Tacte der immer traumhafter erklingenden Geigen.«

Das war der maliziöse Report eines Touristen über eine exotische Spezies. Er hatte ganz im Sinn der Reiseführer die »Gelegenheit zur Beobachtung des Berliners« ergriffen und im Resümee seiner Ortsbesichtigung auf dem »Bock« ein Klischee reproduziert: die Berliner, die Preußen, die Deutschen, die ewigen Germanen – ausstaffiert von den Kostümbildnern Richard Wagners und trunksüchtig, so wie sie ein gebildeter Mensch, der jener Redakteur fraglos war, aus Tacitus' *Germania* kennt. »Ihr Getränk ist ein Saft aus Gerste oder Weizen – ex hordeo aut frumento.«

Auch wenn die *Indiana Tribüne* einen kultivierten Ton anschlug, bleibt doch der Befund: Der »Bock« war ein schlimmer Schuppen.

Es dauerte lange, bis ein Text erschien, der das auszudrücken vermochte, was der »Spandauer Bock« für die Ausflügler aus der Stadt Berlin über den Genuss von Bier und Kaffee und Kuchen hinaus bedeutete. Er stammte von einem »Jebürtijen« und ist bis heute ein Lesevergnügen.

1925 erinnerte sich der Publizist und ehemalige Berliner Stadtverordnete Georg Bamberger – wie Julius Stinde in etlichen Auflagen – in seinem Büchlein *Anno Tobak. Allerlei Ernstes und Heiteres aus dem alten Berlin* daran, wie es aus seiner Sicht einstens auf dem Spandauer Berg war. Und dabei sang er *expressis verbis* »ein Loblied auf die alte Zibbe«.

Gegen Magnus Hirschfeld. Gegen Wohl- und Hochwohlgeboren. Gegen Wilhelmine Buchholz. Gegen Bertrand Millanvoye. Gegen Alfred Étiévant. Gegen die *Indiana Tribüne*. Und auch gegen Theodor Fontane. Gegen den Rest der Welt.

Allein, indem er den »Bock« gleich in den ersten Zeilen seines Berichts dort ansiedelte, von wo »man eine schöne Aussicht auf die Spreewiesen hatte«, also im Norden der Spandauer Chaussee, bewies er, dass er im Aufwallen seiner nostalgischen Gefühle »Bock« und »Zibbe« wie schon so mancher Autor vor ihm miteinander verwechselt hatte. Das heißt: Als er »Zibbe« sagte, sprach er vom »Bock«. Und umgekehrt.

In seinem Hymnus also auf dieses bukolische Elysium im Walde beschreibt er den Ablauf eines ganzen Tages. »[Da] ging es sehr gemütlich zu. Schon frühmorgens um 9 begann sich das Lokal zu füllen, und um 11 Uhr war in ihm ›kein besetzter Stuhl‹ mehr zu haben. Alle Gäste bildeten eine große Familie. Zank und Streit waren ausgeschlossen. Sobald einer ›Stunk‹ anfangen wollte, wurde einfach mit ihm ›Fangball gespielt‹, bis er draußen auf der Chaussee lag, und dann sangen die Gäste: ›Mang uns mang is Keena mang, der nich mang uns mang jeheert!‹«

Gegen Mittag begann dann der »Schwoof«, und auch bei dem galt Zucht und Ordnung: Jedes Paar, das nicht »ehrbar« tanzte, wurde zur Ordnung gerufen: »›Krabbelvisiten sinn [...] vaboten. Hier wird man blos mit'n reellen Hintajrund und nich vahältnismäßich jedanzt!‹«

Bald machte sich Müdigkeit breit, bei den einen vom »Schwoofen«, bei den andern vom Kegeln und bei den meisten vom Saufen.

Heinrich Zille hat eine entsprechende Szene auf seinem Blatt *Im Grunewald* festgehalten. Da sitzen und liegen die Freunde der Natur, im Hintergrund wird ein Tänzchen gewagt, und vorne rechts unter Mutterns dickem Busen liegt der schlaffe Gatte, alle Viere von sich gestreckt. Die Stimme über ihm seufzt in die Runde: »Mein Mann is sehr fürs Jrüne, aber er hat nichts von – er is immer gleich blau!«

Dann, gegen fünf, als Vater sich wieder berappelt hatte, war es Zeit zum Kaffeetrinken. »Den braunen Trank brauten sich die Hausfrauen selber nach dem Rezept ›20 Bohnen pro Neese‹. Sie kauften sich für 6 Dreier heißes Wasser, falls die Familie aus sechs Köpfen bestand; war sie aber kleiner, bezahlten sie entsprechend weniger, denn die Berechnung war ›1 Dreier pro Kopp‹. Kaffeegeschirr war im Garten gratis auszuleihen. [...] Der Ort der Heißwasserabgabe war durch eine große Anschlagstafel kenntlich gemacht, auf der die Worte standen: ›Hier können Kaffern Familien kochen!‹«

Das Motiv dieses Ausflüglerverhaltens ist nicht nur in persönliche Reminiszenzen eingegangen, vielmehr auch in die *belles lettres*.

1882 lässt der – bis heute renommierte – Kulturhistoriker Max Ring in seinem Roman *Berliner Leben* eine muntere Gesellschaft von Stadtbewohnern auftreten, die sich Richtung Grunewald aufgemacht hat und, dort angekommen, erst einmal eine Pause einlegt: »Hinter Charlottenburg wurde vor dem sogenannten ›Spandauer Bock‹ angehalten, um eine Tasse Kaffee im Freien zu genießen. Frau Schnuppe holte aus dem großen ›Eßkober‹ einen riesigen Napfkuchen hervor, der allgemeinen Beifall fand und besonders von den Kindern mit Enthusiamus verzehrt wurde.«

Als dann auf der nächsten Seite auch noch davon gesprochen wird, dass man »den Weg durch den Grunewald zu Fuß machen und den Wagen auf dem ›Spandauer Bock‹ bis zur Rückkehr warten lassen wollte, wie das meist zu geschehen pflegt«, ist ein abermaliger Beleg dafür erbracht, wie authentisch das Leben und Treiben auf dem »Bock« seine Spuren in der Literatur hinterlassen hat.

Das gilt ebenso für Adolf Stoltzes Novelle *Weltstadtbilder* von 1906, in der eine stramme Schwiegermutter angesichts des prachtvollen Wetters am Ostersonntag den Marschbefehl ausgibt: »›Wir jehn uff den Bock‹.« Gehorsamst zieht die Truppe der Familienmitglieder los. »Schwiejermutter berappt alles alleene, weil se heute Jeburtstag feiert, sonst is se höllisch jeizig. Der Morjen is herrlich, keen Wölkchen am Himmel.« Und so wird dann in allerschönstem Wohlbehagen »uff dem Spandauer Bock [...] jefrühstückt«, bis die Heerschar weiterzieht nach Pichelswerder ...

Kehren wir infolgedessen zurück zu Georg Bamberger – und Frau Schnuppe –, für die der Tag auf dem »Spandauer Bock« ja irgendwann einmal ein Ende hat. Wenn's am schönsten ist, muss man bekanntlich gehen.

Gruss vom Spandauer Bock
Oekonom Paul Brennecke

Ein Häkeldeckchen-Idyll

Am schönsten?

Das Beste stand den Besuchern laut Bamberger erst noch bevor. »Die Rückfahrt im Torwagen, der im Volksmund bezeichnend ›Valobungs-Jondel‹ genannt wurde, war für das junge Volk das schönste an der ganzen Landpartie. Die baumwollenen Gardinen wurden selbstverständlich vorgezogen, so daß nach Erlöschen der Stocklaternen tiefstes Dunkel im Innern des Wagens herrschte. Ich persönlich bin verschwiegen« – an dieser Stelle hat Bamberger Angst, aus dem Nähkästchen zu plaudern – »und will ja nichts verraten, sondern nur wiederholen, wie [der Komiker Carl] Helmerding in einer Posse im Wallnertheater solch eine Heimfahrt im Torwagen geschildert hat: ›Wie wa instiejen, nannt ick ihr ‚seehrtet Freilein', ant Tirksche Zelt schonn ‚liebet Kind', un wie wa ant Brandenburja Dhor aus de Valobungsjondel rauskrochen, sagte ick ze ihr: ‚Komm, sißa Schatz, ick heb da raus!'‹«

Und weil die Verbindung »Charfreitag« und »Spandauer Bock« in unserer Geschichte schon einmal eine betrübliche Rolle gespielt hat, zeigt ein Couplet, das Carl Helmerding sicherlich auch im Repertoire hatte, was alternativ in ihr steckte und jeden Moralapostel am Ende versöhnlich stimmen musste:

Im Torwagen – o welch Plaisir,
Da fragt er am Charfreitag ihr:
›Mein Pusselken, sag, liebste mir?‹
Sie sagt nicht nee, sie sagt nicht ja,
Doch kaum war Ostersonntag da,
War'n schon die Zwei verlobt – hurra!!
Zu näh'n das Mädchen nun begann,
Er schafft sich Stub' und Küche an, –
Zu Pfingsten war'n sie Frau und Mann,
Und kriegten dann den Jüngsten
Sechs Monate nach Pfingsten!

Aus jeder Zeile von Bambergers Erinnerung spricht die Sehnsucht nach der »juten alten Zeit«, die der »Spandauer Bock« und die »Zibbe« für ihn verkörpern.

Mag sein, ihm war bewusst, dass er mit seiner emotionalen Retrospektive eines der letzten auf eigenem Erleben beruhenden Zeugnisse davon abgelegt hat, wie es – gemäß dem Postulat des preußischen Historikers Leopold von Ranke – »eigentlich gewesen« ist.

Wenn auch seitenverkehrt: Der »Bock« lag links!

Mit 20 km/h in die Zukunft

»Bock« und »Zibbe« hatten sich nach den spektakulären Installationen des Jahres 1880, wie um sich nach jenem Kraftakt zu erholen, wenig verändert. Vereinzelt waren kleinere Errungenschaften hinzugekommen wie etwa Geräte zur Herstellung von Ferrotypien. Das Neueste des Neuen! Vorläufer unserer Fotoautomaten. Fröhliche Zecher konnten mit diesen Apparaten den Nachweis erbringen, dass und in welchem Zustand sie auf dem »Bock« gewesen waren. Und die Betrachter daheim konnten sich wundern, warum die Portraitierten ihre Westen falsch herum in der Art der Frauenzimmer zugeknöpft hatten. Erleichtert erfuhren sie dann, dass die Bilder, die jene Wundermaschinen produzierten, grundsätzlich spiegelverkehrt waren – es lag also weder an einem Sehfehler des Betrachters noch an der Menge der »Moaß'n« der Bockbierkonsumenten.

Wer diese Ferrotypie ganz genau betrachtet, erkennt, dass die Westen der drei Herren falsch geknöpft sind. Die Wiedergabe auf den Unikaten war immer seitenverkehrt.

Während sich also die Neuerungen auf dem »Spandauer Bock« durchaus in Grenzen hielten – hier eine noch staunenswertere Wasserkunst, dort ein noch schmuckeres Ausschankhäuschen, da hinten eine noch schroffere Gebirgswand und daneben ein noch lustigeres Kasperletheater, dazwischen noch verführerischere Losbuden, ein noch reicher bestücktes Karussell und ein noch fesselnderes »Naturtheater« – setzte sich der Ausbau der Verkehrsmittel zum Mekka dieser prallen Daseinsfreude mit ungebrochenem Elan und modernsten Innovationen fort.

Das Beförderungsmittel des weiteren Aufschwungs am Spandauer Berg war in erster – dies ist wörtlich zu nehmen – *Linie* die Ausstattung der bisherigen Pferdebahn mit »elektrischer Betriebskraft«.

Wer früher von Charlottenburg aufgebrochen war, musste an der Station im Westend für den letzten Abschnitt des Weges von den doppelstöckigen »Decksitzwagen« in einen Einspänner umsteigen oder eine Droschke oder einen Kremser nehmen, dieses typische Berliner Fuhrwerk mit je einer Bank auf der Ladefläche rechts und links. Der Anstieg des Geländes war zu groß. An einer

Stelle auf den letzten knapp drei Kilometern auf dem Spandauer Berg musste auf einer Länge von 620 Metern ein Höhenunterschied von 21 Metern überwunden werden. Das war für die Tiere jedes Mal eine Tortur.

Da bot die Firma Siemens & Halske an, die Straßenbahnwagen mit elektrischem Antrieb auszurüsten. »Geht das,« schrieb Werner (noch nicht geadelt) Siemens, »wie ich sicher erwarte, gut, so steht ganz unmittelbar eine große Anwendung bevor.«

Das war die Stimme des Visionärs.

Der Nostalgiker dagegen beklagte, als er beim Anblick der längs der Spandauer Chaussee aufgereihten Stützpfeiler für die Stromzufuhr an das denken musste, was hier einmal gestanden hatte: »Statt der einstigen Pappeln ragten nun die Siemens-Masten empor« – die »Siemens'schen Stangen«, wie sie der Berliner des Jahres 1882 weniger *comme il faut* nannte.

Und dem Feuilletonisten Gotthilf Weisstein grauste es in der *National-Zeitung* vor dem »elektrisch dahin rollenden ›Zuge der Zeit‹«. Ihm schwante gar »Das Ende des Spandauer Bocks«.

Doch er blieb ein einsamer Rufer in der Sandwüste.

Ein Zierbrunnen im Garten des »Spandauer Bocks«

1881 – die »Elektrische« von der Central-Cadetten-Anstalt (im Hintergrund) zum Bahnhof Lichterfelde-Ost hat Vorfahrt. Und die Pferde scheuen. Was sie nicht wissen: Das Schlimmste liegt noch vor ihnen – das stromführende Schienenpaar.
Holzstich nach einer Zeichnung von Hermann Lüders (1836–1908)

Denn am 29. April, um neun Uhr in der Frühe, war es dann so weit. Nach »unausgesetzt unternommenen Probefahrten« und einer »General-Probefahrt« tags zuvor begann die erste »Electrische«, sich unter »Theilnahme einer kleinen Gesellschaft besonders geladener Personen« mit acht PS in Richtung »Bock« den Berg hinauf zu bewegen. Erst langsam, aber dann »in raschem Fluge« mit zwanzig Stundenkilometern.

»Der behördlichen Anordnung gemäß«, so war es aus Anlass von Siemens' ersten Versuchen zwischen dem Bahnhof Groß-Lichterfelde und der Central-Cadetten-Anstalt im vorigen Jahr streng verfügt worden, durfte »die Fahrgeschwindigkeit des Wagens zwanzig Kilometer per Stunde nicht übersteigen«.

Möglich wären vierzig gewesen.

Geschenkt!

Denn in welchem Tempo auch immer der »Spandauer Bock« an diesem Morgen angesteuert wurde – er kennzeichnet seit jenem Tag in den Annalen der Technik eine historische Station, einen bedeutenden Markstein in der Entwicklung des Verkehrswesens, weil der den Spandauer Berg hinauf und hinunter rasende »Apparat« (so die *Norddeutsche Allgemeine Zeitung*) seine Energie aus einer Oberleitung bezog und nicht wie seine Lichterfelder Vorgängerin aus den Schienen.

Auf denen hatte es ein Problem gegeben, einen »Übelstand«. Der erwuchs – wie es der Ingenieur Werner Siemens leidvoll akzeptieren musste – daraus, »daß die Pferde 4 Beine haben«. Die Chance war demnach groß, dass sie, sobald sie über die Schienen trabten und beide Gleiselemente mit den Hufeisen gleichzeitig berührten, Stromschläge bekamen, »verdrießlich« wurden (so abermals Siemens), einen Satz machten und stürzten oder mitsamt Reiter und Gespann durchgingen. Dem *Teltower Kreisblatt* war es eine Meldung wert, von einem Tier zu berichten, »welches zitternd davonlief«.

Kurz gesagt: Die Sache hatte sich nicht bewährt.

Ganz anders am 29. April 1882.

Da fand auf dem »Spandauer Bock« ein Ereignis von Weltrang statt. Und alle, die daran teilnehmen durften, alle die reich mit Titeln ausgestatteten Amts- und Würdenträger, »welche der Einladung der Vertreter der Berliner Pferdebahn-Gesellschaft gefolgt waren, um die neueste Erfindung des Geh. Raths Werner Siemens, unseres berühmten Mitbürgers, kennen zu lernen«, spürten auf der Jungfernfahrt ohne Damen »die Bedeutung und Tragweite der neuen Einrichtung, welche vom Montag ab [...] an Stelle der bisherigen Beförderung durch Pferde den Dienst übernehmen wird«.

Sie ahnten: An diesem frühlingshaften Sonnabend, an dem es, wie die *Berliner Börsen-Zeitung* in ihrer Morgen-Ausgabe vom 30. April 1882 verständnisvoll hinzufügte, »an Toasten nicht fehlte«, war auf dem »Spandauer Bock« Geschichte geschrieben worden.

Was dort vorgeführt wurde, funktioniert so bis heute.

Der Zeichner Friedrich Wilhelm Wittig hat ähnlich wie Ernst Hosang, Hermann Lüders und Robert Meinhardt den beschaulichen Aspekt des technischen Fortschritts in einer typischen Szene festgehalten.

Vorne auf dem offenen Perron steht in aufrechter Haltung der Conducteur in Uniform und Dienstmütze und läutet mit der Rechten eine Glocke, hinter ihm, alle schick und schnieke, steht Muttern im bodenlangen engen Kleid mit Draperien, daneben Vatern im Gehrock mit einem flotten Hut und Binder sowie am Schutzgitter, auf dass er nicht rausfällt, Sohnemann im Matrosenanzug, Schwesterchen hat eine Haube auf dem Kopf – gelassen blicken die modernen Biedermeiers den erwarteten Vergnügungen entgegen. Die Passagiere im Innern der Bahn plaudern oder gucken durch die Scheiben hinaus und sehen, wie ein leichtsinniger Fahrgast gerade noch auf die Plattform am Heck des Wagens aufspringt.

Wer sorgfältig hinschaut, gewahrt im Hintergrund in der Mitte die kupfergrüne Kuppel von Schloss Charlottenburg.

Das Bild, das 1882 in der Stuttgarter Zeitschrift *Ueber Land und Meer* erschien, hat solchen Charme, dass es der New Yorker *Scientific American. A Weekly Journal of Practical Information, Art, Science, Mechanics, Chemistry, and Manufactures* im selben Jahr nachdruckte. Zusammen mit einer Notiz über *The Electric Railway at West End, Near Berlin.*

»Diese neue Bahn«, meldeten die Zeitungen im Deutschen Reich, »hatte ganz besondere Schwierigkeiten, nämlich das Hinauffahren auf einen Berg mit ziemlich beträchtlicher Steigung zu überwinden, funktionirt aber vortrefflich und ist im Stande, mit vollbesetztem Wagen (24 Personen) in Güterzuggeschwindigkeit bergab und bergauf zu fahren.«

Wie oft waren Fuhrwerke hier schon gescheitert!

Elektrische Bahn von Westend bei Berlin nach dem »Spandauer Bock« (1882)
Kolorierter Holzstich nach einer Zeichnung von Friedrich Wilhelm Wittig (1854–1912)

Die Zeitersparnis der »Electrischen« gegenüber der Pferdebahn betrug zwar nur fünf Minuten. Aber der Gewinn für die Betreibergesellschaft bestand im Wegfall all dessen, was mit dem Unterhalt von Hunderten von Pferden zusammenhing. (Von Werner Siemens, dem Freund des Sarkasmus, stammt der Satz, dass »allen Pferdebahnen ihre Pferde sehr zur Last sind«.) Der Vorteil für die Fahrgäste zeigte sich darin, dass sich niemand mehr zu ängstigen brauchte, auf halber Höhe auf dem Spandauer Berg aussteigen und den Wagen schieben zu müssen, wenn den Gaul die Kräfte verließen.

Jedoch: Die Annehmlichkeit währte nicht lange, denn Siemens hatte das Ganze als einen Langzeitversuch betrachtet, »um«, wie *Meyers Konversations-Lexikon* 1886 erläuterte, »das Verhalten der Konstruktionsteile auch unter ungünstigen Witterungsverhältnissen, namentlich bei Schnee und Eis, zu erproben«. Ein Jahr später wurde der Betrieb von der »Berliner-Pferde-Eisenbahn-Gesellschaft« wieder eingestellt, und man musste sich von neuem mit der Alternative begnügen: Pferdewagen oder Tippeln.

Durchgehend elektrifiziert wurde die Strecke durch die Firma Siemens & Halske vom »Hauptbahnhof« an der Ecke Spandauer Straße (heute Spandauer Damm) Sophie-Charlotten-Straße über den Spandauer Berg und die Spandauer Chaussee bis hinauf zum »Spandauer Bock« erst am 18. Januar 1900, dem Reichsgründungstag. Zunächst gekennzeichnet als die Linie »Weiß«, später als die Linie »R«.

Der Attraktivität von »Bock« und »Zibbe« aber tat die Rückkehr zu den alten Verkehrsbedingungen keinen Abbruch.

Im Gegenteil!

Der Bau der Ringbahn, jener Güter- und Personenbahn, die die Innenstadt Berlins seit den Sechzigerjahren immer vollkommener umschloss, hatte durch die Einweihung des Bahnhofs Charlottenburg-Westend im November 1877 auch diese Gegend mit den entlegeneren Stadtteilen der Reichshauptstadt und dem Umland verknüpft.

Dies umso fester, als fünf Jahre später am selben Bahnhof auch der Anschluss an die Berliner Stadtbahn, also quer in die Innenstadt hinein, hergestellt war. Hier vereinte sich, wie der Erzähler der *Gartenlaube* Emil Dominik schwärmte, »die Unzahl Geleisbüschel, die von hier aus nach Nord und Süd, nach Hundekehle, Wilmersdorf und Berlin, nach der Hamburger-, Lehrter und Nordringbahn auslaufen«. Nun war der »Bock« tatsächlich, wie annonciert, »von allen Theilen Berlins leicht zu erreichen«.

In der Gegenrichtung, im Gegen-Zug schaffte die Anbindung jedem, der vom Westen her etwas zu transportieren hatte, die Möglichkeit, dies von Stund an auf weniger beschwerliche Weise zu tun. Das betraf in unserem Fall die »Spandauerberg Brauerei«. Und ein weiteres Mal erwies sich, wie vorausschauend Conrad Bechmanns Entscheidung gewesen war, seine anfänglichen Skrupel bei der Übernahme jener 40 Morgen Land zu überwinden.

Als »Rentier«, beziehungsweise »Particulier«, als ein von seinem Vermögen lebender Privatmann, war er am 16. Januar 1881 im Alter von 79 Jahren gestorben. In landsmannschaftlicher Verbundenheit hatte der *Rosenheimer Anzeiger* vom 22. Januar die Lebensleistung des »Einführers des bayerischen Bieres in Berlin« gewürdigt und sein Mäzenatentum hervorgehoben: »Die katholische Kirche von Spandau [der *Anzeiger* meint ›St. Marien am Behnitz‹] ist größtentheils aus seinen Mitteln erbaut worden.«

Nachdem Johannes und August Bechmann 1865 die Betriebe ihres Vaters geerbt hatten, leitete einstweilen Johannes die »Einzel-Firma« als Geschäftsführer. Drei Jahre später zog sein jüngerer Bruder nach. Daraufhin wurde die »Spandauer Bergbrauerei (C. Bechmann)« nach Bekanntgabe im *Königlich Preußischen Staats-Anzeiger* vom 23. September 1868 als »offene Handelsgesellschaft« ins Firmenregister eingetragen.

Beide Männer besaßen das unternehmerische Denken ihres Vaters und hatten dies 1880 mit den Aufwendungen für die »Zibbe« auch unter Beweis gestellt. Das erste Alpenglühen hatte Conrad Bechmann dort noch erlebt.

Nun errichteten seine Söhne 1885 auf dem Gelände der »Zibbe« ein Gebäude, das sich über einer Grundfläche von 1500 Quadratmetern erhob. Mit ihm war – umgeben von Küchen, Wirtschafts-, Kühl- und Lagerräumen – eine Festhalle von 800 Quadratmetern entstanden.

Längs grenzte sie an die Spandauer Chaussee, so dass ihre mächtigen jeweils fünf Meter hohen und drei Meter breiten Rundbogenfenster einen freien Blick nach Süden gewährten, hinüber in die Gärten des »Spandauer Bocks«, und dem Innern des Bauwerks trotz seiner Größe etwas Lichtes und Luftiges gaben.

An seiner Stirn-, also westlichen Seite befand sich eine Bühne, auf der vor einer mit Bäumen und Buschwerk bemalten Kulisse rechterhand ein Klavier den Pianisten erwartete.

Gut denkbar, dass hier neben musikalischen Darbietungen durch »Original-Schuhplattler und Zithervirtuosen« von umherziehenden Theatergruppen auch Bauernschwänke (»Ueberall Tagesgespräch«) aufgeführt wurden. Theaterpossen wie »Das Interessanteste der Jetztzeit!«, das »große Sensationsschauspiel«, *Aus der Art geschlagen. Das Schicksal eines jungen Dorfkaplan* von Johannes Weinhold oder das »preisgekrönte Volksstück« *Das trotzige Dirndl* von Hermann Schmid oder (»Hochinteressant!«) das »Oberbayrische Charaktergemälde mit Gesang und Tanz« in fünf Bildern *Almenrausch und Edelweiß* des Hofschauspielers Hans Neuert. Und vielleicht ist auch die Jodlerin Mirzl Hofer hier mal aufgetreten.

Auf der gegenüber liegenden Querwand prangte ein fünf mal zehn Meter großes Fresko, das – man kann es aus unserer Perspektive nicht anders bezeichnen – in schreiendem Tiefsinn dem *locus amoenus* entsprach: Da schwankte Bacchus auf einem Bierfass, das von Bock und Zibbe gezogen und von Hanswurst, Schalk und Witzbold begleitet nach rechts vom Olymp herabflog.

Noch der abstinenteste Mythologe wird sich vergeblich das Hirn zermartert haben, wie der Weingott selbstvergessen auf die Tonne gekommen sein mochte. Und Otto Normalbetrinker, ohnehin schon trieselig geworden, wird an den Schluck um Schluck immer mehr verschwiemelnden und verschwimmenden Traumgestalten aus höheren Sphären interesselos vorbei gepliert haben.

Es bedurfte schon eines stocknüchternen Betrachters wie Christoph Joseph Cremer, der uns in seinem Buch über *Das gewerbliche Leben im Kreise Teltow* um die Jahrhundertwende überliefert hat, was es sonst noch zu bestaunen gab: »Rings um die Saalwände ziehen sich reizend gemalte kleinere Friesbilder, die Altgermanien, Mittelalter, Rokoko und Gegenwart selbstverständlich in ihren Beziehungen zum vaterländischen Bierdurst aufgefaßt, darstellen, und dazwischen erblickt man die Wappen von Ländern und Städten des Reichs nebst verlockenden Stillleben aus Küche und Keller.«

Die Bechmanns hatten sich's was kosten lassen.

Und so schritt auch der Ausbau des Unternehmens voran.

Die Brauerei, die noch zu Lebzeiten Conrad Bechmanns zwischen 1875 und 1880 um ein 450 Quadratmeter großes Eishaus, ein Sudhaus, um einen Gär- und Lagerkeller (mit darüber liegenden Wohnräumen), um ein Kühlhaus, eine neue Mälzerei und ein Pechkesselhaus sowie um ein Treibhaus erweitert worden war, bekam bis 1883 zusätzliche Ställe; zwei Jahre später wurde das Inspektorenhaus vergrößert.

Berlin hatte jetzt 1315665 Einwohner.

Eine Lithographie jener Zeit zeigt die immense Dimension des Betriebskomplexes, wie er sich auf dem Teltower Höhenrand mächtig wie eine Zwingburg oberhalb der vierunddreißig Meter tiefer liegenden Spreesenke erhebt, in der Ferne liegen scheinbar noch unberührt von Industrie und Technologie die Felder der Bauern … doch nein! von rechts rauscht qualmend eine Dampfbahn ins Bild. Ein Zug der Hamburger Eisenbahn? Ein Zug vom Lehrter Bahnhof?

Und ganz weit hinten rauchen die Schlote von Siemens.

Was jene Graphik obendrein illustriert, ist in diesem Ensemble das Gemisch von Gestaltungsweisen und -formen, an dem zu verschiedenen Zeiten diverse Baumeister und

Der Prunk dieses üppig dekorierten Saals auf der »Zibbe« erreicht seinen Höhepunkt in dem Kolossalgemälde auf der östlichen Seite: Da stürmt in mythologischem Kuddelmuddel der Weingott Bacchus auf einem Bierfass zu den Gästen herab.

Architekten beteiligt waren: hier backsteinverblendete Ziegelrohbauten, dort glatt verputzte Gebäude, hier romanisierende Allusionen, dort gotisierende Elemente, hier quadratische Fenster, dort Rundbogen-Öffnungen, hier eine dreigliedrige Fassade, dort eine unstrukturierte; in wuchtigem Burgenstil ist eine Art Festungsturm mit einer zinnenumsäumten Krone zu erkennen.

Einmal mehr fliegt einen beim Betrachten dieser eng aneinander gerückten und gewinkelten Ansammlung von mächtigen, sich gegenseitig bedrängenden und überragenden Gebäuden und qualmenden Schornsteinen der Gedanke an, dass sich dieses Werk auf den

Das Sudhaus der »Spandauerberg Brauerei« um 1890

ersten Blick wenig von den Darstellungen zum Beispiel der Borsig'schen Maschinenfabrik in der Chausseestraße 1 oder dem Kabelwerk der Siemens & Halske A.-G. nördlich der Spree unterscheidet.

Es ist diese Gedankenverknüpfung, die einem deutlich macht, warum die »Zibbe« bewusst an diesen Komplex dicht angeschlossen wurde. Die Bierbrau-Fabrikationsstätte in ihrer unbestreitbaren Imposanz sollte einen Teil des Unterhaltungswertes des Amüsierbetriebs ausmachen. Nicht umsonst ist eine große Freisitzterrasse direkt neben der Mälzerei angelegt worden. Es war eine unternehmerische Selbstdarstellung, war Machtanspruch, Protzerei und Reklame.

Apropos!

Der Schriftzug *Spandauerberg Brauerei* zierte im Stadtbild von Berlin allenthalben die Fronten von Destillen. Meist war auf großen dunklen Glastafeln neben der Eingangstür der vergleichsweise lange Name des Unternehmens diagonal von links unten nach rechts oben geführt. Und zwar in einer dekorativen und gefälligen Schriftart der Zeit, schwach ornamental verschnörkelt, gut lesbar und oft mit einem Zusatz wie »Lagerbiere«, »Pilsner Urquell« oder »Kannen Biere«. In ihrer immer gleichen Typographie hatten die Schilder einen hohen Wiedererkennungswert.

Bei manchem Flaneur mochte daher der Eindruck entstehen, es handelte sich bei diesen Lokalen um Vertragsgaststätten der »Spandauerberg Brauerei«.

Dem widersprach jedoch das beispielsweise am 26. November 1894 formulierte Prinzip der Geschäftsleitung, den »Bock« und die »Zibbe« zwar zu betreiben, aber darüber hinaus »keinerlei Ausschanklocale zu errichten«. Sie wollte, fügte sie hinzu, auf diese Weise vermeiden, den angestammten Abnehmern ihrer Produkte, das waren vor allem die treuen Kneipiers, selbst Konkurrenz zu machen.

Alle Werbekampagnen nun aber im Stil des *corporate designs* unserer Tage, alle die auf die Zukunft setzenden Planungen und Baumaßnahmen an der Spandauer Chaussee hatten ihren Preis.

Der Spandauer Berg Ecke Fürstenbrunner Weg um 1905. Rechts passiert der Wagen 223 der Linie R vom »Spandauer Bock« eine auf der anderen Straßenseite liegende Destille, neben deren Eingang rechts und links die typischen Werbetafeln der »Spandauerberg Brauerei« angebracht sind.

Die Bechmanns machen Kasse

Aufgrund ihrer enormen Investitionen war, wie es im Rückblick erscheint, die Finanzkraft der »Spandauer Bergbrauerei (C. Bechmann)« geschwächt. Zugleich lag es im Zug der Zeit, Familienunternehmen in Aktiengesellschaften umzuwandeln. Und so verkündeten sowohl die Abend-Ausgabe des *Berliner Tageblatts* als auch die der *Berliner Börsen-Zeitung* vom 30. November 1885 in gleichlautenden Meldungen die am Vortag, einem Sonntag, vereinbarte »Begründung« einer »Actien-Gesellschaft« mit dem Namen »Spandauerberg Brauerei vorm. C. Bechmann«.

Der Ankauf der »offenen Handelsgesellschaft« erfolgte nach zähen Verhandlungen durch ein Konsortium. Beteiligt daran waren federführend das alteingesessene Bankhaus Jacquier & Securius im »Roten Schloss« in der Straße An der Stechbahn 3/4, wo die A.-G. in Zukunft auch ihren Sitz in Berlin hatte, dann der Bankier Leopold Friedmann aus der Oranienstraße 69, die Bank- und Getreidegesellschaft von Julius Arendt in derselben Straße Nr. 101–102 sowie das Bankhaus Joseph Stern in der Behrenstraße 59.

In nüchterner Bewertung des Objekts legten die Investoren nach Auskunft der *Jahrbücher der Berliner Börse* die seinerzeit stolze Summe von insgesamt 3774807 Mark auf den Tisch.

Und die Zeitungsberichte zählten Posten für Posten auf, was der Kaufpreis für die Brauerei umfasste, nämlich »Grund, Boden und Gebäude – nebst allen Pertinenzien [allem, was dazugehört], wie Maschinen, Brauerei- und Wirthschafts-Utensilien, Fastagen [leeren Fässern] und Fuhrpark«.

Obgleich in dieser Liste mit keinem Wort die Rede davon ist, dass der »Spandauer Bock« und die »Zibbe« Bestandteil der Transaktion waren, müssen sie inbegriffen gewesen sein. Taucht doch in den von nun an veröffentlichten Protokollen der Hauptversammlungen der neuen Aktiengesellschaft gelegentlich die Sorge um den »eigenen Ausschank« auf.

Genaueren Aufschluss darüber in welchem Verhältnis der »Spandauer Bock« und die »Zibbe« zur »Spandauerberg Brauerei vorm. C. Bechmann A.-G.« standen, gab unter anderem die Kurzfassung ihrer Bilanz vom 30. September 1905 im *Jahrbuch der Berliner Börse 1906/1907*.

Danach war die »Zibbe« vom ersten Tag ihres Bestehens an eine unabtrennbare Betriebseinheit der Brauerei, während diese »den sogen. Bock, ein Ausschanklokal, auf eine lange Reihe Jahre in Pacht« hielt. Nämlich seit 1840, als Conrad Bechmann vom preußischen

Restaurant Spandauer Bock, Oekonom Paul Eile. Fernspr.

Seitenansicht auf den Garten vor dem »Spandauer Bock« von Osten her

König Friedrich Wilhelm IV. jene Parzelle »gegen billigen Erbpachtzins« überlassen worden war, auf welcher der Franke 1842 den »Bock« gründete.

Was freilich von weitaus größerem Aufschluss für die interessierte Öffentlichkeit – und die Nachwelt – war als die Spezifizierung der Vertragskonditionen vom 30. November 1885 und was der Pressemeldung nicht zu entnehmen war, das wurde sichtbar, nachdem ein Jahr vergangen war.

Da brachte die Abend-Ausgabe der *Berliner Börsen-Zeitung* vom 4. November 1886 eine Meldung von der am selben Tage »stattgehabten« ersten ordentlichen Hauptversammlung der »Spandauerberg Brauerei«.

Und von der war nur Erfreuliches zu verkünden: »Der Vorsitzende theilte mit, dass das Geschäft in guter Progression begriffen sei, der Absatz im ersten Monat des neuen Geschäftsjahres betrage 1093 [Tonnen] mehr als im gleichen Zeitraum des Vorjahres.«

Wie die *Börsen-Zeitung* weiter bekanntgab, bestand die Aktionärsgemeinschaft aus lediglich 28 Anteilseignern.

Die waren sich rasch einig.

Sie verzichteten auf die Verlesung des Geschäftsberichts, beschlossen eine Dividende in Höhe von sieben Prozent (»70 M pro 1000 M«) und erteilten der Geschäftsleitung Entlastung, »Decharge«. Danach folgte die Wahl der Mitglieder des Aufsichtsrats.

Per Akklamation wurden hierbei »für die nächsten 4 Geschäftsjahre« dieselben vier Persönlichkeiten berufen, die dort schon im ablaufenden Jahr gesessen hatten: der Bankier und Geheime Kommerzienrat Hermann Frenkel als Vertreter für das Bankhaus Jacquier & Securius, der Bankier Joseph Stern sowie die Herren »Joh. Bechmann, Aug. Bechmann«.

Die letzteren hatten sich, wusste die *Wochenschrift für Brauerei* 1886 zu berichten, »auf 10 Jahre verpflichtet, keine Brauerei in der Mark Brandenburg zu kaufen oder zu bauen, sowie keiner bestehenden als Mitglied des Aufsichtsraths oder der Direktion zu widmen«. Eine Vereinbarung, welche die Beibehaltung der Unternehmenskultur gewährleisten sollte.

Die Bechmanns waren unterdessen 48 respektive 46 Jahre alt geworden. Die Belastungen durch die Alleinverantwortung für die Brauerei hatten sie abgeschüttelt. Mitsprache aber besaßen sie nach wie vor – und behielten sie durch ihre turnusmäßigen Wiederwahlen in den Aufsichtsrat.

Der wird – unterstützt von den hierfür geeignetsten Ratgebern – auch die Auswahl jener Wirtschafter getroffen haben, die nunmehr die Geschicke von »Bock« und »Zibbe« lenkten.

Die beiden ersten waren die Herren Friedrich Wenig und Emanuel Weltzien, die schon seit den Siebzigerjahren zunächst als »Kellner« und dann als »Restaurateure«, beziehungsweise Gastwirte des Unternehmens angestellt waren. Sie rückten 1885 als »Oekonomen« in die ›Diensträume‹ an der Spandauer Chaussee ein und übernahmen dort für lange Zeit das Regiment: Wenig bis 1901 auf der »Zibbe«, Weltzien bis 1897 auf dem »Bock«.

Die Bechmanns dagegen wohnten mit ihren Frauen Franziska und Clara (von Kindern ist zu keiner Zeit und nirgendwo die Rede), außerdem anfangs den Eltern Conrad und Charlotte sowie einem Gärtner, einem Kutscher und einem Portier nebst deren Angehörigen schon seit 1874 in einem Neubau nicht weiter als einen – für Berliner Verhältnisse – Katzensprung entfernt am Schützen Weg. Der hieß ab 1875 Sophie-Charlotten-Straße, und das Haus trug seitdem die Nummer 104.

Zum »Hauptbahnhof« der Pferdebahn und später der »Elektrischen« brauchten sie nur rechts aus dem Haus über den Damm zu gehen. Zum Bahnhof Westend gegenüber waren es kaum mehr als ein paar Schritte.

Die Straße war allein auf der Ostseite bebaut, und man hatte einen freien, wenn auch reichlich trostlosen Blick über Brachfelder und spärlich beackerten Sandboden hinweg bis zum Westend. Gut möglich, dass man von den oberen Etagen aus in der Ferne die rauchenden Schornsteine der »Spandauerberg Brauerei« erspähen konnte.

Heinrich Zille, der diese Aussicht fotografiert hat, wohnte ab 1892 in Nummer 38 »vier Treppen hoch« und gab der öden Jejend mit seinem Ruhm einen Hauch von Flair. Auf dem »Bock« wird er gewesen sein, doch hat sich davon keine Spur erhalten, keine Zeichnung, kein Text.

Dafür hat es einen dialektischen Reiz, dass der Sympathisant des Proletariats mehrfach Motive mit der Kamera festgehalten hat, auf denen die in Schwarzweiß besonders grell wirkende Häuserzeile der Sophie-Charlotten-Straße mit ihren vier und fünf Stockwerke hohen Bauherrenblöcken den Hintergrund bildet. Eine strahlend helle Frontlinie gegen das grau in graue Milljöh im Vordergrund mit seinen Reisig schleppenden Frauen und barfüßigen Gören, die in Regenpfützen und Eierpampe Hopse spielen und Einkriegezeck.

Tucholsky hat an dieses gesellschaftliche Spannungsfeld in klangreiner Mundart erinnert, als er »Heinrich Zille« 1929 in der *Weltbühne* besang:

Zweeter Uffjang, vierta Hof
wohnen deine Leute;
Kinder quieken: ›Na, so dof!‹
jestern, morjn, heute.
Liebe, Krach, Jeburt und Schiß …
Du hast jesacht, wies is.

Kleene Jöhren mit Pipi
un vabogne Fieße;
Tanz mit durchjedrickte Knie,
er sacht: ›Meine Sieße!‹
Stank und Stunk, Berliner Schmiß …
Du hast jesacht, wies is.

Jrimmich wahste eijntlich nich –
mal traurich un mal munta.
Dir war det jahnich lächalich:
›Mutta, schmeiß Stulle runta –!‹
Leierkastenmelodien …
Menschen in Berlin. […].

Als Theodor Fontane auf seinen *Wanderungen durch die Mark Brandenburg* 1870 in Finkenkrug im Havelland »ein Seidel geprobt« hat, trank er – das Reklameschild zeigt es – ohne Zweifel auch hier ein Erzeugnis der »Spandauer Berg-Brauerei«.

Zwei von ihnen, zwei mittelalte Besitzer von Rummel- und von Tummelplätzen der Sozialisten, verwalteten derweil in Zilles Nachbarschaft die Erträge aus Aufsichtsratstantiemen, Mieteinnahmen, Zinsen und Dividenden und verfolgten die amtlichen Notierungen der »Spand. Berg-Br.« in der Presse.

Als das Papier am 30. Januar 1886 mit dieser Abkürzung zum ersten Mal auf dem »Courszettel« der *Berliner Börsen-Zeitung* erschien, war der Emissionskurs vom 27. Januar innerhalb von drei Tagen bereits von 118½ Prozent auf 130½ Prozent hochgeschnellt, am Ende des Jahres auf 153 Prozent, 1887 auf 159 Prozent und 1888 auf 165 Prozent.

Es ließ sich gut an.

Demgemäß setzte die »Spandauerberg Brauerei vorm. C. Bechmann A.-G.« ihre Expansion mit den neuen Finanziers und deren Kapitalkraft umso dynamischer fort.

»... die Aktionäre würden gut dabei fahren«

Die wiederholt auf den Tagesordnungen der Stadtverordneten-Versammlung von Charlottenburg erscheinenden Anträge und Beschlüsse und protokollierten Verträge über die Verpachtung und den Verkauf von Grundstücken der Stadt »an die Aktien-Gesellschaft Spandauerberg-Brauerei, vormals C. Bechmann« bestätigen, dass der Begriff »Expansion« die Ausdehnung des Unternehmens ganz konkret benennt.

Inzwischen beschäftigte es 150 Mitarbeiter und besaß außer seinem 40 Morgen oder 100 000 Quadratmeter großen Werksgelände aus den Sechzigerjahren fernerhin eine Fläche mit einer Abmessung von 20 Morgen oder 50 000 Quadratmetern.

Dann, am 15. April 1899, erwarb das Unternehmen von der Königlichen Regierung, Abtheilung für directe Steuern, Domainen und Forsten, zu Potsdam ein weiteres »an das Brauerei-Grundstück anstossendes« Areal von 28½ Morgen gleich 71 250 Quadratmetern und verfügte nun über eine immobile Rücklage von 48½ Morgen oder 121 250 Quadratmetern.

Einiges davon, hieß es, »werde für die Erweiterung der Brauerei gebraucht, während der grössere Theil zum Verkauf übrig sei«.

Da man zu jener Zeit schon Fußball spielte im Deutschen Reich ...

Frisch auf, Spielgenossen, frisch stoßet an,
den Ball nach dem Tore zu senden!

... hätten sich auf dieser Fläche sechzehn Vereine bequem je einen Platz anlegen können und auch noch ausreichend Raum gehabt für etliche Ersatzbänke.

Das war in einer Gegend, dem Spandauer Berg, für den das Kaiserliche Statistische Amt am Lützowufer allein im Zeitraum von 1903 bis 1906 eine Steigerung der Bodenpreise von mehr als 60 Prozent errechnet hatte, keine schlechte Geldanlage – oder, wie es in den Bilanzen der Brauerei stand, »eine sehr wertvolle Reserve«.

»Die Brauerei«, wurde der Aufsichtsratsvorsitzende Frenkel 1908 unter Hinweis auf den Wertzuwachs der firmeneigenen Grundstücke in einem bezeichnenden Statement zitiert, »hätte ein Interesse daran, möglichst lange ihren Besitz zu behalten, die Aktionäre würden gut dabei fahren.«

Je mehr man mit der Verwertung warte, erklärte Direktor Brähmer fünf Jahre später, »umso besser werden dadurch die Interessen der Aktionäre gewahrt, da man in diesem Grund und Boden eine sehr grosse Reserve erblicke«.

Die »Spandauerberg Brauerei« an der Spandauer Chaussee nach 1909. Vorne links die »Zibbe« mit Bierpalast, Springbrunnen und künstlichem Gebirge; in der Mitte das viergeschossige Verwaltungsgebäude und rechts ›über den Hof‹ das Sudhaus, daneben unter anderem Wohnungen für fünfzehn Familien und Ställe für knapp einhundert Pferde; hinten links das große Gebäude mit den beiden Schornsteinen ist die Mälzerei

Kaum ein Begriff erscheint in den Geschäftsberichten der »Spandauerberg Brauerei vorm. C. Bechmann A.-G.« mit solcher Regelmäßigkeit wie das Wort »Reserve«, diese Formel für Umsicht und Besonnenheit.

1908 war in der Köpenicker Straße im Stadtbezirk Mitte noch das bei einer Zwangsversteigerung erworbene Anwesen Nr. 80/81 hinzugekommen. Unter Berücksichtigung des hierbei zu entrichtenden Kaufpreises von 285 000 Mark gleichfalls ein größeres Objekt (mit einem Restaurant).

Und wenn dann auch schon mal die Aussichten nach einer Steuererhöhung wie der vom 3. Juni 1906 vom Vorstand »nicht rosig« dargestellt werden konnten, verströmten die Erklärungen der Firmenleitung auf den Hauptversammlungen ein Selbstvertrauen, das zweifelsohne die Außenwirkung des Auftritts im Auge haben mochte, aber vor allem auf der eigenen Überzeugung von »der gleichmässig guten Qualität« der hergestellten Produkte beruhte.

Exemplarisch hierfür ist eine Szene von der Generalversammlung am 29. November 1902.

Da hatte ein verschreckter Aktionär auf das in Branchenkreisen kursierende Gerücht Bezug genommen, wonach »ein harter Concurrenzkampf der Grossbrauereien gegen die Kleinbrauereien« drohe, und gefragt, wie sich die Direktion zu dieser Fama stelle.

Wilhelm Brähmer, diese mächtige Wächtergestalt des Unternehmens, jahrzehntelang zudem Aufsichtsratsmitglied der Brauerei Kunterstein A.-G. in Graudenz (heute Grudziądz) und ebenso unermüdlich Amtsvorsteher – oder Bezirksbürgermeister – von Ruhleben, beruhigte den Mann und sprach die von keiner Besorgnis getrübten Worte, »dass die Spandauerberg Brauerei bei der anerkannten Güte des Bieres und dementsprechend fester Kundschaft nicht zu fürchten habe, dass sie seitens der Concurrenz aus dem Felde getrieben werde«.

Alle Baumaßnahmen sowohl der letzten wie der kommenden Jahre gründeten auf dem Fundament dieser unerschütterlichen Gewissheit.

Ein viergeschossiges Büro- und Verwaltungsgebäude war nun vonnöten, ferner wurde 1909 eine neue Mälzerei errichtet, des Weiteren folgten immer mehr Kühl- und Lagerhäuser und 1912 die Vergrößerung des Fuhrparks und der Ställe für knapp einhundert Pferde »schwersten belgischen Schlages« sowie Wohnungen für die Kutscher und ihre Familien.

Der jährliche Bierausstoß hatte schon 1887 die Marke von 106 295 Hektolitern erreicht und 1890 die Marke von 124 645 Hektolitern überschritten, eine Produktionsmenge, mit der sich die Bechmann'sche Brauerei in die Kategorie einer Großbrauerei gehoben hatte. Auf diese Stufe wurden gemeinhin solche Betriebe gestellt, die eine Jahresproduktion von 100 000 Hektolitern nachweisen konnten.

Greift man aus den in den Bilanzen der »Spandauerberg Brauerei vorm. C. Bechmann A.-G.« in regelmäßigen Abständen veröffentlichten Hektoliterzahlen die von 1901 bis 1907 heraus, so erhält man einen Eindruck von dem Rahmen, in dem sich der Umsatz des Unternehmens bewegte:

1901	126 064
1902	116 504
1903	114 529
1904	119 547
1905	124 952
1906	131 048
1907	126 266

Der sich hier ergebende Durchschnitt von 122 701 Hektolitern *per annum* entsprach sehr genau dem bis zum Ende der A.-G. geltenden Absatz, wobei sich die zu beobachtenden Schwankungen meist auf die Witterungsbedingungen und den von ihnen abhängigen Verbrauch vor allem in den Gartenlokalen zurückführen ließen.

Bei miesem Wetter und dem damit verbundenen Ausfall der Gartenlokale waren Kleinabnehmer wie August Teetz mit seiner »Probier Stube« in der Speyerer Straße 19 in W. 30 eine berechenbare Größe.

»Das Wetter«, heißt es etwa im Bericht des Vorstands der »Spandauerberg Brauerei« für 1902, »[war] im Frühjahr und Sommer so kalt und regnerisch, wie es seit Bestehen der Gesellschaft noch nicht gewesen ist. Durch die zumeist ganz verregneten Sonn- und Festtage ist im eigenen Ausschank und bei zahlreichen Kunden mit Sommerwirtschaften ein erheblicher Ausfall entstanden.«

Verglichen mit einer Großbrauerei wie »Schultheiss«, die zu diesem Zeitpunkt bereits die 1000 000 Hektoliter-Marke überschritten hatte, war der Bierabsatz der »Spandauerberg Brauerei vorm. C. Bechmann A.-G.« zwar gering. Dennoch gehörte sie zu den gediegendsten Brauereien der preußischen Residenzstadt. Größer im Hinblick auf sämtliche Zahlen waren selbstverständlich »Schultheiss«, »Patzenhofer« und »Berliner Kindl«, aber im Mittelfeld behauptete sich die »Spandauerberg Brauerei« mit Festig- und Beharrlichkeit.

Mit solchem Verantwortungsbewusstsein wurde die A.-G. vom Kontor an der Spandauer Chaussee aus geführt, dass – als aus dem Kreis der Aktionäre auf der jährlichen Hauptversammlung am 8. Dezember 1900 »einige Bemängelungen« darüber geäußert wurden, warum keine höhere Dividende zur Abstimmung kam als die vom Aufsichtsrat vorgeschlagenen acht Prozent – es mit dem Verweis auf die Bildung von Rücklagen bei dem Antrag der Firmenleitung blieb und nicht mehr denn acht Prozent ausgeschüttet wurden.

Dennoch räumte die Firmenleitung gewiss zum Unmut der Nörgler durchaus ein, dass »das Erträgniss [...] die Vertheilung einer höheren Dividende zugelassen hätte«.

Mit derselben Auffassung von umsichtigem Haushalten und Handeln wies Direktor Brähmer das Ansinnen eines Anteilseigners zurück, der sich am 7. Dezember 1912 zu Wort gemeldet und »bei aller Anerkennung der Verwaltung« angeregt hatte, »zur Hebung des Absatzes« mit der traditionellen Produktpalette zu experimentieren – etwa durch Einführung eines Getränks mit einem »dem Pilsener Biere nahekommenden Geschmack«.

Der Vorsitzende des Aufsichtsrats Frenkel ergänzte die Ablehnung Brähmers. Und während er dabei ein wenig ausholte, schnitt er das Thema der kommerziellen Philosophie der Unternehmensspitze an, deren Zielsetzung stets auf die Solidität der Firma gerichtet sei.

Dank diesem Bestreben, fuhr er laut Abend-Ausgabe der *Berliner Börsen-Zeitung* vom 7. Dezember 1912 fort, »sei die günstige Lage der Gesellschaft erreicht, in der sie sich jetzt befinde und die sie in den Stand setze, alle Lieferungen prompt zu bezahlen und von Inanspruchnahme irgend eines Kredites absehen zu können«.

Es war nicht das erste Mal, dass die Direktion unterstrich, ihren Verpflichtungen »aus den liquiden Mitteln« nachzukommen.

Eine solche Politik größtmöglicher Unabhängigkeit schlug sich 1905 auch in einer Tabelle nieder, die das *Statistische Jahrbuch der Stadt Berlin* veröffentlicht hat. Darin listet sie zahlreiche Brauereien auf. Und in allen Spalten wimmelt es von Tausender- und Millionenbeträgen. Beim Aktienkapital, den Absatzzahlen und den Gewinnen sowie den hypothekarischen Belastungen. Allein, in dieser letzten Rubrik steht bei der »Spandauerberg Brauerei« auf weiter Flur – eine einsame Null!

Wie ein roter Faden zieht sich durch die Protokolle der Jahreshauptversammlungen der »Spandauerberg Brauerei vorm. C. Bechmann A.-G.« der Widerstand der Firmenspitze gegen ›Anregungen‹ aus Aktionärskreisen, die in die Richtung einer weniger strikten Geschäftspolitik gingen.

Vorsicht war für Aufsichtsrat und Vorstand das Erste Gebot. Immer sorgten sie für die Bildung von Polstern, sei es durch den Erwerb und Behalt von »Terrain« oder das Horten von Rohstoffreserven oder ein Engagement in Rentenpapieren.

Aufgrund dessen passt es ins Bild, dass die Brauerei zu Zinssätzen zwischen drei und vier Prozent Hamburger und Deutsche Reichs- sowie Preußische konsolidierte Anleihen hielt, sogenannte Consols.

Die Gewinne der »Spandauerberg Brauerei« mochten zwar im Vergleich zu jenen von Großbrauereien wie »Schultheiss«, »Patzenhofer« oder »Berliner Kindl«, die sich im Ein- und Zwei-Millionen-Bereich bewegten, nicht spektakulär sein. Was jedoch die Geschäftsführung, welche die regelmäßigen Bechmann'schen Überschüsse erwirtschaftet hatte, ganz besonders auszeichnete, war ihr Geschick im Überwinden von staatlicherseits aufgestellten Hindernissen und Hürden:

1902	Zollerhöhung auf vom Ausland eingeführte Rohstoffe
1906	massive Erhöhung der Brausteuer
1909	Einführung einer Biersteuer
1913	Einführung der Berliner Gemeindebiersteuer

Solche in kurzer Folge zu verkraftenden Erschwernisse sind zu bedenken, wenn man das Gleichmaß der Betriebsergebnisse der »Spandauerberg Brauerei vorm. C. Bechmann A.-G.« betont.

Exemplarisch zeigte es sich in den Ausschüttungen nach der Anhebung der Brausteuer 1906.

Da brachen die Dividendensätze der Berliner Aktienbrauereien wegen der »so stark belastenden gesetzlichen Massnahmen« innerhalb von zwei Jahren teilweise dramatisch ein – die des »Böhmischen Brauhauses« etwa stürzten von zehn auf null Prozent ab. Die der »Spandauerberg Brauerei« aber büßten nur zweieinhalb Punkte ein und sanken von sieben auf viereinhalb Prozent.

Nach und nach jedoch sollten sich auch diese geringfügig geminderten »Erträgnisse« wieder erholen, so dass der Vorsitzende des Aufsichtsrats Hermann Frenkel auf der Generalversammlung der A.-G. am 29. November 1910, ein Vierteljahrhundert nach deren Gründung, unter Hervorhebung dessen, dass die Gesellschaft in der Vergangenheit schon des Öfteren neun Prozent ausgezahlt hatte, mit spürbarerer Genugtuung konstatieren konnte: »Die Durchschnittsdividende für diese 25 Jahre betrage immerhin 7 %.«

Dabei machte das »immerhin« deutlich, dass sich eine solche Ausschüttung auch zu damaligen Zeiten sehen lassen konnte.

Die Konstanz der Rendite der »Spandauerberg Brauerei« wird augenfällig erhärtet, wenn man die Mark-Beträge der Gewinne der letzten Jahre vor dem Ausbruch des Ersten Weltkriegs betrachtet:

1909/10	1910/11	1911/12	1912/13
231 800	235 289	235 553	235 876

Bei der relativen Größe des Unternehmens signalisierten solche Geschäftszahlen, dass ein Kauf dieser Aktie dem Erwerb von festverzinslichen Wertpapieren nahezu gleichkam.

Ausschlaggebend für eine derartige Stetigkeit war nicht zuletzt die Permanenz der Unternehmensführung. Mit Recht hatte Frenkel in seiner Ansprache daran erinnert, dass dem Aufsichtsrat seit 1885 »er selbst, Jos[eph] Stern, und der Vorbesitzer [August] Bechmann heute noch angehören, und dass Direktor Brähmer das Unternehmen auch heute noch leite«.

Was die »Spandauerberg Brauerei vorm. C. Bechmann A.-G.« seit Anbeginn verfolgte und vermittelte, war Beständigkeit und Stabilität, war Sicherheit – sowohl für die Anleger wie auch für die Mitarbeiter.

Die »Spandauerberg Brauerei« füllt eine Lücke im Westen

Es ist nicht von der Hand zu weisen, dass der Ruf eines derart soliden Unternehmens wie der »Spandauerberg Brauerei« dazu beitrug, die öffentliche Hand zur Ausweitung der Infrastruktur in Richtung Spandauer Chaussee zu motivieren.

Seit kurzem verkehrte aus diesem Grund auch aus Spandau eine Straßenbahn von der dortigen Plantage auf dem Stresow zum »Spandauer Bock«, die Linie »B«, deren Namen die Berliner vollkommen richtig als »Bock-Linie« interpretierten (und deren Stundengeschwindigkeit wie 1882 die der ersten Wagen vom Westend zum »Spandauer Bock« von den Behörden auf »20 km« begrenzt worden war).

Die Betreiber von »Bock« und »Zibbe« versprachen sich mit Recht, »durch diese Verbindung einen regeren Verkehr in beiden Ausschanklocalen«. Sowohl von Westen als auch von Osten her lag der »Spandauer Bock« nun an den Endhaltestellen von zwei Verkehrssträngen – womit er in Anzeigen selbstverständlich auch warb: »Endstat. d. Lin. R u. P., sow. d. Spand. Strassenb.-Linie B.«

Ein Zug der »Spandauer Strassenbahn« an der Endhaltestelle »Spandauer Bock«, aufgenommen vermutlich am Tag der Eröffnung der »Bock-Linie« am 1. Juli 1906

Die Spandauer Chaussee in den 1930er Jahren. Deutlich zu erkennen ist das abgesenkte Straßenniveau. Zuvor lagen die Fahrbahn und der »Bock« auf derselben Ebene; vgl. die Abbildungen S. 47 und S. 103.

Haushaltstechnisch war es darüber hinaus kein schlechter Schachzug gewesen, dass das Westend mit all seinem Wohlstand am 1. Mai 1908 dem Berliner Stadtbezirk Charlottenburg zugeschlagen wurde. Die Stadt wuchs und wuchs, und ihre Teile rückten zusammen – verwaltungstechnisch und demnächst notgedrungen auch emotional. Denn 1914 verstrickte sich das Deutsche Reich in einen Konflikt, der zu einem Gemetzel bisher unbekannten Ausmaßes anwuchs, den Ersten Weltkrieg.

Als ob es in der Hauptstadt keine anderen Sorgen gab, fanden, während an allen Fronten das Morden tobte, 1917 über Nacht auf der Chaussee zwischen »Bock« und »Zibbe« umfangreiche Straßen- und Gleisbauarbeiten statt. Verwundert verfolgte der eine oder andere Beobachter die Buddelei, die einen Zustand veränderte, der schon immer ein Ärgernis war.

Die Bodenstruktur sollte, so wie es seit 1907 im Gespräch war, ausgeglichen werden.

Seit einem Jahrzehnt hatten in den kommunalen Gremien Überlegungen stattgefunden, »ob es möglich ist, die ungünstigen Gefällverhältnisse des Spandauer Berges und der Spandauer Chaussee [...] durch Tieferlegung des ganzen in Betracht kommenden Straßenkörpers« zu verbessern.

Nun packte man es an.

Aber warum jetzt?

Die Postkarte zeigt den Zustand des Geländes aus der Zeit um 1910. Die einst untergeordnete »Straße 7a« heißt seit dem Dezember 1906 »Reichsstraße« und war dem anspruchsvollen Namen gemäß ausgebaut worden: Die Fahrbahn ist planiert, ein Bürgersteig angelegt und die Böschung befestigt, auch der Zaun oben am Hang ist neu gezogen.

Auf der Spandauer Chaussee um 1910. Hinter der Umzäunung und den Bäumen links das Gelände des »Spandauer Bocks«, rechts die »Spandauerberg Brauerei« und daneben in der Bildmitte die Stufen des Eingangs hinauf in den großen Bierpalast der »Zibbe«. Aus Richtung Spandau rollt eine »Elektrische« heran.

Bisher endeten die Bahnen aus Charlottenburg auf der südlichen Seite der Chaussee kurz hinter dem höchsten Punkt des Spandauer Berges in einer Wendeschleife. Die Züge aus Spandau dagegen erreichten das Fahrtziel an der Stadtgrenze von Westen her seit 1906 weiter unten bei der Einmündung der Straße 7a, der heutigen Reichsstraße. Die Folge war, dass die Spandauer Wirtshausgäste als letztes Spannungsmoment vor dem Betreten der weiß-blauen Seligkeit erst noch als alpinistische Vorübung einen Aufstieg über eine vielstufige Treppe zu bewältigen hatten.

Diese Rampe war berüchtigt.

Für die einen, für die Ausflügler aus Spandau, vergrößerte sie womöglich zwar die Vorfreude. Für die anderen aber, die Umsteiger, die nach Charlottenburg oder Berlin weiter- oder von dort heimfahren wollten, war sie eine Zumutung.

Der vorgebliche Zweck der Bauerei war deswegen, die Wendeanlagen der einen wie der anderen Linie zu entfernen und die beiden Strecken zu einer durchgehenden zu verbinden.

Die eigentliche Absicht hierbei war indessen nicht die Optimierung eines Freizeitvergnügens oder die Erleichterung des Bier- und Warentransports. Sie war militärisch bedingt. Die Oberste Heeresleitung wollte dadurch die Anfahrt der aus Berlin anreisenden Arbeiterinnen und Arbeiter der Spandauer Geschütz- und Munitionsfabriken beschleunigen.

In einem Text aus dem Jahr 1913 wird am Rande erwähnt, wie das war, wenn die erschöpften Werktätigen am Abend auf dem Heimweg in Richtung Berlin am »Spandauer Bock« umsteigen mussten: »Dazu müssen sie erst mal eine lange unbequeme Treppe hochklettern, um dort die Weiterfahrt in die Nachbarstadt anzutreten.«

Dieses mühselige Rampe-rauf und Rampe-runter entfiel jetzt.

Die Verführung, die Haltestelle dennoch wie gewohnt zum Aus- und nicht zum Umsteigen zu benutzen, blieb gleichwohl bestehen, denn geschlossen waren in jenen Jahren weder der »Spandauer Bock« noch die »Zibbe«. Der Bierumsatz und demzufolge auch -ausstoß gingen hingegen rapide zurück.

Es war dies eine weitere, nunmehr für alle Menschen im Reich spürbare Folge des Krieges. Ihre Ursachen waren mannigfach.

Zum einen konnten die deutschen Brauereien nicht mehr im gewohnten Umfang produzieren, weil viele ihrer Arbeitskräfte eingezogen und manche auch gefallen waren. Zum anderen wurden, je länger das Kämpfen dauerte, die Produktionsmittel am Anfang vom Staat kontingentiert und am Ende so rar, dass die Herstellung von Bier aufgrund der Preise für die Rohstoffe Gerste, Malz, Kohlen, Fässer, Kisten, Pech und so weiter nicht mehr wirtschaftlich war – falls überhaupt noch möglich.

Dieser Situation stand die Tatsache gegenüber, dass die Nachfrage nach dem Getränk bei der Truppe sprunghaft angestiegen war. Allein für die Front, an der das Bier nach Aussage des Schriftstellers Ernst Jünger in seinem Tagebuch *In Stahlgewittern* »in Strömen« floss, beanspruchte die Heeresverwaltung bis zu zehn Prozent des Bierausstoßes im Reich.

Gold und Silber lieb'n wir sehr,
Könnens gut gebrauchen,
Leider Gottes gibts keins mehr,
Bayrisch Bier zu kaufen.
Doch das Vaterland weiß Rat,
Es gibt uns Papiere,
[: Und als durstiger Feldsoldat
Setz'n 's wir um in Biere. :]

Bier hielt die Landser bei Laune, stärkte ihren Kampfes- und ihren Überlebenswillen und war somit unverzichtbar.

Eine *crux*: Je mehr der Bedarf daher stieg, desto weniger konnte er gedeckt werden.

Und eine Lösung war es auch nicht, als der Staat die Produktion verknappte und die Braurechte einschränkte – ganz zu schweigen von den Versuchen, das Bier zu strecken und das Deutsche Reinheitsgebot aus dem Jahr 1516 durch den Zusatz von unerlaubten Hilfsmitteln zu unterlaufen und irgendwelche Ersatzgesöffe herzustellen.

Das ging so weit, dass die Berliner Brauereien 1917 übereinkamen, um Gerste zu sparen, in diesem Jahr gar kein Bockbier herzustellen, für das besonders viel Gerstenmalz benötigt wird.

Als Wirtschaftsbetrieb in dieser Lage zu überleben, fiel naturgemäß den größeren Brauereien leichter als den kleineren. Und den größeren bot sich – je nachdem, aus welcher Perspektive man den Casus betrachtet – eine Option, sich nach dem Motto ›Gemeinsam sind wir stark‹ mit kleineren »zusammenzuschließen« oder sie – um das Kind bei einem in diesem Metier naheliegenden Namen zu nennen – zu schlucken.

Eine solche »Verschmelzung« wurde in der Fortsetzung ihrer ohnedies kontinuierlichen Expansionspolitik auf der außerordentlichen Generalversammlung der »Schultheiss Brauerei A.-G.« am 23. Oktober 1917 beschlossen.

Exakt 75 Jahre nachdem Conrad Bechmann auf dem »Bock« den Grundstein zur »Spandauerberg Brauerei« gelegt und August Heinrich Prell in der Neuen Jakobstraße 26 den Vorläufer der »Schultheiss Brauerei« gegründet hatte, verbanden sich die beiden »Einführer des bayerischen Bieres in Berlin«.

Keinem der Vertragspartner war dieses bedeutungsvolle Doppeljubiläum an jenem Oktobertag aufgefallen.

»Bei der Lage der anderen Schultheiss-Betriebe im Norden, Süden und Osten Berlins«, heißt es in Erich Borkenhagens Festschrift zum 125-jährigen Bestehen der »Schultheiss-Brauerei« im Jahr 1967, »füllte die Spandauerberg-Brauerei eine Lücke im Westen. Mit ihrem Erwerb kam Schultheiss in die Lage, den Groß-Berliner Westen, vor allem große Teile Charlottenburgs und die gesamte Spandauer Gegend, zweckmäßig zu versorgen.«

Das Unternehmen hieß mit Wirkung vom 1. Oktober 1917 »Schultheiss Brauerei A.-G., Abt. Spandauerberg« und hatte, wie die Zeitungen schrieben, seinen Erwerber im Zuge eines Aktientauschs zwei Millionen Mark gekostet.

Was die Festschrift aus dem Hause »Schultheiss« verschweigt, ist der Umstand, dass dieses Ergebnis die Ausbeute einer vier Jahre währenden Pokerpartie war, nachdem die außerordentliche Hauptversammlung der »Spandauerberg Brauerei« am 12. Februar 1914 das erste Angebot von »Schultheiss« über 1800 000 Mark mit einer überwältigenden Mehrheit von 1027 gegen 261 Stimmen ausgeschlagen hatte.

Vorausgegangen waren bereits zwei Zusammenkünfte, auf denen sich den Teilnehmern der Eindruck aufgedrängt hatte, dass die Verwaltung gegenüber den Avancen der »Schultheiss-Brauerei A.-G.« am liebsten schwach werden möchte. Sie hielt die Offerte »für angemessen, indem die Dividende zweifellos dadurch eine Aufwertung erfahren werde«.

Doch gegen diese Bereitschaft liefen die Aktionäre Sturm.

Und zwar delikaterweise mit jenen Argumenten, die sie jahrein, jahraus von Wilhelm Brähmer gehört hatten: dass das Unternehmen vor Gesundheit strotze und »völlig schuldenfrei« sei, über moderne Produktionsanlagen verfüge und vor allem über sehr, sehr viel Land gebiete.

Sei nicht, so die »Oppositionsgruppe«, jedem Aktionär des Unternehmens von der Verwaltung stets und ständig eingetrichtert worden, »daß er auf Grund des Terrainbesitzes noch einmal eine Freude an seinem Aktienbesitz erleben werde«?

Im Übrigen beruhe der Erfolg der »Spandauerberg Brauerei« auf dem bei den Verbrauchern so beliebten Geschmack ihres Bieres. Verschwände das jetzt vom Markt, werden sie nicht bereit sein, das zwar bekömmliche (was ja wohl das Mindeste sei!), »aber doch nicht allseitig rückhaltlos anerkannte Schultheißbier zu genießen«. Nun soll das alles in einen Topf – oder ein Seidel – geschüttet werden?

Ein brillantes Bonmot zog den Schlussstrich: »Der Geschmack des Publikums läßt sich nicht fusionieren.«

»Schultheiss« jedoch ließ nicht locker. Und so wurde den Besitzern der »Spandauerberg

Brauerei« vier Jahre lang mit jedem Tag – und jedem Gebot – mehr bewusst, wie sehr ihr Gegenüber darauf versessen war, das Spiel, sprich: die »Spandauerberg Brauerei« zu gewinnen.

Insofern sorgten sie dafür, dass – wie der Schultheiss-Generaldirektor Ludwig Böhme *post festum* auf der Generalversammlung erzählte – »man wahrnehmen [konnte], dass die Spandauerberg-Brauerei Anschluss nach einer anderen Seite suche, wenn ihr nicht doch die Möglichkeit geboten werde, mit der Schultheiss' Brauerei zusammenzugehen«.

Die Selbstdarstellung Böhmes als jemand, der alles versteht und alles verzeiht und zuletzt den Sünder großherzig in seine Arme schließt, werden die Vertragspartner vom Spandauer Berg mit gemischten Gefühlen vernommen haben.

Umarmungen können verhängnisvoll sein.

Gleichwohl: Das Verhandlungsgeschick und die Nervenstärke der ›Spandauer‹ hatte ihnen am Ende ein Plus gegenüber dem ersten Angebot aus dem Februar 1914 von 200 000 Mark eingebracht. Im Übrigen besaßen sie nun Papiere, auf die – mitten im Krieg – eine Dividende von 16 Prozent gezahlt wurde.

Jetzt und im folgenden Jahr.

Der bisherige Aufsichtsratsvorsitzende der »Spandauerberg Brauerei«, der Geheime Kommerzienrat Hermann Frenkel, der als neues Mitglied in den Aufsichtsrat der »Schultheiss-Brauerei A.-G.« übertrat, fasste kühl zusammen, er »könne daher vom rein geschäftlichen Standpunkt aus das einzugehende Geschäft als ein sehr gutes und aussichtsreiches bezeichnen«.

Eine Werbe(brief)marke der »Spandauerberg Brauerei«. Zeigen soll sie den legendären König von Brabant Gambrivius oder Gambrinus. Der hat – so ein Text aus dem 16. Jahrhundert – nach seiner Vermählung mit der ägyptischen Göttin Isis als erster Mensch »aus Gerste Malz gemacht / und das Bierbrauen erdacht«. Wen wundert's: Das Bier ist ein Produkt der Liebe.

Die *Thorner Presse*, die von der Angliederung frühzeitig Wind bekommen hatte, kommentierte sie mit den Worten: »Wenn der Wettbewerb am größten ist, ist der Trust am nächsten. So geht es jetzt auch bei unserem Biere. […] War bisher die Schultheißbrauerei schon die größte Brauerei des Kontinentes und die drittgrößte der Welt, der nur eine amerikanische und eine australische Brauerei den Rang der größten Produktion streitig machen konnten, so rückt sie jetzt auch auf den ersten Weltplatz. […] Man besorgt aus der Vereinigung der Brauereien für später eine Verteuerung des Gerstensaftes, denn mit Trusten ist das so eine Sache.«

Was blieb da anderes übrig, als in einem Stoßgebet zum heiligen Gambrinus den Wunsch vorzutragen, dass er »seine große Gemeinde« vor Schicksalsschlägen wie einer Verteuerung des Bieres bewahren möge?

Aber Gambrinus war kein Heiliger und auch kein Nothelfer, wie sich 1874 beim Großbrand auf dem »Bock« gezeigt hatte. Und so diente die eben noch selbstbestimmte »Spandauerberg Brauerei« auf einmal als Verschiebemasse und gut verwertbare Immobilie.

Denn nur auf die, das hatten die Gegner der Zusammenlegung immer wieder warnend vorgebracht, war die Begehrlichkeit von »Schultheiss« in erster Linie gerichtet gewesen. Nur

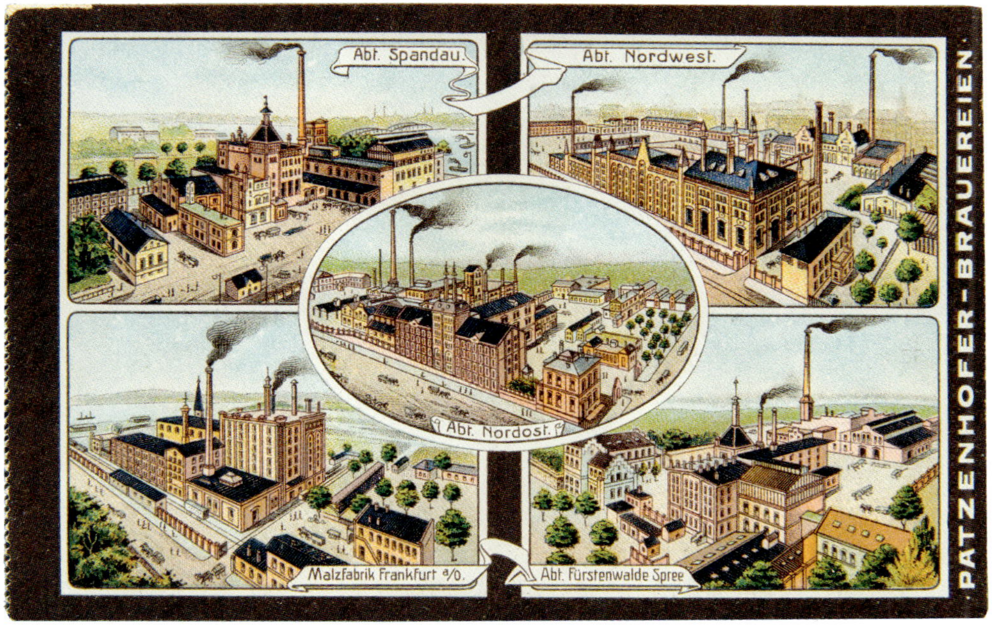

Noch war die »Spandauerberg Brauerei« nicht ganz von der Bildfläche verschwunden – siehe oben links.

auf die hatte es, wie die Zukunft zeigte, der großmächtige Konkurrent – nunmehr in der Schönhauser Allee – abgesehen gehabt.

Aber war das nicht seit langem ein offenes Geheimnis gewesen?

Schon am 11. Juli 1907 hatte die Münchner *Allgemeine Zeitung* darauf hingewiesen, dass die »Schultheiss-Brauerei A.-G.« »infolge der sehr erheblichen Ausdehnung ihres Betriebes große Terrains braucht« und deshalb erpicht auf die »Spandauerberg Brauerei« ist. »Diese hat, dicht an ihre jetzigen Etablissements und technischen Baulichkeiten anschließend, ganz bedeutende Ländereien im Besitz, die jetzt noch zum Teil völlig brach liegen und auf denen für den Brauereibetrieb notwendige Einrichtungen leicht geschaffen werden können.«

Die »Lücke im Westen« war in Wahrheit ein Schwarzes Loch.

Und in ihm verschwand die »Spandauerberg Brauerei«, als die beiden bedeutendsten Brauereien in Deutschland, die »Schultheiss« und die »Patzenhofer Brauerei«, am 12. Juli 1920 fusionierten und das Werk an der Spandauer Chaussee in der Firmengruppe als »Abteilung« aufging.

Dort schrumpfte sie anfänglich noch zu einem Kürzel, »Abt.«, bevor sie ganz eliminiert war.

Abgesänge und offene Fragen

Hatte der Schultheiss'sche Generaldirektor Kommerzienrat Walter Sobernhaim am 12. Juli 1920 noch auf die besorgte Frage eines Angestellten nach der möglichen Gefährdung von Arbeitsplätzen geantwortet, »daß seitens der Verwaltung der beiden Unternehmen eine Stillegung von Braustätten zurzeit nicht beabsichtigt ist«, und hatte die »Schultheiss – Patzenhofer Brauerei A.-G.« sogar noch Geld in die Einrichtung einer Kantine und obendrein neuer Wasch- und Umkleideräume am Spandauer Berg gesteckt, wurde wenig später beschlossen, die »Schultheiss Brauerei A.-G., Abt. Spandauerberg« zum 31. Dezember 1921 dichtzumachen.

Das Wort »überflüssig« tauchte in diesem Zusammenhang auf.

Es galt, wie die *Berliner Börsen-Zeitung* vom 17. März 1922 in ihrer Abend-Ausgabe aus dem Bericht für das Geschäftsjahr 1920/21 des Unternehmens zitierte, ein vorteilhafteres Wirtschaften in den aufrechterhaltenen Arbeitsstätten zu gewährleisten. »Die nicht fortgeführten Betriebe haben entweder für unsere eigenen Zwecke Verwendung gefunden [...] oder sie sind vermietet worden.«

Im Fall von Conrad Bechmanns einstiger Gründung war der Pächter zuerst die »C.A.F. Kahlbaum A.-G.«, die ihrerseits Teil eines riesigen Mutterkonzerns war, zu dem auch »Schultheiss« gehörte. Der hatte seine Tochtergesellschaften 1921 unter dem monströsen Namen »Interessengemeinschaft Ostwerke – Schultheiss-Patzenhofer – C.A.F. Kahlbaum A.-G.« zusammengeschlossen.

Das letztgenannte Unternehmen wiederum fusionierte 1927 mit einer Konkurrenzfirma und nannte sich fortan »Hartwig Kantorowicz – C.A.F. Kahlbaum A.-G.«.

Mit Bier hatte die nichts mehr zu tun. Ihr Geschäftsfeld bestand, wie die *Berliner Industrie- und Handelszeitung* am 25. Oktober 1927 mitteilte, in der »Erzeugung von Spirituosen, Likören und Fruchtsäften, dem Vertrieb dieser Gegenstände sowie von Weinen und den Gegenständen verwandter Wirtschaftszweige«.

Männer wie der »Likörfabrikant« Carl Chryselius oder die »Kellermeister« Carl und Christian Dornfeldt waren die Repräsentanten der neuen Produkte – des höherprozentigen Geists, der an der Spandauer Chaussee seither wehte.

Auf einem *Stadtplan von Berlin* für 1928 sind dort, wo sich einst der »Bock« befand und dort wo einst die »Zibbe« stand, bloß noch zwei graue Flächen zu sehen. Das war ein

Vorzeichen dessen, was an dieser Stelle demnächst folgen sollte, und ein Ausdruck dessen, dass die Geschichte dieses Ortes mitsamt seiner Gründerfamilie getilgt war.

Die Bechmanns …

Im Gegensatz zu ihrem Direktor Wilhelm Brähmer, der von seiner Wohnung in der Nußbaumallee im Westend das Ende der »Spandauerberg Brauerei« »außer Dienst« mitansehen musste, haben sie keinen der Vorgänge – das Verschluckt-, Verschoben-, Verschachert-, Verscherbelt und Verschmolzen-Werden – mehr erlebt.

Der erste Sohn Conrad Bechmanns, Johannes, war am 22. April 1894 gestorben, der zweite, August, am 13. Juli 1912.

Kinder haben die Brüder – allen verfügbaren Dokumenten nach zu urteilen – nicht gehabt.

Dennoch geht die Geschichte ihrer Familien noch ein kurzes Stück weiter – wenn auch über einen Seitenpfad …

Denn auf den Postkarten vom »Spandauer Bock« – egal, ob sie Ansichten vom »Bock« oder von der »Zibbe« zeigen – erschien als »Oeconom« oder »Oekonom« und späterhin als »Inhaber« zunächst ein »R. Stegmeyer« und nach ihm mit denselben Angaben ein »Albert Stegmeyer«.

In die Periode ihrer Tätigkeit fällt die Herstellung der meisten Bildkarten mit einem »Gruss vom Spandauer Bock«.

Jene Stegmeyers nun waren, wie komplizierte Recherchen ergaben, mit den Bechmanns verschwägerte Angehörige und stammten aus einer unübersichtlich großen Handwerkerfamilie.

Der 1842 geborene »R. Stegmeyer« oder Robert Stegmeyer war ein Bruder jener zwei Schwestern, welche die Bechmann-Brüder am 30. September 1872 in einer Doppelhochzeit geheiratet hatten, demnach deren Schwager.

Der 1870 geborene Albert Stegmeyer wiederum war der Sohn eines weiteren Bruders der beiden Schwestern, nämlich des Malermeisters Adolf Stegmeyer und dessen Ehefrau Henriette, mithin ein Neffe der Bechmanns.

Nachdem Robert zeitweilig als Gastwirt auf dem »Spandauer Bock« und Albert anfangs als Buchhalter und Sekretär für die »Spandauerberg Brauerei vorm. C. Bechmann A.-G.« gearbeitet hatte, fungierten Onkel und Neffe ab 1902, beziehungsweise 1908 als »Oekonomen« auf »Bock« und »Zibbe«.

Dass neben ihren Namen auf einigen Ansichtskarten die drei Buchstaben »Inh.« gedruckt sind, die den Eigner des »Spandauer Bocks«, die »Schultheiss Brauerei A.-G.«,

Die »Grotte« vor dem Alpenpanorama

genausowenig benennen wie der Begriff »Oekonom«, hat gewiss damit zu tun, dass man das veraltete Fremdwort durch ein umgangssprachliches deutsches ersetzen wollte. In den *Berliner Adreßbüchern* jedenfalls steht sowohl hinter dem Namen von Robert Stegmeyer als auch hinter dem von Alfred Stegmeyer nach wie vor »Oekonom« und als Eigentümer des »Bocks« und der »Zibbe« wie eh und je korrekterweise die »Spandauerberg« respektive die »Schultheiß-Brauerei«.

So unmöglich es also war, Nachkommen der Bechmann-Brüder zu finden, so vergeblich war auch alles Bemühen zu klären, warum der Totenschein für August am 16. Juli 1912 von keinem Mitglied aus der Bechmann'schen Linie unterschrieben wurde – wo doch seine Ehefrau, Clara, noch lebte –, sondern von einem Hermann Stegmeyer. Der war der älteste der Schwäger des Verstorbenen und besaß als Maschinenbau-Ingenieur einen eigenen Betrieb in der Wilmersdorfer Straße.

Albert Stegmeyer verkörperte folglich nach dem Tod seines Onkels Robert am 28. Januar 1908 den letzten Angehörigen aus der Bechmann-Stegmeyer'schen Dynastie auf dem Spandauer Berg. Er hatte im Todesjahr seines Onkels dessen Position übernommen und arbeitete forthin zusammen mit einem gewissen Paul Eile als »Oekonom« – oder »Inh.« – auf dem »Spandauer Bock«.

Wenn der Chronist in der am 1. Dezember 1921 ausgestellten Sterbeurkunde Albert Stegmeyers liest, dass der »Schankwirt« am 24. November nachmittags in seiner Wohnung »tot aufgefunden« wurde, dass er nur 51 Jahre alt geworden ist und dass Josef Bauschke, der den Tod bestätigte, auf der Urkunde als »Tischlermeister« firmierte, wo er doch den Angaben der Adressbücher zufolge »Sargfabrikant« war, dann muss der Verfasser seine Phantasie sehr im Zaume halten.

Nicht zuletzt deshalb, weil dieses Tableau ein Datum trug, das dem Ganzen einen beklemmenden Bezugsrahmen gab.

Denn an jenem verhängnisvollen Donnerstag stand fest, dass die »Schultheiss Brauerei A.-G.« allen Erhaltungsversprechen zum Trotz nur fünf Wochen später, am 31. Dezember 1921, die Tore der »Abt. Spandauerberg«, der längst in die Entbehrlichkeit gedrängten Quelle von Conrad Bechmanns Braukunst, für immer schließen wird.

Und so geschah es.

Auf einen Schlag, innerhalb weniger Tage, war damit eine acht Jahrzehnte währende und drei Generationen überdauernde gemeinsame Familien- und Firmengeschichte sang- und klanglos beendet.

Mit einem Federstrich hier und einem Totenschein dort.

Wie ein Epitaph klingt der Satz in Willy Barks *Chronik* von 1937: »Der ganze ›Spandauer Bock‹ gehört heute dem Schultheiß-Konzern, der ihn an die Firma Kahlbaum verpachtet hat.«

So einfach war die Sache freilich nur auf der Nordseite der Chaussee, weil Conrad Bechmann das Gelände dort 1847 und in den Folgejahren Grundstück für Grundstück erworben hatte.

Vertrackter war die Lage auf der Südseite.

Dort hatte er die Parzelle, auf welcher der »Bock« sich befand, 1840 von der Königlichen Regierung, Abtheilung für directe Steuern, Domainen und Forsten, zu Potsdam gepachtet. Und diesen Vertrag übernahm die »Spandauerberg Brauerei vorm. C. Bechmann A.-G.« 1885 bei ihrer Gründung.

Als die Immobilie und mit ihr auch der Pachtvertrag 1903 von ›Potsdam‹ an die Stadt Charlottenburg überging, wurde die Vereinbarung, wie Direktor Brähmer am 14. November 1903 bekanntgab, zwischen beiden Parteien bestätigt und um zehn weitere Jahre verlängert. In denen fand die »Verschmelzung« der »Spandauerberg Brauerei« mit

»Schultheiss« statt, so dass dieses neue Firmengebilde von da an als Vertragspartner von Charlottenburg auftrat.

Nachdem der Vorort dann 1920 nach Berlin eingemeindet worden war, übernahm – das belegen die *Adreßbücher* – die »Stadt Berlin« schließlich das Terrain 1926. Seither bestand das Schuldverhältnis zwischen der Hauptstadt des Deutschen Reiches und der »Schultheiss Brauerei A.-G., Abteilung Spandauerberg«, beziehungsweise dem darübergelagerten Konzern – auch wenn die jeweiligen Verträge nicht mehr so langfristig abgeschlossen wurden wie früher. Und es hielt ohne Unterbrechung an bis zum Ende des Zweiten Weltkriegs.

Das sollte für den »Spandauer Bock« in den Dreißigerjahren noch kaum vorstellbare Auswirkungen haben.

An der Tatsache jedoch, dass »Schultheiss« ihn weiterhin betrieb, hatte sich durch die mehrfachen Wechsel von Pächtern und Verpächtern nichts geändert. Immerfort sorgten Gastwirte oder -wirtinnen und »Oekonomen« auf dem »Bock« und der »Zibbe« für das Wohl der Gäste und wahrten Kontinuität.

Für dieses Bestreben ist es bezeichnend, dass 1922, nach dem Tod von Albert Stegmeyer, dessen Witwe Clara als »Gastwirtin« und zwei Jahre später nach dem Tod von Paul Eile dessen Witwe Anna als »Oekonomin« im Brauerei-Ausschank auf dem »Spandauer Bock« eingesprungen sind.

Zumindest fürs erste.

Die Rede ist von »sozialen Zwecken«

Ein Filetstück des Firmenzusammenschlusses von 1921 war das Anwesen zwischen der ehemaligen Brauerei im Westen und dem Park von Schloss Ruhwald im Osten, das sich über eine Fläche von 96 552 Quadratmetern hinbreitete.

Johannes Bechmann hatte den größten Teil dieser Parzelle 1884 erst einmal gepachtet. Dann, 1890, nach der Umwandlung der Brauerei in eine »A.-G.«, war die Pacht durch Wilhelm Brähmer erneuert worden, den Direktor des Unternehmens. Und anno 1899 hatte die »Spandauerberg Brauerei vorm. C. Bechmann A.-G.«, wie bereits erwähnt, die »nördlich der Charlottenburg–Spandauer Steinstraße belegene« Länderei von der Regierung in Potsdam zum Preis von 390 000 Mark gekauft.

»Spandauer Chaussee 35–39« oder »Park Bechmann« war der Herrschafts- und Altersruhesitz der Brüder.

Die nach Norden ausgerichtete Rückseite von »Schloss Ruhwald«

Sie hatten das Terrain nach dem Vorbild des wesentlich kleineren Nachbargrundstücks – es umfasste ›nur‹ 62 532 Quadratmeter – ebenfalls als Kunstlandschaft gestalten und sich darin von 1892 bis 1893 durch den Architekten Alfred Schrobsdorff im Stil der Neorenaissance eine Villa bauen lassen, ein wenig untertrieben: das »Bechmann'sche Haus«.

Weiter vorne, zur Spandauer Chaussee hin, lag das »Stegmeyer'sche Haus«, in dem Albert Stegmeyer bis zum Ende seiner Tage gelebt hat.

Der Park war ein Ort mit Geschichte und Geschichten.

Bei ihrer Besetzung Berlins hatten die napoleonischen Truppen 1806 hier eine Lagerstadt errichtet und Ziehbrunnen gegraben. Einer von ihnen hatte im Gelände eine Vertiefung hinterlassen. Und als ein neugieriger Bursche irgendwann die Kuhle näher untersuchen wollte, versank er plötzlich lautlos in der Tiefe und ward nie mehr gesehen. Ein Schauermärchen, das August Bechmann seinen Besuchern mit todernster Miene gerne erzählte. Der unterhaltsame Otto Monke gab es später vor den »Brandenburgianern« genauso effektvoll zum besten.

Wahr oder nicht – in jedem Fall gut erfunden!

Es war eine aufstrebende Gegend. Das ist mit den Händen zu greifen auf der im Brandenburgischen Landeshauptarchiv in Potsdam gehüteten Spezialkarte »2A Karten 3601/17 B«, die 1871 begonnen und bis 1905 fortlaufend ergänzt wurde.

Das Dokument zeigt auf einer Teilzeichnung den Abschnitt der *Chaussée von Spandau nach Charlottenburg*, der ungefähr vom »Spandauer Bock« bis zur Ahornallee im Westend verläuft. Nördlich und südlich der Straße sind die dort gelegenen Landstreifen markiert. Die Strecke ist gespickt mit immer denselben Wörtern in Tinte, Blei- und Rotstift: »Verkauft«, »Verkauft«, »Verkauft«.

Bald reihte sich dort ein Bauplatz neben den andern. Auch Schrobsdorff selbst, der »Baukönig von Charlottenburg«, stellte sich hier noch ein »Haus« hin.

Das »Bechmann'sche Haus« war ein feudaler Zweitwohnsitz, eine extravagante Sommerresidenz. Denn ein Zusatz in einem späteren Adressbuch weist unter jener Anschrift darauf hin, dass »i. Winter« die Sophie-Charlotten-Straße 104 als Wohnort der Bechmanns galt. Bei Eis und Schnee war es hier sicherer, einen Fuß vor die Tür zu setzen, als mitten in dem ausgedehnten Park – zumal für ältere Leute.

Sehr bald nun, nachdem die Bechmanns verstorben und ihre Besitztümer nach etlichen Transaktionen bei der Schultheiss-Patzenhofer-Kahlbaum'schen Unternehmensgruppe gelandet waren, 1921, verkaufte die das »Bechmann'sche Haus« mit dem umgebenden Areal an den Landwirt Fritz Hartleben. Der veräußerte es umgehend an Ernst Bickel, den Ge-

Winter auf dem »Bock« und in den Bergen

neraldirektor der »Ernst Bickel & Co. G.m.b.H., Import & Export« … bis es 1926 die »Administratio. Vermögens-Verwaltungs A.-G.« übernahm, hinter der ebenfalls Ernst Bickel stand.

Das Grundstück hatte unterdessen einen Wert von drei Millionen Reichsmark, und Bickel plante, daraus noch mehr Kapital zu schlagen, es parzellieren und bebauen zu lassen.

Da sich der Happen jedoch als zu groß für ihn erwies, holte Bickel Teilhaber zu Tische und ging ihnen gegenüber Verpflichtungen ein, denen er bald nicht mehr nachkommen konnte. Seine Zinszahlungen blieben aus, worauf einer seiner Gläubiger die Zwangsversteigerung des Grundstücks betrieb.

Die fand am 2. Juli 1932 statt. Und den Zuschlag erhielt bei 500 000 Reichsmark die »›Domag‹ Häuser- und Güter-Treuhand A.-G.«, eine Tochter der »Dresdner Bank A.-G.«.

Es ist paradox: So bewegt das Jahrzehnt gewesen war, in dem sich auf der einen Seite der Wandel von Conrad Bechmanns Naturpark unter dem Einsatz von Betrug und Tricks und Täuschungen, versteckten Identitäten und erpresserischen Drohungen in eine schnöde Handelsware vollzogen hatte, so unberührt und friedlich war auf der anderen Seite das Grundstück als verträumte Gartenanlage erhalten geblieben.

Der neue Volkspark Ruhwald

Schloß Ruhwald wird abgerissen – Wohnhäuser am Eingang Spandauer Chaussee

Nach der Erwerbung des an Park und Schloß Ruhwald angrenzenden Bechmannschen Grundstücks durch die Stadt Berlin entschied Staatskommissar Dr. Lippert, daß das gesamte 12,2 Hektar große Gelände zu einem Volkspark umgestaltet werden soll. Die Stadtgartenverwaltung hat nunmehr die Ausarbeitung der Pläne abgeschlossen. Mit der Inangriffnahme der umfangreichen Arbeiten auf beiden Grundstücken ist noch in diesem Herbst zu rechnen.

Wie der Stadtgartendirektor, Pg. Pertl, unserm Mitarbeiter ausführte, kommt es bei der Erschließung dieser Grundstücke darauf an, aus dem vorhandenen Gelände mit seinem alten reichhaltigen Baumbestand einen wirklichen Volkspark mit weiten Flächen und Wiesen zu schaffen, in dem nur die Wegeführung ein festes System erkennen läßt. Neuartig für Berlin gelangt hier das Prinzip des Rundganges zur Anwendung. Die alten umständlich und uneinheitlich angelegten Wege werden beseitigt und dafür zwei in sich deutlich zu unterscheidende Rundgänge – ein kleinerer und ein größerer – geschaffen, die dem Spaziergänger die schönsten Stellen des Parks erschließen.

Zwei Eingänge an der Spandauer Chaussee und ein dritter am Alten Fürstenbrunner Weg, die bei Eintritt der Dunkelheit geschlossen werden, führen auf diese Hauptpfade. Besonders reizvoll werden die Wege im nördlichen Teil des Parks, wo zwei noch herzustellende Brücken über tiefe Schluchten führen. Die eine dieser auf Beton ruhende Holzbrücke wird über 28 Meter lang, während die zweite die Schlucht in mehr als vier Meter Höhe überspannt.

Der vorhandene Baumbestand wird gründlich durchforstet. Alle kranken Gewächse, wie z. B. die Ulmen, werden beseitigt und da, wo es erforderlich wird, neue Bäume und Unterholz angepflanzt. Man trifft hier so ziemlich alle die Gehölze an, die sonst das heimische Landschaftsbild beleben. Von der Höhe des Parkgeländes, das von der Spandauer Chaussee her sanft ansteigt, um dann nach Norden ziemlich steil abzufallen, ergeben sich bereits heute eine Anzahl wundervolle Durchblicke auf das Spree- und Haveltal bis zum Tegeler See, die noch ausgebaut und vermehrt werden. Zwei Lagerwiesen inmitten des Parks, auf deren Errichtung und Pflege großer Wert gelegt wird, werden in den Sommermonaten besonders gern von der Charlottenburger Bevölkerung aufgesucht und benutzt werden. Eine ausgedehnte Blumenwiese wird im Frühjahr mit Krokussen und später dann mit Tulpen sowie weiteren buntblütigen Blumen für das Auge ein schönes, ruhiges Bild bieten.

Im gleichen Maße ist man auch auf das Wohl der Kinder bedacht. In der Nähe einer 25 Meter langen Halle, die Schutz gegen Regen und Unwetter gewähren und der ein alter Ziegelbau Platz machen wird, kommt ein ausgedehnter Spielplatz mit festem Boden zu liegen, auf dem zahlreiche Spielgeräte aufgestellt werden. Eingeschlossen und eingebettet hierin wird ein Sandplatz für die Kleinsten der Kleinen.

Umfangreiche bauliche Maßnahmen bedingen die Schaffung dieser Anlagen. Von besonderer Bedeutung ist, daß Schloß Ruhwald in Anbetracht seines schlechten Zustandes abgerissen wird. Es wurde vor nunmehr 70 Jahren erbaut, hat unzählige Male seinen Besitzer gewechselt, war Wohnhaus, Restaurant mit Sommertheater, Sanatorium und wurde schließlich 1924 von der Stadt erworben. Eine Herrichtung des Bauwerks würde größte Kosten erfordern, die die eines Neubaues übersteigen. Ein Blumenhang wird künftig den Platz des Schlosses einnehmen. Erhalten bleibt das dem Schloß vorgebaute Kavalierhaus mit den Kolonnaden sowie die seitlich an der Spreetal-Allee stehenden Wirtschaftshäuser. Das Kavalierhaus wird als Wohnhaus für die Gärtner des Parks Verwendung finden. Abgerissen und dem Erdboden gleichgemacht wird die alte Mauer, die beide Grundstücke heute noch trennt, wie auch die alten, recht baufälligen Gewächshäuser. Dagegen bleibt das zweigeschossige Wohnhaus auf dem früheren Bechmannschen Grundstück erhalten. Es wird gründlich instandgesetzt und sozialen Zwecken dierstbar gemacht.

Ein besonderes Gepräge erhält der Volkspark Ruhwald an der Spandauer Chaussee. Zunächst erstreckt sich auf der ganzen Frontbreite über 250 Meter ein Parkstreifen in zwanzig Meter Breite, der einfache Rasenflächen und einen lockeren Baumbestand aufweisen wird. Dahinter gelangt eine Randbebauung in 17 Meter Tiefe zur Ausführung. Drei ausgedehnte Blocks von dreigeschossigen Wohnhäusern werden hier von einer Gemeinnützigen Baugesellschaft errichtet. Die geschlossene Reihe der Wohnhäuser wird von zwei breiten Durchgängen unterbrochen, die zugleich als Eingänge in den Park dienen und herrliche Durchblicke in diesen von der Straße her gewähren. Die gegenwärtig an der Spandauer Chaussee im Park Ruhwald stehenden alten Tempel, kleinen Gebäude wie auch die sich hier hinziehende hohe Mauer werden auch abgerissen.

So wird ein weites Gelände, das bislang fast gänzlich der Öffentlichkeit vorenthalten blieb, erschlossen und zu einer Stätte der Erholung umgewandelt, die zu den schönsten Berlins gehören wird. ig.

Frühjahrsarbeiten im Winter

Keine Ruhezeit für die Gartenverwaltungen

Allmählich verschwinden die Blumen in den Parks und auf den Schmuckplätzen Berlins. Schon sind die vielartigen Sommerblumen den Kindern des Herbstes gewichen, und auch deren Zeit ist bald vorüber. Nach und nach werden die Beete abgeräumt und liegen dann leer und verlassen da. Dann scheint die Arbeit der Gartenverwaltungen in den Bezirken beendet zu sein, und vielfach wird angenommen, daß für sie jetzt ein halbes Jahr der Ruhe beginnt. Aber das trifft ganz und gar nicht zu; der Großstädter sieht nur in dem Alltagsgetriebe nicht, daß sich auch jetzt die fleißigen Hände der städtischen Gärtner rühren. Wohl ist es richtig, daß den Herbst und Winter über weniger Kräfte einzusetzen sind, aber die Aufgaben der Gartenverwaltungen sind trotzdem auch in der kalten Jahreszeit recht umfangreich.

Während wir an den Wintersport denken, beschäftigt sich der Gärtner bereits mit dem Frühling, und das Freimachen der Beete von allem, was darauf blühte, ist der Auftakt. Jetzt werden z. B. schon die Blumenzwiebeln in das Erdreich gelegt, die uns im Lenz die ersten Blüten bringen. Sie müssen noch vor Einbruch des Winters, vor dem Einsetzen des Frostes, Wurzeln schlagen. Und auch all die farbenprächtigen Stiefmütterchen, die blauen Vergißmeinnicht, der Goldlack und manche anderen Blumen werden um diese Zeit eingepflanzt.

Mit dieser Vorsorge für die nächstjährige Blütezeit erschöpft sich aber die Winterarbeit der Berliner Gartenverwaltungen keineswegs. Wir schelten oft über die „verschnittenen" Bäume und wissen doch nicht, wie notwendig dieses „Verschneiden" ist. Es ist ja alles andere als eine Laune, wenn die Äste stark zurückgeschnitten werden, vielmehr handelt es sich um eine unerläßliche Maßnahme, und wir dürfen unseren Gartenverwaltungen schon vertrauen, daß sie des Guten nicht zuviel tun, auch wenn wir anderer Meinung sind. Gewiß sieht manchmal ein ganzer Straßenzug öde aus, wenn an den Baumstämmen nur noch Aststümpfe sitzen, aber um so schöner grünen dann auch die Kronen in den kommenden Jahren. Auch die Raupennester in den Bäumen müssen jetzt beseitigt werden. Eine der wichtigsten Arbeiten im Herbst ist aber das Lockern des Erdreiches um die Gehölze herum und das Durchsetzen des

Der *Völkische Beobachter* vom 5. November 1936, in dem der Abriss von »Schloß Ruhwald« und die gründliche Instandsetzung eines zweigeschossigen Wohnhauses, der »Villa Rheinberg«, angekündigt werden. In diese zog am Ende des Jahrzehnts der SS-Mann und Bürgermeister der Reichshauptstadt Berlin ein, Ludwig Steeg (1894–1945).

Als solche erschien sie nun ein letztes Mal auf dem Markt.

Denn durch den Beschluss der Ratsherren vom 18. Juni 1936, das Anwesen Spandauer Chaussee 35–39 der »Dresdner Bank A.-G.« zu einem Preis von 600 000 Reichsmark abzukaufen – welch profitables Geschäft für die Bank! –, wurde die Liegenschaft Eigentum der Hauptstadt Berlin. Aus diesem Grunde konnte der *Völkische Beobachter* vom 5. November desselben Jahres melden, »daß das gesamte 12,2 Hektar große Gelände [also der Bechmann'sche Park zusammen mit dem Ruhwald'schen] zu einem Volkspark umgestaltet werden soll«.

Die Vorstellung dieses Plans begann mit dem Entwurf eines frappanten Projekts: »Besonders reizvoll werden die Wege im nördlichen Teil des Parks, wo zwei noch herzustellende Brücken über tiefe Schluchten führen. Die eine dieser auf Beton ruhende[n] Holzbrücke[n] wird über 28 Meter lang, während die zweite die Schlucht in mehr als vier Meter Höhe überspannt.«

Und überall Krokusse, Tulpen, Narzissen …

Im letzten Drittel aber dieser gigantomanischen Phantasmagorie von Abgründen und Überwegen und blütenbesäten Matten folgte die Beschreibung dessen, was das wohltätige Vorhaben zwangsläufig bedinge: »Von besonderer Bedeutung ist, daß Schloß Ruhwald in Anbetracht seines schlechten Zustandes abgerissen wird. […] Dagegen bleibt das zweigeschossige Wohnhaus auf dem früheren Bechmann'schen Grundstück erhalten. Es wird gründlich instandgesetzt und sozialen Zwecken dienstbar gemacht.«

Was sich hinter der Aktion in Wahrheit verbarg, konnte kein Leser dieser wortreichen Verheißung eines Gartens Eden voller Wiesen, Haine und Auen mit »buntblütigen Blumen« und einem »Sandplatz für die Kleinsten der Kleinen« sowie der Umgrenzung durch moderne Wohnblöcke, die eine gemeinnützige Siedlungsbaugesellschaft errichten werde, ahnen.

Und schon gar nicht konnte er durchschauen, warum einzig und allein das rätselhafte namenlose zweigeschossige Gebäude im Bechmann'schen Park »gründlich instandgesetzt und sozialen Zwecken« zugeführt werde.

Die wahre Intention bei der Bewahrung des Hauses sollte sich erst nach dem Abschluss der Baumaßnahmen zeigen und wird in unserer Geschichte noch zur Sprache kommen. Doch zunächst schritt der Magistrat zum bürokratischen Procedere.

In der *Vorlage für die Ratsherren der Reichshauptstadt Berlin* teilte Oberbürgermeister Dr. Julius Lippert, ehemals Schriftleiter der Gauzeitung der NSDAP *Der Angriff*, ein fanatischer Judenverfolger, unter dem Datum des 8. Februar 1937 mit, er habe eine einmalige außerplanmäßige Ausgabe in Höhe von 139 000 Reichsmark bewilligt. »Begründung:

Das im Besitz der Stadt befindliche parkartige rd. 12 ha große Gelände, das sich im Verwaltungsbezirk Charlottenburg zwischen Spandauer Chaussee und dem alten Fürstenbrunner Weg erstreckt und nach den früheren Besitzern als Schloßpark Ruhwald und Bechmann bezeichnet wird, soll der Bevölkerung als Volkspark zugänglich gemacht werden.

Der größte Teil der Arbeit soll zur Verbilligung des Projektes mit Pflichtarbeitern durchgeführt werden. Die darüber hinaus entstehenden Kosten betragen 130 000 RM, die sich auf 104 000 RM für die gärtnerischen Arbeiten und auf 35 000 RM für den Abriß der Gebäude verteilen.«

Die wies man der Einfachheit halber als »überflüssig« aus (eine, wir kennen sie bereits, bewährte Totschlagvokabel).

Hinter all dem stand die Idee des Generalbauinspektors für die Reichshauptstadt, Albert Speer, den Grunewald nach dem Vorbild des Bois de Boulogne in Paris umzugestalten.

»Der Wechsel«, wie Speer in seinen *Spandauer Tagebüchern* 1975 rückblickend schrieb, »von Waldstücken, Parklandschaften, Rasenflächen und künstlichen Seen: dies alles verbunden mit heiter geschwungenen Kieswegen, war mir im Vergleich zum kargen märkischen Grunewald mit seinen Sandwegen unvergeßlich geblieben.«

So ging man also unter der Leitung des kürzlich erst ins Amt berufenen Stadtgartendirektors »Pg.« Joseph Pertl und seines Gartenarchitekten Hans Migge daran, das 1867/68 vom Geheimen Kommerzienrat von Schäfer-Voit errichtete Schloss Ruhwald und das 1892/93 erbaute »Bechmann'sche« sowie das »Stegmeyer'sche Haus« dem Erdboden gleichzumachen.

»Städtebaulich«, so Oberbürgermeister Dr. Lippert bei der Verabschiedung der Vorlage am 25. Februar 1937 im Roten Rathaus, »eine ganz vorzügliche Angelegenheit.«

Indem eines nach dem anderen dieser Gebäude gesprengt wurde und verschwand, erst das Stegmeyer'sche, danach das Bechmann'sche und schließlich das von Schäfer-Voit'sche, kehrte ein historischer Prozess im Rückwärtsgang Schritt für Schritt zu seinem Ursprung zurück, zum »Spandauer Bock«.

In der Tat: Wo an der Spandauer Chaussee die Parzellen einst als Signal des Aufstiegs mit dem Wort »Verkauft« markiert worden waren, erschien in den *Berliner Adreßbüchern* seit 1939 als Omen des Niedergangs das Wort »Abbruch«.

Und nicht genug damit!

Auf dem früheren Betriebsgelände der »Spandauerberg Brauerei« quartierte sich die Magdeburger Firma »Wilhelm Voß - Albert Würdig & Co.« ein. Deren Tätigkeitsfeld war, so annoncierte sie es, »Verwertung u. Abbruch v. Industrieanlag.«.

Dieses Winterbild macht die Monumentalität des Brauerei-Komplexes besonders deutlich. Die kleineren Baulichkeiten am Rande des Hangs gehören zur »Zibbe« – ebenso wie die dunkle Fläche rechts: die Rückseite des Alpenpanoramas. (Ausschnitt aus einer Postkarte vom Jahreswechsel 1900/01)

Ihr Tun folgte dem Beschluss der Ratsherren der Reichshauptstadt Berlin vom 3. März 1938 zum »Ankauf des etwa 114 685 qm großen Brauereigrundstücks der stillgelegten Schultheiß-Patzenhofer Brauerei an der Spandauer Chaussee 50–56 [...] zum Preise von 1140 000 RM«. Geplant war an dieser Stelle die Errichtung von »Fernsehrundfunkanlagen« durch die Deutsche Reichspost.

Eine Klausel des Vertrags der Stadt mit »Schultheiss« besagte, dass der Verkäufer zur Entfernung der auf dem Gelände stehenden Gebäude »bis zur Erdgleiche« verpflichtet sei und dasselbe quasi besenrein zu übergeben habe.

Während demnach »Wilhelm Voß – Albert Würdig & Co.« auftragsgemäß zu Werke gingen, Haus um Haus und Schornstein um Schornstein zu schleifen, und während zur selben Zeit daneben »zur Verbilligung des Projektes mit Pflichtarbeitern« – im Klartext waren das nach Kriegsbeginn Verschleppte aus den eroberten Gebieten und vor allem Juden – die Schaffung des Volksparks vorangetrieben wurde, blieben die »Zibbe« und der »Bock« – abgesehen von den Belästigungen durch die Geschäftigkeit ringsum – von all dem unberührt.

Doch so wie die Medaille zwei Seiten hat, hat auch der Bierfilz ein Vorn und ein Hinten. Darum war die Intaktheit der beiden Etablissements zugleich auch ein Symptom dafür, vernachlässigt worden zu sein.

Auf dem »Spandauer Bock« war bis auf die Eigentümerwechsel seit einem halben Jahrhundert im Großen und Ganzen alles beim alten geblieben.

Und das war das Problem.

»Noch« heißt »Nicht mehr«

Obwohl Willy Bark in seiner *Chronik von Alt-Westend* im Jahr 1936 unter Bezug auf den »Bock« und die »Zibbe« festgestellt hatte: »Auch heute noch sind beide Lokale gut besucht. Man trinkt abseits vom Lärm der Straße unter den schönen alten Bäumen seine Tasse Kaffee und läßt den Blick über die Spreewiesen schweifen bis zur Jungfernheide und dem nahen Spandau« – brachte das beiläufige »noch« zum Ausdruck, dass das Ende der schönen Tage der Idylle längst angebrochen war.

Außer den Besitzverhältnissen hatten sich auch die Geschmäcker und die Ansprüche verändert.

Das war den Betreibern der Etablissements nicht verborgen geblieben. Nicht zuletzt, weil auf der Hauptversammlung der »Spandauerberg Brauerei« am 2. Dezember 1911 Klage geführt worden war, »dass die Verwaltung für das Ausschanklokal auf dem Spandauer Berg, das so günstig gelegen sei wie kein anderes in Berlin, nichts tue. Es könnte sehr wohl hier der Absatz gehoben werden, wenn die Brauerei das Lokal der Neuzeit entsprechend einrichten würde«.

Gewiss zur Verblüffung der Aktionäre räumten die Herren der Unternehmensleitung freimütig ein, dass die Verhältnisse auf dem »Bock« »dieselben seien wie vor 26 Jahren«, als die A.-G. die Pacht der Gaststätten übernommen hatte. »Zuzugeben sei, dass das Ausschanklokal [...] veraltet sei.«

Dann verwiesen sie auf mögliche strukturelle Veränderungen des Geländes rings um den »Spandauer Bock« durch die Stadt Charlottenburg, auf daraus resultierende planerische Unwägbarkeiten, auf finanzielle Ungewissheiten und darauf, dass es in einer dermaßen unübersichtlichen Lage voreilig sei, »jetzt schon Aufwendungen für Neueinrichtungen zu machen«.

Am Ende all der Einwände und Vorbehalte trugen andere die Verantwortung für das Verpassen der »Neuzeit«.

Den nachfolgenden Schwund der Strahlkraft des »Spandauer Bocks« indes damit zu erklären, er sei »zu vornehm geworden«, ist nur unter der Annahme plausibel, dass sich der Schreiber der *Thorner Presse* vom 19. März 1912 zu lange im Schatten des Zapfhahns aufgehalten hat.

Dann kam der Erste Weltkrieg, kam die »Verschmelzung« mit »Schultheiss«, kamen die gesellschaftlichen Umwälzungen nach der Niederlage des Deutschen Reiches, kam die Weimarer Republik.

Die Verkäufe des neuen Eigentümers der »Spandauerberg Brauerei« waren auf ein Drittel des Friedensabsatzes geschrumpft. Ergo wurde der Aufsichtsratsvorsitzende der »Schultheiss Brauerei A.-G.«, der Geheime Kommerzienrat Wilhelm Kopetzky, nach der Aktionärsversammlung am 12. Dezember 1918 mit den Worten zitiert: »Daß hierdurch die Erträgnisse beeinträchtigt wurden, sei selbstverständlich.«

Genauso unzweifelhaft war, dass in dieser Situation die Modernisierung eines Lokals fernab in den Verzweigungen des Monsterkonzerns vorerst nicht auf die Tagesordnung gelangte.

Infolgedessen blieb auf dem »Spandauer Bock« alles so, wie es war – seit 1885. Seit einem Menschenalter.

Die rosa illuminierte Attrappe eines Alpenpanoramas verströmte keine überraschende Grüß-Gott-Exotik mehr. Die Vergnügungen »auf dem Bock« hatten den Reiz des Neuartigen verloren und waren nur noch von rührender Betulichkeit.

»Chic« war eines der Attribute der geänderten Leitbilder der »Neuzeit«:

Wenn du flott beim Mondenschein
Bummeln willst, dann geh
Mit 'nem chikken Mägdelein
Raus nach Halensee!

Mit dieser Empfehlung begann der »Lunapark-Walzer« in Julius Freunds und Victor Hollaenders Revue *Hurra – wir leben noch!* von 1910. Er war so etwas wie die Programmmusik einer neuen Epoche und ein Fingerzeig dorthin, wo die Menschen jetzt ihr Unterhaltungsbedürfnis befriedigen konnten.

Im »Luna-Park« am Halensee, Hausnummer Kurfürstendamm 124a, konnte man neben dem »Bayerischen Dorf« eine »elektrische Gebirgsbahn« besteigen, die zwei Kilometer lang kreuz und quer und auf und ab »durch Grotten, Berge und Täler« rumpelte und an einer Stelle über ein Gefälle von 80 Prozent in die Tiefe raste – besser: stürzte.

Ein durchtechnisiertes Etablissement wie dieses – oder der »Sternecker am Weißen See« oder die »Neue Welt in der Hasenheide« – lief einer Vergnügungsstätte wie dem »Spandauer Bock« meilenweit den Rang ab.

Ihr aller Vorbild war der *amusement park* von Frederic Thompson und Elmer Dundy auf Coney Island, New York, mit seiner Fülle von Attraktionen.

Da wurde der »War of the Worlds« ausgefochten, eine Reise zum Mond oder wahlweise zum Nordpol angeboten, konnte man durch die Kanäle von Venedig gondeln, auf dem

»Gebirgs-Szenerie-Bahn«, oder: Alpentour im Zeitraffer. In Erich Engels Film von 1930 *Wer nimmt die Liebe ernst?* ist diese und manche andere Attraktion des »Luna-Parks«, zum Beispiel die Wahl der »Sommerkönigin«, nach wie vor zu bestaunen.

Rücken dressierter Elefanten durchs ferne Indien schaukeln und sich noch einmal den »Forty-Niners« zur Goldsuche nach Sutter's Mill anschließen. Mit echten Eisenbahnwagen wurde unter wilden Schießereien »The Great Train Robbery« nachgestellt.

Und über all das Gedröhne, Geballere und Getöse strahlte bei Nacht der sechzig Meter hohe »Electric Tower« mit seinen Abertausenden von unablässig blinkenden und blitzenden und flackernden bunten Lichtern. Es muss so etwas wie eine wohlig durchlittene Hölle der Unterhaltung gewesen sein.

Es war der letzte Schrei.

Und hallte der von Coney Island auch nur als schwaches Echo herüber, so wollten ihn doch die Berliner jetzt ebenfalls hören. Ihr »Luna-Park« hatte tagein tagaus sechzigtausend und zwei Monate nach seiner Eröffnung am 14. Mai 1910 bereits eine Million Besucher registriert.

Die vergnügten sich auf der größten Wasserrutschbahn der Welt und kreischten mit lustvollem Entsetzen auf der legendären »Wackel-« oder »Shimmy-Treppe«, an deren Ende

In der Frühzeit des 20. Jahrhunderts lag der Halensee noch deutlich sichtbar am Rande der Weltstadt Berlin – gleich neben dem Alpenweiler.

ein Gebläse die Röcke der Damen hochpustete. »Luna-Park«-Cancan. Es gab ein Ballhaus mit Tischtelefonen, italienische Opernnächte, Jazzmusik aus den U.S.A. sowie ein internationales Varietéprogramm. Im »Somalidorf« führten »etwa hundert Neger aus Tschibuti in Ostafrika ihre Kriegsspiele und wagehalsigen Wasserkunststücke auf« (wobei sie, so wurde gemunkelt, darauf achten mussten, dass sich die Schminke nicht abwusch, bevor sie im bayerischen Gebirgsdorf in der »Schuhplattlertruppe« tanzten).

Als das Haus nach dem Ersten Weltkrieg wiedereröffnet wurde, hatten Kulissenmaler die Berg- und Talbahn, worüber sich die *Vossische Zeitung* am 23. Mai 1920 irritiert zeigte, »mit riesenhaften Farbklexen als kubistische Schnellbahn« gestaltet, glitzerte aufs Neue der »Eiserne See«, eine wogende Blechoberfläche, auf der ›Boote‹ wie in einem Autoscooter umeinander kurvten und sich rammten.

Das alles konnten Gäste mit anderen Präferenzen entspannt von einer Schwebebahn über dem Halensee aus betrachten, um anschließend die Wahl der »Sommerkönigin des Lunaparks« zu verfolgen. Oder einen Frauen-Ringkampf. Falls sie noch nicht hinreichend

Ein »Exzess« der anderen Art: Am 24. August 1910 hatte »eine Anzahl widerspenstiger Neger« einen Ausbruchversuch aus dem »Somali-Dorf« unternommen und dabei – schier unfassbar! – einen königlich preußischen Schutzmann bedroht.

erregt waren durch die leichtbekleidet zuhauf über das Gelände stöckelnden und trippelnden Revue-Girls.

Und Obacht: Striptease gab es auch.

Die ganze Chose schien, so drückte es ein Kritiker aus, »dem Gehirn eines Dadaisten entsprungen«. Weit mehr als tausend Bedienstete wuselten dort umeinander.

Alles war »in amerikanischer Manier« größer, greller und grandioser. Weshalb ein Feuerwerk nicht wie bisher ein »brillantes« war, sondern – am 27. Juli 1921 – ein »Riesen-Brillant-Höhen-Wasser-Front-Feuerwerk«.

Maxe Schmeling besiegte Max Diekmann im »Luna-Park« am 24. August 1926 wenige Sekunden nach Beginn des Kampfes durch k.o. und war damit erstmals Deutscher Meister im Halbschwergewicht. Ein Jahr später wurde unter einem automatisch gesteuerten gläsernen Dach das größte Wellenbad Europas eröffnet, in dem sich an einem einzigen Tag dreitausend Badenixen und -nöcks tummelten. Bald hatte es seinen Spitznamen weg: »Nuttenaquarium«. Im »Hippodrom« des »Luna-Parks« präsentierte Buffalo Bill seine Wild-West-Show mit dem »Congress of Rough Riders of the World« und deren »Deeds of Bravery«.

Und in John Hagenbecks »Raubtier- u. Sudanesen-Schau«, einem ambulanten Zoo, in dem zwischen Mensch und Tier wenig unterschieden wurde, waren diesmal alle echt, so dass sich in der Stadt die Furcht verbreitete, sie könnten »weiße« Mädchen rauben (wenn nicht gar fressen).

Hans Kafka kam zu dem Schluss: »Der ganze Rummelpark ist nicht, wie etwa St. Pauli oder der Prater, etwas organisch oder traditionsmässig Gewachsenes, sondern wurde nach amerikanischem Muster vorsätzlich angelegt.«

Der Wiener Publizist, hätte in seinem Bericht im *Berliner Tageblatt* vom 7. August 1928 auf den »Bock« verweisen können, dessen Unterhaltungsangebot über acht Jahrzehnte hinweg zwar »organisch« gewachsen, aber nicht mehr *up to date* war.

Man schrieb die Zwanzigerjahre, und die schillerten golden – wie Talmi. Eine Glanzzeit des Chichi und des Schrägen.

Nicht *Das Schicksal eines jungen Dorfkaplan* in den Alpen interessierte mehr das Publikum, sondern die Frage *Was macht der Maier am Himalaja?* Nicht *Das trotzige Dirndl* sorgte mehr für Ärger, sondern *Tante Jutta aus Kalkutta*. Der *Bockwalzer* vom Tanzboden hatte seinen Unterhaltungswert gegenüber dem *Tiger Rag* auf dem *dancefloor* verloren. Saxophon- statt Hackbrettspiel. Nicht Lüftlmalerei war der Hingucker mehr, sondern Art déco. Fransenkleidchen á la Flapper und lange Zigarettenspitzen in Bubikopfgesichtern beherrschten das Erscheinungsbild einer jungen Generation.

Für sie war das Alte *passé*.

Der Krieg war vorüber. Die Wirtschaft zog wieder an. Und der schöne Gigolo, der arme Gigolo erhielt aus dem Munde Richard Taubers den Tagesbefehl, der dem Augenblick galt:

> … denke nicht mehr an die Zeiten.

Als die nackte »Schwarze Venus« Josephine Baker im Nelson-Theater am Kurfürstendamm ihr Bananenröckchen wippen ließ, war die berlinische Bodenständigkeit der Ära Wilhelmine Buchholz schon seit langem verpufft. Jener Lehrsatz aus dem unerschöpflichen Füllhorn ihrer Weisheiten: »Die gute alte Zeit hatte doch Manches für sich«, gab immer weniger Menschen Anstoß zu einem Besuch »auf dem Bock«.

»Nicht mehr« stand dem entgegen.

Das »Bairisch Bier« war nicht mehr eine Neuheit. Ein Hau-den-Lukas im Grunewald übte nicht mehr als Ablenkung vom Stress in der Großstadt dieselbe Anziehung aus wie die moderne und vor allem urbane Amüsierindustrie. Der Ankunft auf dem Spandauer Berg ging nicht mehr ein erwartungsvoller Karawanenzug durch die »Sand-« oder »Saharawüste«

voraus. Kaffern im Grunewald zu kochen, war nicht mehr jottvoll. Und die Verkehrsmittel wurden nicht mehr lauschig mit Vorhängen zu »Valobungs-Jondeln« umgemodelt.

Willst du romantische Feste,
gehst Du beis Kino hin …

dichtete Kurt Tucholsky 1922.

Kurzum: Willy Barks nostalgischem »Noch« stand ein faktisches »Nicht mehr« gegenüber.

Liebe, Lust und Leidenschaft – ja! Aber nicht mehr hautnah, sondern technologisch vermittelt. Wenn man so will – auch ein Ausdruck der Neuen Sachlichkeit.

Wie zur Bestätigung dieses Wandels ließ sich in demselben Jahr, in dem Tucholsky seine poetische Adresse *An die Berlinerin* als Bannerführerin der Moderne richtete, das »Nicht mehr«, das Nicht-Eintreffen von Erwartetem, einem anderen »Spandauer Bock«-Text entnehmen, einem anderen Seismographen von Kulturbewegungen.

1922 versuchte Erdmann Graeser, sich mit *Koblanks,* der Bierkutscher-Schmonzette einer »Berliner Familie«, an Julius Stindes Geschichte »aus dem Leben der Hauptstadt«, *Familie Buchholz,* anzuhängen. Wenig überraschend erwähnte er dabei in dem Roman ein paarmal den »Spandauer Bock«.

Und mehr nicht.

Der Name fällt als verbales Berlin-Signalement, doch er wird nicht mehr mit Leben gefüllt. »Vielleicht macht Ihr allesamt eine Landpartie nach dem Spandauer Bock« … ein Satz, der auf etwas anspielt, das für die Erzählung nichts hergibt, den meisten Ortsfremden nichts sagt, und als Assoziation oder Motiv sofort wieder verfliegt und im Fortgang der Handlung nicht angesteuert wird. Die Kremser-Gesellschaft in Kapitel 3 und 4 besucht stattdessen ein Gartenlokal unweit von Pichelsberg direkt am Ufer der Havel.

Später geht es in die Hasenheide. »Da is 'n Eisbär zu sehen, der zehn Matrosen jefressen hat […].«

Weniger martialisch war die Alternative in Else Urys emanzipatorischer Backfisch-Erzählung *Wie einst im Mai* von 1927. Dort ist der »Spandauer Bock« nur noch ein flüchtiger Sekundengedanke zwischen zwei Bindestrichen, und Eva und ihre Freundinnen beschließen, ihr Kränzchen stattdessen in Neu-Trebbin abzuhalten, denn »da ist die beste Musik«.

Sein Auftritt in Kory Towskas alias Elisabeth Rosenbaums »Märkischer Ballade« *Seewind* über die nächtlichen Streiche einer Bande pubertierender Piefkes war 1914 noch trivialer gewesen – er verdankte ihn dem Metrum und dem Reimzwang:

Dass sich auf der »Zibbe« vor gemalter Alpen-Kulisse modellierte Trachten-Figürchen bewegten, war angesichts des Coney-Island-Verschnitts im »Luna-Park« mit seinem geballten Schickimicki-Tingeltangel nur noch von reizloser Vorgestrigkeit.

Und als sie nach Zehdenick kamen
Bei der Badeanstalt vorbei,
Da badeten dort ein paar Damen,
Und furchtbar gellte ihr Schrei:

»Da klettern ja Jungs auf die Bohlen?
Wo ist mein Unterrock?
Den haben sie mir gestohlen,
Und fahren zum Spandauer Bock!« […]

Während somit der »Spandauer Bock« dabei war, als Sujet farb- und konturlos aus der Literatur zu verschwinden wie die »Abt. Spandauerberg« aus der Firmengeschichte, hatte ein anderer Autor im letzten Moment die Zeichen der Zeit ganz dezidiert in diesem Etablissement erkannt und an ihm festgemacht.

Walter Mehring, jüngst 24 Jahre alt geworden, ein Freund des Obszönen und der ästhetischen Provokation, hatte sich 1920 mit einem Text unter dem Titel *Enthüllungen* literarisch auf eine dadaistische Expedition ins ferne Japan begeben und Wörter, Sätze, Szenen aneinander gereiht, deren Irrwitz kein Leser nachvollziehen kann.

Bis er am Ende erleichtert Boden unter den geistigen Füßen verspürt, als das Dada-Wesen ins heimatliche Berlin wieder einzieht – den »Großstadtsumpf, in dem heterogenste Elemente stagnieren. Man träumt vom süßen Mädel, das am andern Ende wohnt, aber nebenan kotzt der dicke Reichspräsident sein Salvatorbräu aus. Man hat den erlösenden Menschheitsgedanken, aber die Schreibwarenlager feiern Sonntagsruhe und die Gläubigen schwofen am Spandauer Bock. Die schönen Seelen finden sich nicht. Die eine oxydiert schon in N.O., die andere kegelt noch ahnungslos in W.W.« und hofft im Hier und im Jetzt der »Roaring Twenties« kurzsichtig auf alle neune.

Es war ein Szenarium wie auf einem Gemälde von George Grosz, grotesk und dekadent. Ein Totentanz.

Mittendrin übergibt sich der Sozialdemokrat Friedrich Ebert als pervertierter Gambrinus nach dem Genuss eines Bieres, das ausgerechnet den Namen des Heilands trägt. Das befreiende Losungswort aus allem Elend kann nicht zu Papier gebracht werden, weil die Läden zu haben. Und die Christen sitzen nicht auf den Bänken einer Kirche, sondern auf denen des »Spandauer Bocks«, wo man noch nie »Salvator« getrunken hat. Dort ist nicht mehr die Stätte unbeschwerter Heiterkeit, sondern eine makabre Destille im Schatten von Teilnahmslosigkeit und Verwesung.

Von einem »Retter« keine Spur.

Nirgends.

Indem der »Spandauer Bock« in diese Dekadenz-Phantasie motivisch mit eingefügt war, war sie auch für ihn zum Menetekel geworden.

Wieder einmal diente der »Spandauer Bock« als eine Projektion, bei deren genauer Betrachtung sich das Gegenwärtige und das Kommende zeigte – in diesem Fall: der zivilisatorische Umbruch und Niedergang am Ende der Weimarer Republik.

Dementsprechend fand sich der »Bock«, nachdem das »Bechmann'sche Haus«, der »Park Bechmann« und die »Spandauerberg Brauerei« von »Wilhelm Voß – Albert Würdig & Co.« sowie von polnischen und jüdischen »Pflichtarbeitern« beseitigt worden waren, in jene Rolle zurückversetzt, die er am Anfang seiner Existenz gespielt hatte: in die einer Waldwirtschaft am Wege.

Über der lag freilich nicht mehr der rosige Schein des Alpenglühens, sondern zogen die Schatten eines düsteren Zeitgeists herauf.

Das Drumherum war unheildräuend.

Diese unscharfe Aufnahme (1933) ist vor den Zerstörungen im Zweiten Weltkrieg eines der letzten Fotos der »Zibbe«, links, und der »Spandauerberg Brauerei«, deren Verwaltungsgebäude in der Bildmitte zu sehen ist – ganz hinten das Rathaus Charlottenburg.

Aber dagegen konnte der »Spandauer Bock«, von dem einst so viel Lebenskraft ausgegangen war, nicht mehr Widerstand leisten.

Vom Kriege verweht

Wie sehr die Einzigartigkeit des Ortes verloren gegangen war, deutete schon die Tatsache an, dass für den »Spandauer Bock« keine Motivkarte mehr gedruckt und dort auch keine mehr geschrieben wurde. Der letzte nachweisbare Poststempel stammt vom 6. September 1918!

Da hatte zu Beginn der Dreißigerjahre der Versuch zur Wiederbelebung der alten Tradition durch die Herstellung einer neuen Ansichtskarte – jetzt im Format DIN A6 – eine besondere Bedeutung. Und die ist leicht zu durchschauen.

Sie war politisch motiviert.

Sie nennt einen Friedrich Schulz als »Oekonom«. Nach Auskunft der Adressbücher war er seit 1934 auf dem »Bock« als Gastwirt tätig – durchgehend bis zum Untergang.

Die mit seinem Namen versehene Karte ist mit keinem »Gruß vom Spandauer Bock« mehr beschriftet und liegt in drei Fassungen vor. Dabei ist das bildliche Grundmotiv jedes Mal dasselbe: eine Ansicht der Straßenfront des »Bocks« von Westen her. Die Versionen unterscheiden sich lediglich durch die in sie hineinretuschierten Hakenkreuzbanner.

Auf der einen Karte ist eines links vom Aufstieg zum »Bock«-Gelände auf halber Höhe um den Mast verwickelt, während auf der rechten Seite eine senkrecht längs schwarz-weiß gestreifte Stoffbahn ohne Abzeichen von derselben Position herabhängt. Auf der zweiten Karte ist diese Flagge durch ein Banner mit einem eher zierlichen Hakenkreuzchen ersetzt und das linkerhand kaum sichtbare Parteisymbol nach wie vor halb verdeckt. Auf der dritten Karte schließlich hängt dieses Banner an der Spitze der Stange – genauso wie jenes, das auf dem Mast zur Rechten gehisst ist und zwar mit einem ungewöhnlich breitbalkigen Hakenkreuz. Unübersehbar ist in beiden Fällen die Übermalung der vorherigen Halbmastbeflaggung.

Liegen die drei Ansichtskarten in dieser Reihenfolge nebeneinander, spricht aus ihnen ein von Hand gefertigtes zwar dilettantisches, aber zunehmend demonstratives Bekenntnis zum Nationalsozialismus auf dem »Spandauer Bock«.

Wo die Fahne hoch gezogen war, wurde kundgetan, wer jetzt hier das Sagen hatte.

Bereits im Verlauf der überhitzten Auseinandersetzungen im Vorfeld der Reichstagswahl vom 31. Juli 1932 hatten die Nazis auf dem »Spandauer Bock« eine Kundgebung abgehalten. Und zwar am vorigen Sonntag, dem 24. Juli.

Ein Wendepunkt, ein Schicksalstag für den »Bock«.

Denn ans Pult getreten war da unter anderem August Wilhelm Prinz von Preußen, der vierte Sohn des ehemaligen Deutschen Kaisers Wilhelm II., seit 1930 Mitglied der NSDAP und seit 1931 SA-Mann im Rang eines Standartenführers.

Von dessen Auftritt berichtete ein zufällig anwesender Journalist der französischen Zeitung *L'Ouest-Éclair* aus Rennes in der Bretagne unter der Überschrift »Ein Sohn des Ex-Kaisers kündigt die bevorstehende Rückkehr seines ›erlauchten Vaters‹« an. Der habe den Inhalt der Worte des Prinzen gebilligt.

Bei ihrer Wiedergabe folgte eine Reihe propagandistischer Phrasen, fiel der Name Friedrichs des Großen, und zum Schluss habe »le fils de l'ex-kaiser« unter dem Beifall seiner Zuhörer die Zuversicht geäußert, dass man »die Feinde Deutschlands endlich zur Räson bringen werde. […] Das Dritte Reich werde demnächst verwirklicht sein, bientôt réalisé«.

Erstmals erschien der Text am 26. Juli 1932 auf der Titelseite des Blattes, wo als Ort der Veranstaltung mit dem Wilhelm-Zwo-Sohn »Charlottenburg« angegeben war.

Dann, zwei Tage später, erinnerte der *L'Ouest-Éclair* auf Seite 2 im Zusammenhang eines Artikels über den Reichswehrminister Kurt von Schleicher mit einem *Keystone*-Foto des Prinzen in SA-Uniform noch einmal an dessen Rede von vorgestern und nannte jetzt auch präzise die Stätte, an der August Wilhelm seine Drohungen ausgestoßen hatte – den »Spandauer Bock«.

Während deutsche Medien die Sache eine Woche vor der Wahl im Berliner Hexenkessel von Verhaftungen und Absetzungen, Hetzkampagnen, Attentaten, Rücktritten und Mord und Totschlag für bedeutungslos gehalten oder den Termin aus demselben Grund nicht wahrgenommen hatten, waren der französischen Presse das Auftreten und die Äußerungen des Hohenzollern gleich zweimal eine Meldung wert.

Uns liefern sie ein Indiz dafür, dass der einst rötliche »Spandauer Bock« seinen politischen Farbton gewechselt und verdunkelt hat.

Schluss war jetzt auf ihm mit sozialdemokratischen oder kommunistischen Sympathiekundgebungen! Die letzte ist durch den späteren Bezirksvorsitzenden der Sozialistischen Arbeiterpartei (SAPD) in Charlottenburg Bernhard Adam nachgewiesen, der dort im Sommer 1931 eine Ansprache gehalten hatte.

Am unteren Rand der Propagandakarte steht die vertraute Anschrift des »Bocks«: »Spandauer Chaussee 60«.

Orientiert man sich an ihr, lässt sich eine am 9. Januar 1972 in der *Berliner Morgenpost* veröffentlichte und seither ebenso pausen- wie nachweislos durch das Schrifttum geisternde Behauptung widerlegen: »Mit ›Bock‹ und ›Zibbe‹ war es in den Dreißigerjahren vorbei, nachdem die 1917 von Schultheiss erworbene Brauerei bereits Ende des Ersten Weltkrieges

(Keystone View.)

LE FILS DE L'EX-KAISER HARANGUE LES HITLERIENS

Ainsi que nous l'avons relaté lundi, le prince Auguste Guillaume, le 2e fils de l'ex-kaiser, a parlé dimanche à Spandauer Bock, au cours d'une réunion de nazis, à qui il a annoncé le retour prochain de son « auguste père ».

Ausriss aus dem *L'Ouest-Éclair* vom 28. Juli 1932, in dem die Zeitung ihre Meldung vom Auftritt des »Ex-Kaiser«-Sohns auf dem »Spandauer Bock« wiederholt

ihre Produktion eingestellt hatte und eine Zeitlang von der chemischen Fabrik C.A.F. Kahlbaum benutzt wurde.«

Die Aussage stammt von dem 62-jährigen Heimatforscher Kurt »Kutte« Pomplun. Und sie ist befremdend.

Denn das Gegenteil ist richtig.

Das beweist nicht nur Willy Barks Bemerkung über die beiden im Olympiajahr 1936 gut besuchten Lokale »unter den schönen alten Bäumen«, sondern bestätigen auch die *Berliner Adreßbücher* für die Jahre von 1932 bis 1943. Der 1943er Band war der letzte vor Kriegsende erschienene.

Immerfort verzeichnen sie für das Grundstück Spandauer Chaussee 60–65, das ist die Postadresse des »Spandauer Bocks«, als Eigentümer die »Stadt Berlin« und – wie wir gleich sehen werden: verräterischerweise mit Ausnahme des Jahres 1933 – für das darauf stehende Gebäude als Verwalter zunächst den Gastwirt August Guski und ab 1934 den Gastwirt Friedrich Schulz, mithin den »Oekonom« von der Hakenkreuzkarte. Deren Verkauf und Versand geht mit seiner Dienstzeit einher.

Ein Blick auf die gegenüber liegende Straßenseite ergibt dasselbe Bild. Unter der Hausnummer 57, nämlich jener der »Zibbe«, ist als Eigentümer die »Schultheiß-Patzenhofer Brauerei A.-G.« eingetragen und Jahr für Jahr ein Gastwirt, beziehungsweise eine Gastwirtin.

Anfangs, seit 1932, Franz Wiedehöft, der vorher Ökonom bei der »Deutschen Bierbrauerei A.-G.« im nahen Pichelsdorf gewesen war, und nach ihm ab 1938 Hermann Plaggé sowie ab 1942 Charlotte Plaggé, seine wahrscheinlich verwitwete Ehefrau.

Mit einem Wort: Alle diese Angaben untermauern die Folgerung, dass sowohl der »Bock« als auch die »Zibbe« ohne Unterbrechung bis 1943 bewirtschaftet wurden.

Mochte das Bier, wie der CBS-Korrespondent William L. Shirer, ein Freund der Berliner Gartenlokale, seinem amerikanischen Hörfunk-Publikum am 14. Juli 1940 aus der Reichshauptstadt berichtet hatte, »auch nicht mehr das [sein], was es in Deutschland einmal war«, so wurde es doch mit Sicherheit auf dem »Bock« und der »Zibbe« noch beim Flattern der Parteifahnen getrunken.

Und sein Hersteller war wie eh und je seit 1917 – das ist auf der Hakenkreuzkarte bei entsprechender Vergrößerung dem Bogen über der Treppe zum »Spandauer Bock« zu entnehmen – »Schultheiss«, respektive »Schultheiss-Patzenhofer«.

Die Frage ist allenfalls, welcher Art das Publikum war, das dafür gesorgt hat, dass »Bock« und »Zibbe« im Dritten Reich »gut besucht« waren, und was auf der nachträglich angebrachten Schrifttafel über dem Eingang gestanden hat.

Spandauer Bock, Charlottenburg 9 Spandauer Chaussee 60.
Fernsprecher 99 39 09. Oekonom Friedrich Schulz.

Die beiden Hakenkreuzbanner rechts und links vom Aufgang zum »Spandauer Bock« machten deutlich, dass auch dieser Ort der Lebensfreude nunmehr gleichgeschaltet war.

Den Todesstoß versetzte den Etablissements erst ein Bombenangriff auf das dortige Zielgebiet – vielleicht jener der Royal Air Force vom 15. Februar 1944 –, der nach den »Umgestaltungs«-Maßnahmen der Nazis auch die letzten Mauern auf dem Spandauer Berg in Schutt und Asche legte.

Der Artikel von Arno Wallner in der *Charlottenburger Zeitung* vom 26. August 1944, »Der ›Bock‹ und die ›Zibbe‹«, der an die einstmals hier herrschende Fröhlichkeit erinnerte – »das kann man wohl sagen!« –, war ein zeitnaher Nachruf.

Stehen geblieben war auf der Nordseite der Spandauer Chaussee allein das aus dem *Völkischen Beobachter* vom 5. November 1936 bekannte, aber nicht weiter für der Rede wert gehaltene »zweigeschossige Wohnhaus«.

Dieses Gebäude mit dem sich auf der Rückseite zur Spree hin wuchtig wölbenden Fassadenelement und der geschwungenen Freitreppe stellt ein prägnantes Beispiel des Neobarock dar und befand sich seit 1924/25 neben dem »Bechmann'schen Haus« im weitläufigen Grün des dazugehörigen Parks.

Der »Spandauer Bock« mit der Reichsstraße links. Deutlich erkennbar ist das nach Süden hin abfallende Terrain.

Dieses »zweigeschossige Wohnhaus« aber trug vom ersten Tag seines Bestehens an offiziell einen Namen, den Namen seiner Bauherrin.

Es war die »Villa Rheinberg«.

Und die hat ihre eigene Geschichte.

Am Beispiel einer Villa

Ida Rheinberg, von der bis dato nicht mehr bekannt war denn ihr Name, wurde am 26. April 1860 als Ida Theodora Trautmann in Aachen geboren und lebte seit 1885 in New York. 1909 hatte sie in Hoboken, New Jersey, den gleichaltrigen – wie er sich selbst bezeichnete – »Broker« Maximilian Siegfried Rheinberg aus Frankfurt am Main geheiratet.

Das Ehepaar war wohlhabend, und »Max« Rheinberg betätigte sich als generöser Mäzen. 1913 nahm er die amerikanische Staatsbürgerschaft an – die nun auch für Ida Rheinberg galt –, verstarb dann aber 1920 bei einem Aufenthalt in seiner Heimatstadt.

Nachdem seine Witwe daraufhin, 1921 und 1923, zweimal nach Europa und ins Deutsche Reich zurückgekehrt war, ließ sie sich 1925 dauerhaft in Berlin nieder. Einmal um sich von Spezialisten wegen ihres Gelenkrheumatismus behandeln zu lassen, sie war gehbehindert. Zum anderen, weil sie Mitglied des Aufsichtsrats der »Getreiderentenbank für Landwirtschaft A.-G. Berlin« am Kurfürstendamm 17 war.

Ihr fünfstöckiges Wohnhaus in Manhattan unweit des Central Parks in New York hatte sie im Frühjahr 1922 in »a good week in real estate« für 100 000 Dollar verkauft, so dass der Eindruck sich aufdrängt, sie habe die Zelte in den Staaten hinter sich abbrechen wollen.

Die Umstände, unter denen sie sich anschließend diesseits des Atlantiks von Leberecht Schmidt, dem »Baumeister Berlins«, mit großem Aufwand ein feudales Domizil gestalten lassen konnte, auf einem Grundstück zumal, das ihr nicht gehörte, sind unbekannt.

Denkbar ist, dass sie die Möglichkeiten genutzt hat, die ihr der Posten in der »Getreiderentenbank« bot, die in einer Phase der Hyperinflation im Deutschen Reich vor 1924 als sogenannte Festwertbank ein gewisses Maß an Geldsicherheit gewährleistete und sehr gut vernetzt war.

Oder aber – Ida Rheinberg saß obendrein im Aufsichtsrat der »Rheinberg & Co., Kellerei Schloß Rheinberg A.-G.« –, dass es von diesem Unternehmen aus zum Zeitpunkt der Errichtung des Gebäudes eine Verbindung zum gegenwärtigen Eigentümer des Parks gab.

Da dieser in der Phase der Errichtung der Villa Ernst Bickel hieß, von dem wir bereits wissen, dass er das Grundstück eines Tages verlieren wird, und da Ida Rheinberg während der Bauerei mehr als ein Jahr lang in seinem Haus logierte und gemeldet war, bietet sich als dritte Möglichkeit eine Beziehung in diese Richtung an.

Nur: das bleibt alles Spekulation.

Die Rückfront der »Villa Rheinberg« am Spandauer Damm 218–220 im Zustand von 2015

Das lebenslängliche Wohnrecht jedenfalls, das Ida Rheinberg von den seit 1921 wechselnden Herren des Bechmann'schen Parks grundbuchlich garantiert war, stellte bei den Verhandlungen zwischen der »Dresdner Bank A.-G.« und dem Magistrat über den neuerlichen Verkauf des Anwesens im Jahr 1936 kein Hindernis dar.

Wies doch der Kämmerer mit wenig Feingefühl gleich zweimal darauf hin, dass »Frau Rheinberg 76 Jahre alt ist« und die Stadt nach dem (ergänze: hoffentlich baldigen) Ableben von Frau Rheinberg über das Gebäude mit einem Zeitwert von 90 000 Reichsmark ungehindert disponieren könne.

Offensichtlich besaß die spät verheiratete Ida Rheinberg keine Erben.

Nach Auskunft der Adressbücher hat sie ihre Villa von 1926 bis 1936 bewohnt. Gerade einmal zehn Jahre lang hat sie deren imposante Architektur und opulentes Ambiente genießen können.

Dann erfüllten sich die unverhohlenen Erwartungen des Stadtkämmerers. Denn kaum war seine »Dringlichkeitsvorlage« über den Ankauf des Grundstücks Spandauer

Chaussee 35–39 am 18. Juni 1936 von den Ratsherren der Hauptstadt Berlin beschlossen, das Sitzungsprotokoll sowie der Vertrag mit der »Dresdner Bank A.-G.« unterschrieben und die Tinte auf den Dokumenten getrocknet, starb Ida Rheinberg am 23. Juli 1936 in der »Villa Rheinberg«.

Worauf das Objekt »von der Stadt übernommen« wurde.

Jetzt konnte es – wir erinnern uns an die Vision des *Völkischen Beobachters* vom 5. November 1936 – »gründlich instandgesetzt« und einem neuen Nutzen oder Nutzer zugeführt werden. Inwiefern der allerdings, wie proklamiert, »sozialen Zwecken« diente, das bestimmte immer noch die nationalsozialistische Bürokratie.

Denn mutmaßlich schon 1938, nachdem die Spuren der Vorbesitzerin aus dem Gebäude entfernt worden waren, taucht ein gewisser Ludwig Steeg als dessen Bewohner auf.

Ludwig Steeg, einst Oberinspektor der Stadtreinigung, war Angehöriger der SS und seit 1937 Bürgermeister der Reichshauptstadt Berlin. Joseph Goebbels hatte es bedauert, dass man für dieses Amt keine »repräsentativere Figur« gefunden habe, nichts als einen »Knaben«, keinen »Kerl«.

Mit Rücksicht auf das deshalb umso dringendere Selbstbestätigungsbedürfnis dieses Mannes, der noch zum SS-Brigadeführer und Oberbürgermeister von Groß-Berlin aufsteigen sollte, entging das angeblich »sozialen Zwecken« zugedachte »zweigeschossige Wohnhaus« *alias* die »Villa Rheinberg« der weitflächigen Plattmacherei im Bechmann'schen und Schloss Ruhwald'schen Gefilde und wurde Ludwig Steeg als »Dienstwohnung« bereitgestellt.

So konnte sie ein Mahnmal werden.

Denn wie durch ein Wunder hat sie zu guter Letzt auch das Inferno der Kämpfe um und in Berlin überstanden.

Eine schmale – im Landesarchiv Berlin verwahrte – Akte schlägt eine Brücke vom Aufenthalt des SS-Mannes Steeg in der »Villa Rheinberg« hinüber in die Zeit nach Kriegsende und in unsere Epoche.

Weil alle Unterlagen sowohl in Bezug auf das Gebäude wie auch den Bechmann'schen Park »durch Feindeinwirkung vernichtet worden« waren, sich das Bezirksamt Charlottenburg aber darum bemühte, in dem erhaltenen Objekt eine »Tageskurstätte für Tbc-Kranke« einzurichten, war es bestrebt, sich Rechtssicherheit in Bezug auf die Besitzverhältnisse zu verschaffen.

Nachdem die Villa in dem über sie geführten Schriftwechsel zunächst wiederholt für das Schloss Ruhwald an der »Spandauer Strasse« gehalten, dann der Irrtum bemerkt und sie als »Landhaus Rheinberg« ein wenig genauer bezeichnet worden war und nachdem

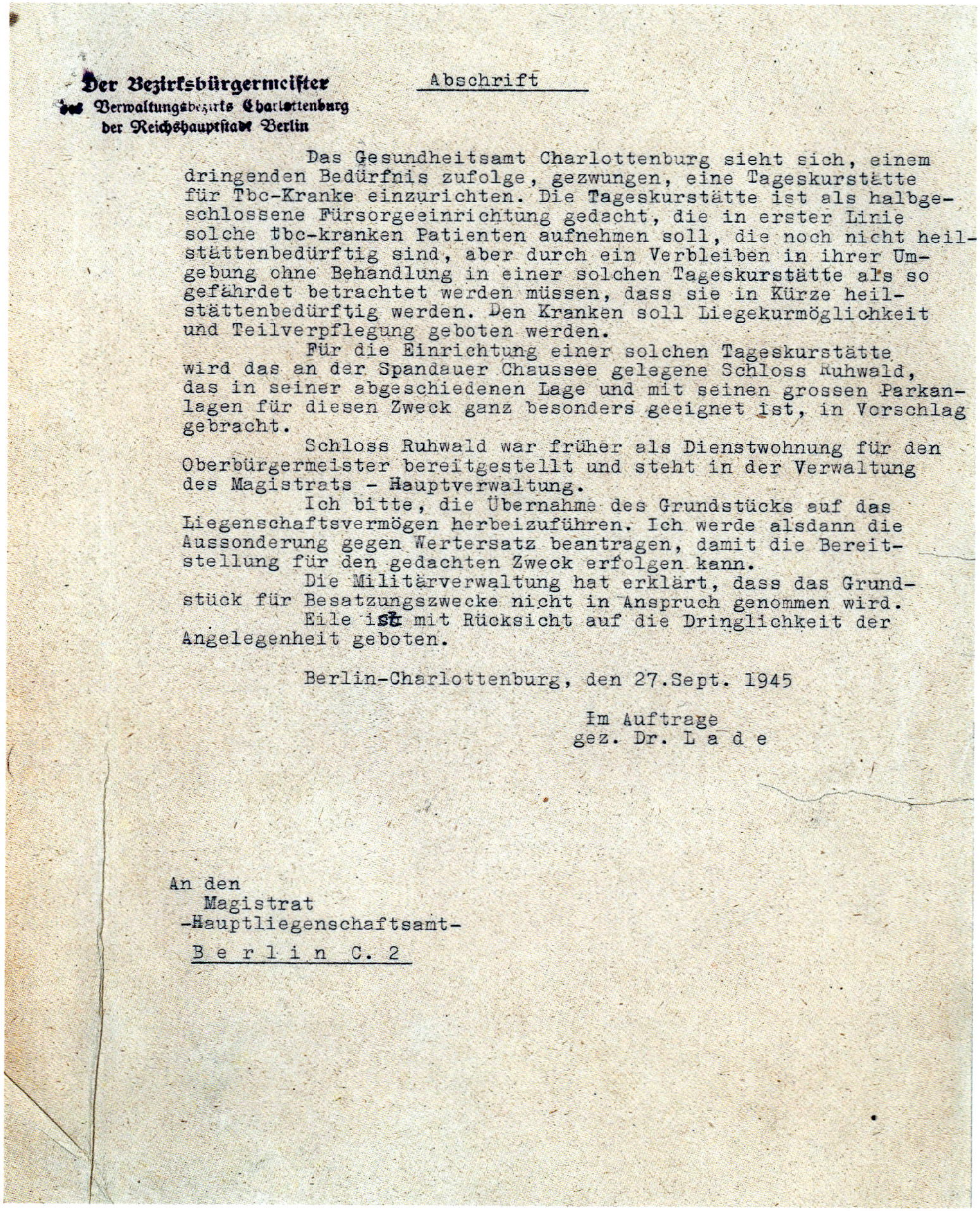

Der Bezirksbürgermeister
des Verwaltungsbezirks Charlottenburg
der Reichshauptstadt Berlin

Abschrift

Das Gesundheitsamt Charlottenburg sieht sich, einem dringenden Bedürfnis zufolge, gezwungen, eine Tageskurstätte für Tbc-Kranke einzurichten. Die Tageskurstätte ist als halbgeschlossene Fürsorgeeinrichtung gedacht, die in erster Linie solche tbc-kranken Patienten aufnehmen soll, die noch nicht heilstättenbedürftig sind, aber durch ein Verbleiben in ihrer Umgebung ohne Behandlung in einer solchen Tageskurstätte als so gefährdet betrachtet werden müssen, dass sie in Kürze heilstättenbedürftig werden. Den Kranken soll Liegekurmöglichkeit und Teilverpflegung geboten werden.

Für die Einrichtung einer solchen Tageskurstätte wird das an der Spandauer Chaussee gelegene Schloss Ruhwald, das in seiner abgeschiedenen Lage und mit seinen grossen Parkanlagen für diesen Zweck ganz besonders geeignet ist, in Vorschlag gebracht.

Schloss Ruhwald war früher als Dienstwohnung für den Oberbürgermeister bereitgestellt und steht in der Verwaltung des Magistrats - Hauptverwaltung.

Ich bitte, die Übernahme des Grundstücks auf das Liegenschaftsvermögen herbeizuführen. Ich werde alsdann die Aussonderung gegen Wertersatz beantragen, damit die Bereitstellung für den gedachten Zweck erfolgen kann.

Die Militärverwaltung hat erklärt, dass das Grundstück für Besatzungszwecke nicht in Anspruch genommen wird.

Eile ist mit Rücksicht auf die Dringlichkeit der Angelegenheit geboten.

Berlin-Charlottenburg, den 27.Sept. 1945

Im Auftrage
gez. Dr. L a d e

An den
Magistrat
-Hauptliegenschaftsamt-
B e r l i n C. 2

Der Bezirksbürgermeister des Verwaltungsbezirks Charlottenburg der (immer noch!) Reichshauptstadt Berlin plant vier Monate nach Kriegsende eine Tageskurstätte für Tbc-Kranke im »Schloss Ruhwald«. Das ist längst abgerissen. Er meint die ehemalige »Villa Rheinberg« und bürgert mit dieser Verwechslung den Gebrauch des falschen Namens ein.

die Militärverwaltung mitgeteilt hatte, dass das Objekt »für Besatzungszwecke nicht in Anspruch genommen wird«, ja, nachdem man schließlich der gedruckten Vorlage für die Ratsherren der Hauptstadt Berlin vom 11. Juni 1936 (nicht dem Beschluss vom 18. Juni!) die Historie von Grundstück und Gebäude entnommen hatte, stand der Nutzung des »zweigeschossigen Wohnhauses« zu – wirklich und endlich – »sozialen Zwecken« nichts mehr im Wege.

Am 24. August 1949 war bis auf den Namen des Hauses alles geklärt. Die einstige Liegenschaft Spandauer Chaussee 35–39, ab 1950 Spandauer Damm 220, war als Grundeigentum des Bezirks Charlottenburg bestätigt, und der Vorgang konnte beim Magistrat von Groß-Berlin zu den Akten gelegt werden.

Bald danach diente das Gebäude tatsächlich zuerst als Sanatorium, beziehungsweise »Tuberkulose Heilstätte«, und dann, seit der ersten Hälfte der Fünfzigerjahre, bis heute als Hort der Fürsorge für Kinder.

Dabei ging der Name »Villa Rheinberg« als Bezeichnung des Hauses verloren. Denn seine Verwechslung mit Ludwig von Schäfer-Voits Bauwerk fand Eingang ins *Berliner Stadtadressbuch* von 1952, wo unter der Anschrift »Spandauer Damm« eine »Abt. Schloß Ruhwald« des Städtischen Krankenhauses Westend verzeichnet ist.

Letztgültig festgeschrieben wurde der Namenstausch ab 1959 durch die *Amtlichen Fernsprechbücher* Berlins, wo bis zum Ende der Achtzigerjahre bei den Städtischen Kinderheimen der Eintrag »Schloß Ruhwald« steht.

Jeder kleine Bengel war hier ein König, jede kleine Göre eine Königin. Eine amtlich gebilligte Hochstapelei. Welche Atze konnte schon von sich behaupten, in einem Schloss zu wohnen?

Noch dazu mitten in Berlin!

Während daher die »Villa Rheinberg« auf der Nordseite des Spandauer Damms – unter welcher Benennung auch immer – in ihrer Standhaftigkeit so etwas wie eine Klammer zwischen den Tagen der Bechmanns und unserer Gegenwart darstellt, einen dünnen Lebensfaden und ein Symbol der Hoffnung, war nach dem 8. Mai 1945 auch auf der Südseite der Straße ein derartiges Erinnerungsmal erhalten geblieben.

Dort hatte am Saum des »Spandauer Bock«-Geländes ein eingeschossiges Fachwerkhaus an der Ecke zur Reichsstraße ebenfalls dem Bombenhagel des Zweiten Weltkriegs getrotzt – seiner Lage nach zu urteilen der Reitstall Conrad Bechmanns.

Dieses Gebäude und die »Villa Rheinberg« waren die letzten steinernen Zeugen dessen, was an diesem Ort einmal Wohlstand und Lebensfreude ausgestrahlt hatte.

Wiederherstellung der im Zweiten Weltkrieg zerstörten Gleisanlagen auf der Höhe des »Spandauer Bocks«. Der Blick geht stadteinwärts, das heißt, links lagen die »Zibbe« und die Brauerei, rechts der »Bock«.

Deutlich ist hinten auf der rechten Straßenseite die Umfriedungsmauer der »Spandauerberg Brauerei« zu sehen. Sie steht nach mehr als anderthalb Jahrhunderten heute noch dort.

Jetzt, nach Kriegsende, herrschte hier auf Jahre hinaus Grabesstille.

Wer das amtliche Kartenwerk *Stadtplan von Berlin im Maßstab 1 : 4 000* für den Zeitraum von 1931 bis 1967 in seinen zwölf Intervallen Blatt für Blatt durchsieht, kann den Prozess von Zerstörung, Leere der Flächen und Neubebauung wie in einem Zeitraffer verfolgen.

Die Ruinen der »Zibbe« und des »Bocks« wurden im Zuge einer allgemeinen Enttrümmerungsaktion zwischen 1950 und 1957 abgetragen.

Zwei Fotos von den in dieser Zeit stattfindenden Arbeiten zur Wiederherstellung der früheren Gleisanlagen der Straßenbahn zeigen eine von wenigen Bäumen gesäumte Ödnis. Nichts erinnert mehr an die einstmals lebensprühende Stätte.

Wer die Bilder der Vorkriegslandschaft vor Augen hat, kann jedoch in den Einschnitten in die rechts und links vom nunmehr so genannten Spandauer Damm verlaufenden Böschungen die Eingänge von »Bock« und von »Zibbe« erahnen. Die Mauerreste auf der Nordseite, die heute noch stehen, gehören zur Umfriedung der ehemaligen »Spandauerberg Brauerei«.

Aber dennoch: Hinter allem Wähnen und Ahnen und Träumen liegt Nostalgie, liegt das Andenken an die alten Oans-Zwoa-G'suffa-Tage hier und die verflogenen Klänge des Leibl'schen *Bockwalzers* dort.

O Je---rum, je---rum, je---rum, je----rum …

Wen aber die Sehnsucht allzu arg überkommt, der kann sich in das Sammeln und die Betrachtung von Souvenirs versenken.

2010 fanden sich in einem Berliner Antiquariat zwei edel gebundene Mappen, eine private Loseblattsammlung, in der in Gedichten im Stil der satirischen Zeitschriften *Berliner Wespen* oder *Kladderadatsch* verschiedene Anlässe wie der 36. Geburtstag von Johannes Bechmann am 7. August 1874 und der 34. Geburtstag von August Bechmann am 21. Februar 1874 gefeiert wurden.

Noch existieren zwei, drei Zapfen eines Bügelverschlusses aus Porzellan mit der Aufschrift »Spandauerberg-Brauerei × Westend ×« und einem großen »B« für »Bechmann« im Trigon, dem Zunftzeichen der Brauer.

Das gleichseitige Dreieck war die verkürzte Version, denn üblicherweise wird das Emblem von einem aus zwei miteinander verflochtenen derartigen Dreiecken gebildet, die somit einen sechszackigen Stern ergeben. Das eine Dreieck symbolisiert die Zutaten Wasser, Malz und Hopfen, das andere die bei ihrer Verarbeitung eingesetzten Elemente Wasser, Feuer, Luft.

Etikett für eine Flasche »Kurfürsten-Bräu«. Darauf abgebildet ist Kurfürst Friedrich Wilhelm von Brandenburg (1620–1688).

Etikett für eine Flasche »Versand-Bier«. Darauf abgebildet ist mit Blick von Westen her im Vordergrund das Gelände und das Saalgebäude der »Zibbe« und dahinter die Brauerei.

Etikett für eine Flasche »Tafel-Bier«. Darauf abgebildet ist der Innenhof der Brauerei mit dem An- und Abtransport von leeren und vollen Fässern auf den Pferdefuhrwerken. Die Tatsache, dass das viergeschossige Verwaltungsgebäude noch nicht steht, verweist auf einen Zustand vor 1908.

Etikett für eine Flasche »Tafel-Bier«. Darauf abgebildet sind oben die Initialen von Conrad Bechmann und unten der sechseckige Stern, das Zeichen der Brauer.

Etikett für eine Flasche »Bock Bier«. Abgebildet sind oben die Initialen Conrad Bechmanns und das Brauer-Zeichen, unten der Namensgeber des Bieres und des Ausschanks auf dem Spandauer Berg.

Etikett für eine Flasche »Pilsener Lager«. Abgebildet ist links das Wappen von Spandau mit dem brandenburgischen Adler und dem brandenburgischen Wappenhelm. Weder die »Spandauerberg Brauerei« noch der »Spandauer Bock« lag jemals auf Spandauer Gebiet.

Was auf diesem Verschluss so manchen zu einem kleinen braugeschichtlichen Diskurs anregte, mochte beim Gebrauch der auf dem »Bock« benutzten Tassen die Stirn des einen oder anderen sprachempfindlichen Kaffern, der Familien gekocht hatte, in Falten legen, sobald er den verkorksten »Gruss vom [!] Spandauerberg Brauerei« las.

Außer diesen Relikten besitzt die Nachwelt eine oder zwei leere Flaschen aus dem Bechmann'schen Sortiment, ein Kristallglasseidel der »Spandauerberg Brauerei« für ihren Direktor Wilhelm Brähmer zum 25jährigen Dienstjubiläum am 1. November 1911, einen von der Firma Petersen, Berlin N.W. 52, hergestellten Bierdeckel, ferner eine Werbebriefmarke für »Spandauerberg Lagerbiere« mit dem Konterfei des Großen Gambrinus und eine Sammlung von Flaschenetiketten.

Die sind erbaulich.

Das Bock-Bier-Label klärt mit dem Abbild eines Ziegenbocks unwiderruflich, dass auf dem »Spandauer Bock« an einen Ziegenbock gedacht werden soll und in der »Zibbe« an eine Ziege. Das »Pilsener Lager« zeigt mit kunstvoller Schrift und dem Wappen Spandaus, wo es scheinbar herkommt; auf dem »Versand Bier« und dem »Tafel Bier« sind die Brauereianlagen zu sehen; auf dem »Tafel-Bier« hinwieder das Brauer- und Mälzer-Symbol und auf dem »Kurfürsten-Bier« der Namensgeber der Sorte. Das alles in rot-braun-blauen Farbabstufungen, so dass die Betrachtung dieser kleinen Kunstwerke den Trinkgenuss schlichtweg verdoppelt haben muss.

Den Wehmütigen tröstet es heute.

Mehr gibt es nicht.

Auf dem Boden der »Zibbe« schuf das »Berliner Aufbau-Programm mit Unterstützung durch USA und Bund« 1957 die Voraussetzung zur Anlage eine Laubenpieperkolonie mit 42 Gärten am Ruhwaldweg 35, die den Namen »Spandauer Bock« trägt (»Gratis Kaffee in Parzelle 5«).

Was daneben mit meterdicken Mauern vor Zeiten als Keller in den märkischen Sand gebaut war, liegt heute offen zutage und verweigert in seinem Zustand graffittibesprühter und gestrüpp-überwucherter Tristesse jegliche Zeugenschaft für eine heitere Vergangenheit.

Das Verwaltungsgebäude der »Spandauerberg Brauerei« hatte sich vormals über dem Gewölbe erhoben. Das Grundstück nutzte seit 1950 das jahrzehntelang bei seiner Kundschaft beliebte »Garten-Center« von Alfred Bajon. Dem folgte 2008 ein zweites. Und heute findet dort unter der Adresse Spandauer Damm 252 der An- und Verkauf von Gebrauchtwagen statt.

Umgeben von den Bungalows der Kleingartenkolonie Spandauer Berg steht am Spandauer Damm 252 noch der Sockel (Pfeil) des ehemaligen Verwaltungsgebäudes der »Spandauerberg Brauerei«.

Gegenüber, auf dem Areal des »Spandauer Bocks«, heute Reichsstraße 58, hatte man Größeres vor.

»Wo noch«, meldete das *Spandauer Volksblatt* am 21. September 1957 unter dem Foto einer auf einem Schuttberg agierenden Maschine, »vor einem halben Jahrhundert das vorstädtische Ausflugs- und Vergnügungsleben pulste, am alten Spandauer Bock, durchpflügen heute tiefschürfende Bagger die mannshohen Erdwälle. Neues Baugelände soll hier geschaffen werden [...]. Beim Durchwühlen und Abtragen der Erdmassen stößt man nicht nur auf die Grundmauern des einstigen Vergnügungsetablissements, sondern auch auf die Umfassungsmauern finsterer Stollen und Schächte, die einst als Lagerkeller dienten.«

Da hatten die Baggerführer den Anfang unserer Geschichte freigelegt, das Jahr 1840, als Conrad Bechmann auf der frisch von ihm gepachteten Parzelle ein paar Eiskeller aushob, um den Trank aus seiner Brauerei in der Spandauer Mönchstraße 4 darinnen kühl zu halten und dann an seine Gäste auszuschenken – ab 1842 im »Spandauer Bock«.

Es war eine kurze Rückkehr *ad fontes*, »zu den Quellen«.

Zwei dreizehngeschossige Hochhäuser wurden 1964 auf der historischen Stätte errichtet. Sie dienten zunächst der Unterbringung von Angehörigen der britischen »Berlin Infantry Brigade«. Sobald die nach der Wiederherstellung der deutschen Einheit abgezogen war, wurden die Gebäude von einer – von der Industrie- und Handelskammer zu Berlin ins Leben gerufenen – Gesellschaft als Wohnheime für Arbeitskräfte der örtlichen Wirtschaft betrieben. Und als sie jüngst verkauft werden sollten, erschien am Ende einer Bilderstrecke mit Werbefotos der beiden Objekte kommentarlos die Reproduktion einer Lithographie des »Spandauer Bocks« – ein geheimnisvoller und ins Leere weisender Gruß aus vergangenen *Bockwalzer*- und Polka-Tagen.

Alles brennt wohl nah und ferne
Wo man Bairisch Bier genießt
Eine Polka-Gaslaterne
Wenn auch Polka-Mondschein ist

Könnt ihr Polka-Groschen zahlen
So bedient euch in Berlin
In den Polka-Bierlokalen
Eine Polka-Kellnerin.

Die beiden Wohntürme Reichsstraße 58. An ihrer Stelle befand sich seit 1842 der »Spandauer Bock«.

Zwischenzeitlich haben die Türme einen Investor gefunden, der sie abreißen, das erhöhte Gelände einebnen und darauf Neubauten errichten will. Das Fachwerkhaus, das den Krieg unbeschadet überstanden hatte, ist irgendwann – vermutlich auch 1957 – abgeräumt worden.

In der Spandauer Altstadt, nicht weit von jener Stelle, an der Conrad Bechmann 1840 für 12 000 Taler die »Brauerei Spandau ›Königsbier‹, Fredersdorfer« gekauft hatte, schmückt sich eine 1925 von Fritz Bock gegründete Kneipe mit dem Namen »Spandauer Bock« (»Investiere in Alkohol! Mehr Prozente bekommst Du nirgends!«).

Und in der »Villa Rheinberg« schließlich, nach wie vor am Spandauer Damm 220, betreibt die jüdisch-orthodoxe Vereinigung »Chabad Lubawitsch Berlin« den Kindergarten »Gan-Israel« (»Schau, wie Dein Kind erblüht!«).

Die Kegelbahn als Folterkeller

Die Geschichte von Conrad Bechmanns Schankwirtschaft auf dem Spandauer Berg hätte mit einem leisen zukunftsweisenden Nachhall ausklingen können … wenn nicht im Herbst 2019 ein Roman erschienen wäre, der gleich zu Beginn auf dem »Bock« spielt: Norman Ohlers dokumentarische Erzählung »von Liebe und Widerstand« mit dem Titel *Harro und Libertas*.

Darin wird die Verhaftung des Widerstandskämpfers Harro Schulze-Boysen am 26. April 1933 durch ein Rollkommando der SS-Standarte 6 beschrieben. Die Nazihäscher schafften ihn gemeinsam mit einem weiteren Häftling, Henry Erlanger, der Jude war, in das Hauptquartier des SS-Abschnitts III in der Potsdamer Straße und im Morgengrauen des nächsten Tages auf den »*Spandauer Bock*, das beliebte Ausflugslokal, wo auch die Straßenbahn hält«.

Hier hatte die SS eine der alten Kegelbahnen in einen Folterkeller umgewandelt und der SA überlassen. Eines ihrer Opfer lag dort mit offenen Wunden bereits am Boden, der Schweizer Adrien Turel. Die Neuankömmlinge mussten sich neben ihn legen. Schlafen konnten sie im grellen Deckenlicht nicht. Und dann begann in der Nacht auch ihre Tortur. Die SA-Schergen hackten Schulze-Boysen mit einer Gartenschere die Haare vom Kopf, schlugen ihn mit Nilpferdpeitschen bis auf die Knochen und schnitten ihm mit einem Messer Hakenkreuze in die Schenkel.

Weil sie es nicht wagten, den Schweizer Turel allzu sehr zu peinigen, tobten die Schinder ihren Sadismus umso mehr an dem Juden Erlanger aus, der das tagelange Martyrium nicht überlebte. Adrien Turel mussten sie schließlich entlassen. Auch Harro Schulze-Boysen gewann am 1. Mai noch einmal die Freiheit, wurde aber 1942 zusammen mit seiner Ehefrau Libertas in Plötzensee hingerichtet. Sie hatten sich unterdessen mit einer Reihe von Oppositionellen zur Widerstandsgruppe »Rote Kapelle« zusammengeschlossen.

Was im Verdacht stehen könnte, dass hier zur Steigerung des erzählerischen Effekts ein Vergnügungslokal wie der »Spandauer Bock« in die Topographie des Terrors eingefügt wurde, erweist sich jedoch – durch die dankenswerte Hilfe von Hans Coppi jun. – als wahr.

In einer maschinenschriftlichen Reminiszenz vom April 1989 schildert der – in der von Norman Ohlers erzählten Geschichte unerwähnte – Mithäftling Schulze-Boysens Heinz Gruber alias »heigru« »aus eigenem Erleben detailliert«, wie sie am 26. April 1933 »im frühen

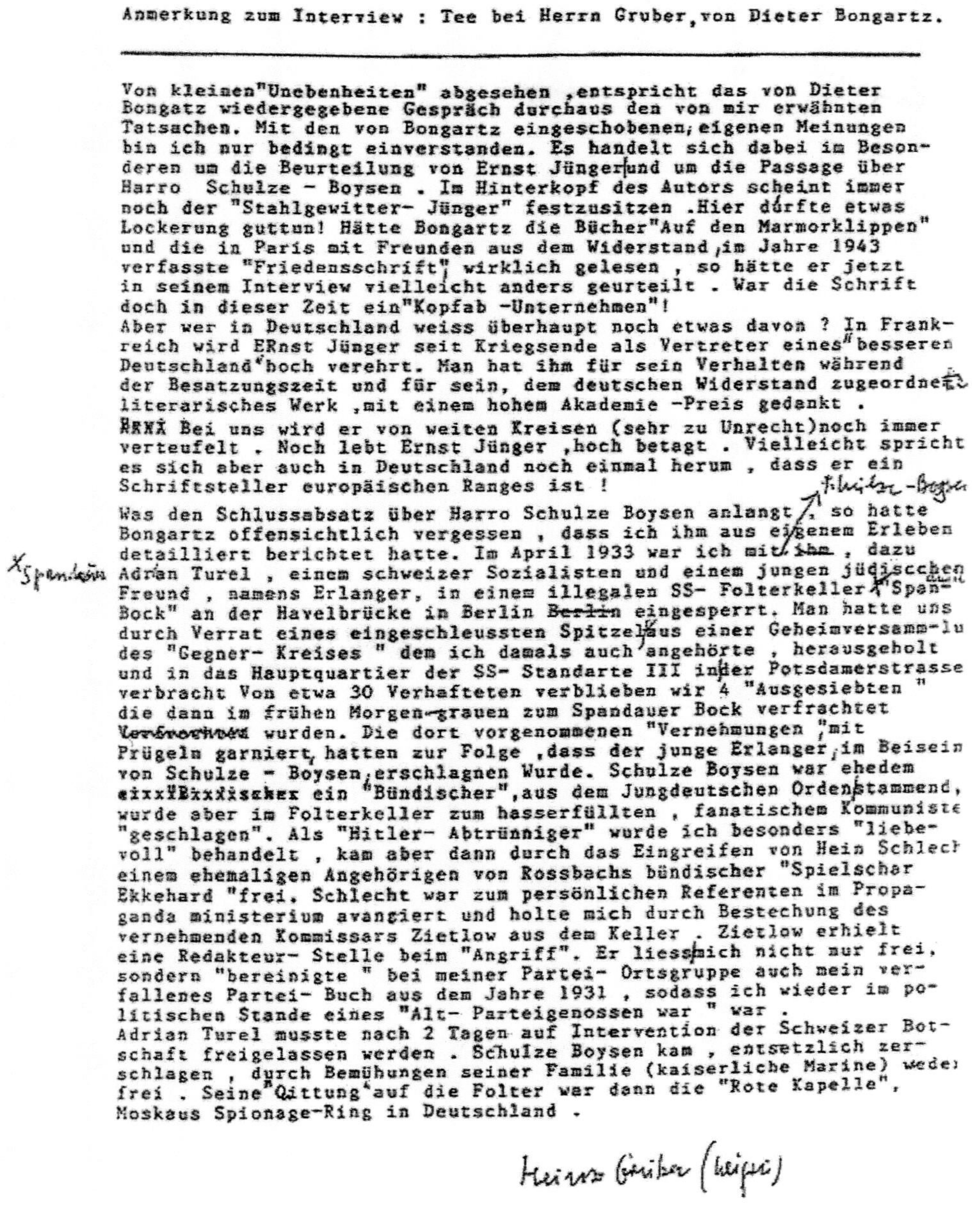

Anmerkung zum Interview : Tee bei Herrn Gruber, von Dieter Bongartz.

Von kleinen"Unebenheiten" abgesehen ,entspricht das von Dieter Bongatz wiedergegebene Gespräch durchaus den von mir erwähnten Tatsachen. Mit den von Bongartz eingeschobenen, eigenen Meinungen bin ich nur bedingt einverstanden. Es handelt sich dabei im Besonderen um die Beurteilung von Ernst Jünger und um die Passage über Harro Schulze - Boysen . Im Hinterkopf des Autors scheint immer noch der "Stahlgewitter- Jünger" festzusitzen .Hier dürfte etwas Lockerung guttun! Hätte Bongartz die Bücher"Auf den Marmorklippen" und die in Paris mit Freunden aus dem Widerstand, im Jahre 1943 verfasste "Friedensschrift", wirklich gelesen , so hätte er jetzt in seinem Interview vielleicht anders geurteilt . War die Schrift doch in dieser Zeit ein"Kopfab -Unternehmen"!
Aber wer in Deutschland weiss überhaupt noch etwas davon ? In Frankreich wird ERnst Jünger seit Kriegsende als Vertreter eines"besseren Deutschland"hoch verehrt. Man hat ihm für sein Verhalten während der Besatzungszeit und für sein, dem deutschen Widerstand zugeordnetes literarisches Werk ,mit einem hohem Akademie -Preis gedankt .
~~RNX~~ Bei uns wird er von weiten Kreisen (sehr zu Unrecht)noch immer verteufelt . Noch lebt Ernst Jünger ,hoch betagt . Vielleicht spricht es sich aber auch in Deutschland noch einmal herum , dass er ein Schriftsteller europäischen Ranges ist !

Was den Schlussabsatz über Harro Schulze Boysen anlangt , so hatte Bongartz offensichtlich vergessen , dass ich ihm aus eigenem Erleben detailliert berichtet hatte. Im April 1933 war ich mit ~~ihm~~ , dazu Adrian Turel , einem schweizer Sozialisten und einem jungen jüdiscchen Freund , namens Erlanger, in einem illegalen SS- Folterkeller "Span-Bock" an der Havelbrücke in Berlin ~~Berlin~~ eingesperrt. Man hatte uns durch Verrat eines eingeschleussten Spitzel aus einer Geheimversammlu des "Gegner- Kreises " dem ich damals auch angehörte , herausgeholt und in das Hauptquartier der SS- Standarte III in der Potsdamerstrasse verbracht Von etwa 30 Verhafteten verblieben wir 4 "Ausgesiebten " die dann im frühen Morgengrauen zum Spandauer Bock verfrachtet ~~Verfrachtet~~ wurden. Die dort vorgenommenen "Vernehmungen ",mit Prügeln garniert, hatten zur Folge ,dass der junge Erlanger, im Beisein von Schulze - Boysen, erschlagnen Wurde. Schulze Boysen war ehedem ~~eixxYBxxxischer~~ ein "Bündischer",aus dem Jungdeutschen Orden stammend, wurde aber im Folterkeller zum hasserfüllten , fanatischem Kommuniste "geschlagen". Als "Hitler- Abtrünniger" wurde ich besonders "liebevoll" behandelt , kam aber dann durch das Eingreifen von Hein Schlech einem ehemaligen Angehörigen von Rossbachs bündischer "Spielschar Ekkehard "frei. Schlecht war zum persönlichen Referenten im Propaganda ministerium avangiert und holte mich durch Bestechung des vernehmenden Kommissars Zietlow aus dem Keller . Zietlow erhielt eine Redakteur- Stelle beim "Angriff". Er liess mich nicht nur frei, sondern "bereinigte " bei meiner Partei- Ortsgruppe auch mein verfallenes Partei- Buch aus dem Jahre 1931 , sodass ich wieder im politischen Stande eines "Alt- Parteigenossen war " war .
Adrian Turel musste nach 2 Tagen auf Intervention der Schweizer Botschaft freigelassen werden . Schulze Boysen kam , entsetzlich zerschlagen , durch Bemühungen seiner Familie (kaiserliche Marine) wieder frei . Seine"Qittung"auf die Folter war dann die "Rote Kapelle", Moskaus Spionage-Ring in Deutschland .

Heinz Gruber (heigru)

Ein Dokument des Mithäftlings von Harro Schulze-Boysen, Heinz Gruber alias »heigru« (1911–2000), vom April 1989. Darin bestätigt er »aus eigenem Erleben«, dass die SS im Frühjahr 1933 auf dem »Spandauer Bock« einen Folterkeller eingerichtet hat.

Morgengrauen zum Spandauer Bock verfrachtet« und »in einem illegalen SS-Folterkeller am ›Spandauer Bock‹« der SA übergeben und eingesperrt wurden.

Dieses Verlies gehörte zu den vielen seit Hitlers Machtergreifung am 30. Januar 1933 und der Auflösung des Reichstags am 1. Februar betriebenen sogenannten »wilden KZs«, Hinterstuben oder Lagerräumen von »Sturmlokalen« der SA, in denen das Grauen herrschte.

»Faßt man alle Hinweise über SA-Lokale und -Kasernen in Berlin zusammen,« heißt es in einer Studie über *Die »wilden« Konzentrationslager und Folterkeller 1933/34*, »in denen politische Gegner gefangengehalten und mißhandelt wurden, kommt man auf eine Zahl von 150.« Zu den bevorzugten Orten solchen Wütens gehörten Kneipen und Versammlungsstätten, von denen bekannt war, dass Kommunisten und Sozialdemokraten in ihnen verkehrten. Hier wurde der Sieg über Andersdenkende im Blutrausch gefeiert.

Wenn man dies in Betracht zieht, bekommt es einen perfiden Sinn, dass sich ein Mörderpulk der SA den »Bock« ausgewählt hatte, der nicht auf einem privaten, sondern auf einem städtischen Grundstück lag. Ja, warum er gerade in diesem einen Jahr 1933 laut Eintrag im Adressbuch – anders als die »Zibbe« gegenüber – nicht bewirtschaftet wurde. Ungestört konnten die Braunhemden hier jetzt die ihnen Ausgelieferten quälen.

Die Postkarte mit den Hakenkreuzfahnen vor dem Eingang zum »Spandauer Bock« war den Eingeweihten ein hämischer Gruß. Und ein Warnzeichen an die Widerständler, die auf der Spandauer Chaussee rund um den »Spandauer Bock« nächtens Flugblätter und Plakate an die Hausmauern klebten.

Es erzeugt in diesem Wissen einen schalen Geschmack, wenn man noch einmal Willy Barks Bemerkung von 1936 liest, wonach der »Bock« weiterhin gut besucht ist. Genauso wie alles, was nach jener Zeit über den »Spandauer Bock« geschrieben wurde, Gefahr lief, makaber zu sein, gespenstisch und zynisch.

Es war unvollständig, weil es nichts von dem wusste oder sagte, was an der Spandauer Chaussee auch geschah. So, wenn der Heimatforscher Kurt Pomplun 1972 daran erinnerte, dass ältere Leute »von 60, 70 und mehr Jahren angesichts der Gewölbe glänzende Augen bekommen und spontan von den auf ›Bock‹ und ›Zibbe‹ verlebten schönen Stunden erzählen«.

Erst durch die Darstellung der Schrecknisse in der Schlussphase seiner Existenz wird das Bild vom »Spandauer Bock« vollständig und wahr.

In der Vielfalt dessen, was sich mit seinem Bestehen verbindet – der Import des »Bairisch Bieres«, der Aufstieg aus einer Hausbrauerei, das rasche Wachstum von Umsatz und Gewinn, die Entstehung eines Massenbetriebs, der Anschub des öffentlichen Nahverkehrs, der Bau eines spektakulären Vergnügungsparks, nicht zu verschweigen die unterstellte

Skandalmacherei und das bizarre Bemühen, ihr vorzubeugen, die familiäre Nähe seines Gründers zu Theodor Fontane, die Inspiration der Literatur und der Musik, die Anziehungskraft für die Linke, die Provokation eines exemplarischen Ausstands, das Verschmelzen mit Konkurrenzunternehmen und das grauenvollen Ende –, in seiner dynamischen Komplexität war der »Spandauer Bock« mehr als ein feucht-fröhliches Ausflugslokal.

Er war ein Spiegel seiner Zeit und seiner Stadt.

Und auch wenn er durch das Treiben von verrohten Mördergestalten besudelt und beschädigt wurde, bleibt die Tatsache davon unberührt, dass der »Spandauer Bock« ein Jahrhundert lang für Generationen von Menschen ein Hort des Frohsinns und der Freiheit war.

Es ist diese Eigenschaft, welche die Erinnerung an ihn bewahrenswert macht. Sie liefert auf die doppelbödige Frage 513 in dem illustrierten Rätselbuch von 1889 *Der kleine Nußknacker* immer die richtige Antwort:

»Wann hat auch der ärmste Berliner eine gute Stunde?«

»Wenn er vom Brandenburger Thore nach dem Spandauer Bock geht.«

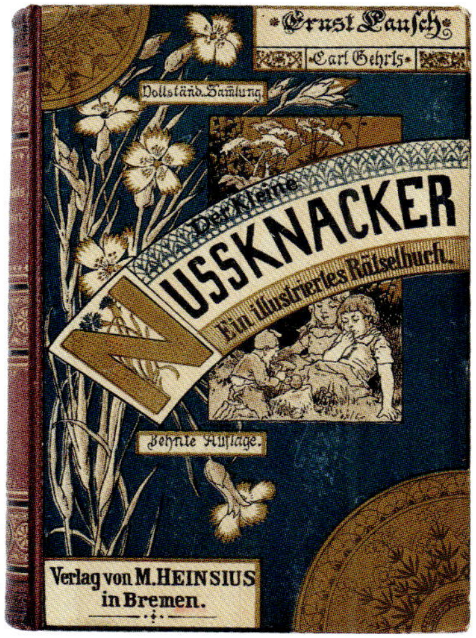

Ernst Lausch: *Der kleine Nussknacker*, Bremen 1889 (10. Auflage)

Exkurs: Von der Gleichzeitigkeit der Ereignisse

Franz Adam Bechmann (1813–1859) im Alter von dreißig Jahren

Am Ende dieses Buches müssen ein paar Worte über einen jener Brüder Conrad Bechmanns gesagt werden, die bei der Taufe seiner Kinder in Grünthal Pate gestanden haben – über Franz Adam Bechmann.

Franz Adam Bechmann, geboren am 31. Juli 1813 in Pommersfelden, war zwölf Jahre jünger als Conrad und mit diesem sowie den beiden anderen Brüdern, Michael und Georg Johann, ebenfalls von Bayern nach Preußen gegangen. In Grünthal und bald auch in Spandau und am Spandauer Berg arbeiteten sie in den Brauereien ihres Bruders mit.

Im April 1843 aber wurde Franz Adam – die Wertschätzung des Bechmann'schen Bieres war längst über die Ostsee nach Schweden gedrungen – von einem gewissen Fredrik Rosenquist af Åkershult nach Stockholm abgeworben, um dort im folgenden Jahr eine Brauerei nach bayrischem Muster aufzuziehen. Rosenquist, ein Leutnant der Reserve, ein rühriger und – wie manche meinten – windiger Bursche, war wie der Justizrat Schütz in Grünthal ein Laie auf diesem Gebiet. Auch seine Brauerei erzielte nicht die gewünschten Resultate.

Desgleichen hatte Rosenquist – wie Conrad Bechmann in Preußen – eine Schutzherrin, nämlich Josephine von Leuchtenberg, die Gattin des schwedischen Königs Oscar I.

Während die Patronin Conrads eine Tochter des bayrischen Königs Maximilian I. Joseph war, war die Förderin Rosenquists eine Enkelin dieses Königs. Sie hatte als Kind in Bayern gelebt. Sie kannte das bayerische Bier, sie kannte das schwedische Bier – und letzteres schmeckte ihr nicht.

Außerdem befand sie in Übereinstimmung mit den Gesundheitsbehörden ihres Landes, dass »bayerskt öl« bekömmlicher sei. Dem schlossen sich auf Betreiben von Rosenquist weitere Kapazitäten an, nämlich ein Professor für Chirurgie, ein Professor für Chemie und Pharmazie und ein Professor für die Geschichte der Naturwissenschaft. Sie alle bestätigten die »stärkende Kraft« und die »Verträglichkeit« des Getränks. Es berausche nur wenig.

Rosenquist war nicht faul, diese Expertenvoten ungesäumt publik zu machen.

Es dauerte nicht lange, da wurde Franz Adam Bechmann – »einer der fähigsten Braumeister Deutschlands«, wie Rosenquist ihn nannte – erst Betriebsleiter, dann Mitinhaber des Unternehmens »Tyska Bryggeriet«, der »Deutschen Brauerei«. Sie lag an der Tullports Gatan 42, der heutigen Östgötagatan, im Stadtbezirk Södermalm und bestand bis 1869.

»Tyska Bryggeriet« druckte Werbezettel, publizierte Anzeigen in Zeitungen, stempelte den Markennamen auf die Kolben der Bügelverschlüsse, entwickelte ein umfangreiches Distributionssystem, richtete unter deutscher Benennung »Bayerische Bierstuben« ein und ließ tagtäglich ein Pferdegespann durch die Straßen Stockholms rumpeln.

Beidseitig trug das Fuhrwerk die Aufschrift »Von der Deutschen Brauerei«. Und so prägte sich der Name des Herstellers binnen kurzem in der Öffentlichkeit ein. Zumal das Bier – »ein Zuruf oder Handzeichen genügt« – an Ort und Stelle gekauft oder bestellt werden konnte. Egal, ob in kleinen oder großen Mengen. Im Angebot waren etliche Sorten, besonders milde und besonders starke, besonders helle und besonders dunkle. Hauptsache, es waren »bayrische« Biere. Dafür bürgte »Herr Albert Schmidt, der in seiner Eigenschaft als Gewährsmann der Brauerei den Wagen begleitet«.

Auch ein Vergnügungspark entstand bei »Tyska Bryggeriet«, das »Södra Tivoli«, eher ein Vergnügungsgärtlein. Dort gab es einen »Japanischen Markt«, der aufgrund seines »abwechselnd komischen und seriösen Inhalts gewiß den besonderen Beifall des hochverehrten Publikums gewinnen wird«, obendrein »Lebende Marmorbilder«, ein »Großes Konzert« und regelmäßig ein »brillantes Feuerwerk«.

Die Geschäftstüchtigkeit der Betreiber des Unternehmens zeigte sich außerdem daran, dass die Besucher des »Södra Tivoli« in Anbetracht von dessen Entfernung zur Innenstadt auf Kosten der Veranstalter mit den seinerzeit verfügbaren Verkehrsmitteln an ihr Ziel befördert wurden. Geradeso wie das Bier im Übrigen frei Haus an die Kunden, wo immer sie wohnten und wieviel sie bestellt hatten, ausgeliefert wurde.

Wenn man sich daran erinnert, dass die Bechmanns am Spandauer Berg die »Zibbe« erst 1880 zu einem »Volksgarten« großen Stils anlegen und ausbauen sollten, steht es außer Frage, dass die Berliner bei den Stockholmern und über diese hinweg beim Kopenhagener »Tivoli« ›Modell geklaut‹ haben.

Denn dass der Kontakt zwischen den Brüdern anhaltend bestand, belegt ein Empfehlungsbrief Conrad Bechmanns für Franz Adam aus dem Jahr 1848, wonach dieser »als Braumeister stets zu meiner vollen Zufriedenheit« gearbeitet und »sich als ein kenntnisreicher, erfahrener und rechtschaffener Mann« erwiesen habe.

Der Beweggrund zu dieser Laudatio war Franz Adams Wunsch, schwedischer Staatsbürger zu werden. Der Stockholmer katholische Pfarrer Anton Bernhard schrieb in seinem Gutachten, Bechmann habe nicht nur regelmäßig am Abendmahl teilgenommen, sondern sich auch »durch sein ruhiges und nüchternes Wesen bewährt; er ist dafür bekannt, mit welchem Geschick er seinen Beruf ausübt, in welcher Bescheidenheit er

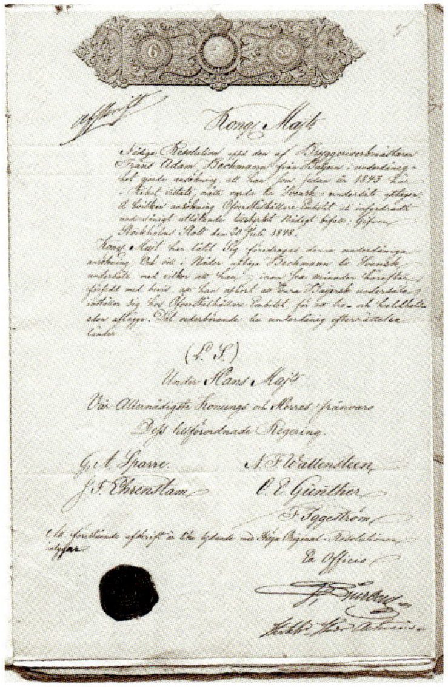

Die Bestätigung Sr. Königlichen Majestät Oscars I. von Schweden und Norwegen vom 20. Juli 1848, dass er »Bechmann zum Schwedischen Unterthanen« in Gnaden aufnehmen will

lebt und mit welchem Fleiß er arbeitet – er ist im Besitz aller Tugenden eines guten Mitbürgers«.

Es ist paradox: Während aus der weit verzweigten Familie der Bechmanns so gut wie kein privates Dokument die Zeiten überdauert hat, gewährt ausgerechnet die Entlassung Franz Adam Bechmanns aus dem »bayrischen Unterthans-Verbande« einen – wenn auch nur kurzen – Einblick in die persönlichen Lebensumstände wenigstens eines Familienmitglieds. Insofern ist der Fund der Auswanderungsakte Franz Adam Bechmanns im Staatsarchiv Bamberg ein Glücksfall.

Die Akte trägt den Titel *Gesuch des Bechmann Franz Adam von Pommersfelden nun Braumeister in Stockholm um Ertheilung der Auswanderungs Erlaubniß.* Sie umfasst dreißig Blatt und beginnt am 14. September 1848 mit der »geziemenden Bitte« des renommierten Nürnberger Advokaten Dr. Benedikt Kreitmair an das Königliche Landgericht in Höchstadt, das Petitum seines Mandanten zu genehmigen.

»Der Braumeister Franz Adam Bechmann aus Pommersfelden, welcher sich schon seit dem Jahre 1843 in Stockholm aufhält, hat jetzt Gelegenheit, sich als schwedischer Unterthan dortselbst häuslich niederzulassen. Ausweislich der hier in beglaubigter Abschrift und in teutscher Uebersetzung anliegend allerhöchsten Resolution vom 20. Juli 1848 wurde dem Bechmann die Aufnahme als schwedischer Unterthan bereits unter der Bedingung bewilligt, daß er sich binnen sechs Monaten darüber ausweise, daß er nicht mehr bayrischer Unterthan sey.«

Immer mit der Bitte um Beschleunigung des Verfahrens werden daraufhin Stück um Stück die für die Prozedur erforderlichen Dokumente eingereicht. Mit dem ersten Schreiben die erwähnte Königlich Schwedische Resolution, die im Deutschen von einer ursprünglich »Gnädigen« zu einer »Allergnädigsten« geworden ist und versichert, Seine Majestät Oscar I., König von Schweden und Norwegen, wolle Bechmann »in Gnaden zum Schwedischen Unterthanen aufnehmen«.

Hierauf folgen die geforderten Unterlagen aus Bayern.

Das Landgericht in Höchstadt bestätigt am 4. Oktober, dass Bechmann seiner »Conscriptionspflicht« nachgekommen ist und keinen Militärdienst in Bayern zu leisten braucht, »indem er die Nummer 103 gezogen«; die Pflicht erstreckte sich, wie das Landgericht zur Erläuterung der für die Schweden möglicherweise befremdlichen Aussage hinzufügt, nur bis zur Losnummer 88. Zwei Wochen später reicht der Advokat das ihm aus der protestantischen Pfarrei Pommersfelden zugegangene Zeugnis vom 15. Oktober darüber nach, dass Bechmann »nach römisch katholischem Ritus« getauft worden ist.

Und die Gemeindeverwaltung Pommersfelden bestätigt am 29. Oktober, dass »der Braumeister Adam Bechmann, Sohn des dahier verstorbenen Büttners Johann Bechmann, wie alle seine Geschwister, keinen Pfennig älterliches Vermögen [hat], indem die Büttner Joh. Bechmännischen Eheleute ganz arm waren. Als der in Frage stehende Ad. Bechmann sich von hier entfernte, war er unverheirathet.«

Am Ende des Konvoluts steht der Beschluss des Landgerichts Höchstadt vom 3. November 1848, da der »Gesuchsteller alle Vorbedingungen« erfüllt habe, »seinem Gesuch zu willfahren«.

Zwei Wochen zuvor – am Sonntag, dem 22. Oktober – hatte Bechmann die Schwedin Maria Carolina Fernlund geehelicht.

Als etablierter schwedischer Bürger stand er jetzt umso gleichberechtigter neben Rosenquist. Und es ist nicht von der Hand zu weisen, dass dies einer der Gründe dafür war, warum sich die beiden energiegeladenen Männer zu Beginn der Fünfzigerjahre überwarfen.

Bechmann stieg aus dem Unternehmen aus, kaufte 1854 die »Westinska Bryggeriet« auf und nannte seine nunmehr eigene Brauerei »Bayerska Bryggeriet«, »Die Bayrische Brauerei« – im Volksmund »Die Bechmann'sche Brauerei«. Sie lag an der Stora Badstu Gatan 66, dem heutigen Sveavägen im Zentrum Stockholms. In ihr arbeitete daraufhin auch sein Bruder Georg Adam, der gleichfalls vom Spandauer Berg nach Stockholm gekommen war und sich zunächst einem dortigen Konkurrenzunternehmen angeschlossen hatte, dem eines anderen Deutschen, Friedrich Rudolph Neumüllers.

Dann jedoch starb Franz Adam Bechmann überraschend am 10. Mai 1859 im Alter von nur 45 Jahren, worauf Maria Carolina »Bayerska Bryggeriet« an zwei Landsleute verkaufte. Die verstanden von dem Gewerbe freilich ebenso wenig wie Fredrik Rosenquist zuvor. Und so verschwand die »Bayrische Brauerei« schließlich spurlos in den Verästelungen diverser Übernahmen und Zusammenschlüsse vom schwedischen Biermarkt.

Die reiche Witwe Franz Adam Bechmanns aber heiratete ein Jahr nach seinem Tod in die Adelsfamilie Cederström ein.

Persönliches Nachwort

Der »Oekonom« des »Spandauer Bocks« Paul Brennecke, der auf einer Ansichtskarte von 1906 liebevoll sein Töchterchen Gertrud umarmt, ist mein Urgroßvater. Er hat an einem Datum, das ich nicht kenne, meinen Großvater Richard adoptiert, so dass meine Familie ihren Namen Paul Brennecke verdankt.

Richard Brennecke hat 1913 Hedwig Knabe geheiratet, meine Großmutter. Deren Vater, Hermann Knabe, ist auf der väterlichen Linie mein zweiter Urgroßvater. Und er war – wie ich erst durch einen absonderlichen Zufall bei der Suche nach einer Hausnummer festgestellt habe – »Maschinenmeister« in der »Spandauerberg Brauerei«.

Beide Männer, Paul Brennecke und Hermann Knabe, sind in den Berliner Adressbüchern ihrer Zeit unter derselben Charlottenburger Anschrift zu finden.

Väterlicherseits also führt meine Genealogie in doppelter Spur geradewegs zurück auf den »Spandauer Bock« und auf die »Spandauerberg Brauerei«. Doch von keinem dieser beiden Unternehmen hatte ich bis vor kurzem jemals etwas gehört, geschweige denn etwas gewusst.

Sowohl mein Vater als auch meine Mutter sind seit vielen Jahren verstorben. Wir waren eine dreiköpfige Familie. Und bis auf ein paar Fotografien mit für mich namenlosen Menschen gab es im Nachlass meiner Eltern nicht das geringste Dokument aus ihrer Vorgeschichte. Vom Spandauer Berg war, solange wir noch in Berlin gewohnt hatten und ich ein Kind war, vielleicht einmal die Rede gewesen, weil mein Vater dort aufgewachsen ist. Erinnern kann ich mich daran nicht.

Erst in Gesprächen mit meiner Patentante, Paul Brenneckes Enkelin Ingrid, die ich vor rund zehn Jahren nach langem Bemühen in meiner Heimatstadt wiedergefunden habe, fiel irgendwann der Name »Spandauer Bock«. Und irgendwann begann ich daraufhin, nach diesem mir unbekannten Ort im Internet zu suchen … und war bald verblüfft beim Anblick der Menge der Ansichtskarten vom »Bock« (von denen ich so gut wie alle mittlerweile kaufen konnte).

Und erst jetzt tauchte hin und wieder auch der Name der »Spandauerberg Brauerei« auf.

Ich wollte in meinem Leben nach all den Büchern, die ich über Forschungsreisende veröffentlicht habe, kein weiteres mehr schreiben. Aber dann speicherte ich hier diese Notiz und dort jenes Bild, und allmählich entstand der Gedanke, das alles in einem Text

Paul Brennecke mit seinen Töchtern Else, Käthe und Gertrud (von links). Wenn auf dem »Spandauer Bock« Hochbetrieb herrschte, mussten die jungen Damen allesamt mit anpacken.

zusammenzufassen. Dabei wurde das Feld immer weiter, und es öffneten sich immer neue, völlig unerwartete Aspekte. So wurde ich zum Forschungsreisenden in eigener Sache.

Habent sua fata libelli …

Die Arbeit an diesem »Büchlein« hat mir – nicht zuletzt auch wegen der Unterstützung, die ich von so vielen Seiten erhalten habe – sehr viel Spaß gemacht, und es wäre mir eine Genugtuung, wenn sich ein wenig davon auf seine Leser übertragen würde.

München am 18. Januar 2021 *Detlef Brennecke*

Chronik 1801 – 2021

1801 18. November: Conrad Bechmann in Pommersfelden bei Bamberg geboren

1813 31. Juli: Franz Adam Bechmann in Pommersfelden bei Bamberg geboren

1819 der Justizrat Carl August Julius Schütz kauft das Rittergut Grünthal bei Biesenberg (heute Landkreis Barnim) und gründet dort eine Brauerei

1827 als der Justizrat Schütz der Menge der beim Betrieb seiner Brauerei auftretenden Probleme nicht mehr Herr wird, sucht er sich in der Umgebung von Bamberg einen Fachmann und trifft in Pommersfelden auf den Braumeister Conrad Bechmann | Conrad Bechmann zieht nach Grünthal | der Kölner Domkapellmeister Carl Leibl komponiert den Walzer *Lied ohne Text N°. 1*, dessen Melodie 1856 im Finale von Jacques Offenbachs Bouffonnerie musicale *Tromb-al-Cazar* erklingt, unabhängig davon aber unter Titeln wie *O Jerum-Walzer* oder *Bierwalzer* als *Bockwalzer* eines angeblich unbekannten Komponisten bis heute Karriere macht – auch in der darstellenden Kunst, wie unter anderem das *Bockbierstilleben* (1839) von Johann Wilhelm Preyer im Münchner Stadtmuseum zeigt, auf dem die Noten des Musikstücks zu sehen sind

1828 Oktober: Conrad Bechmann beginnt, in Grünthal erfolgreich verschiedene Biere zu brauen – darunter das beliebte »Grünthaler Unterhöler«

1829 2. Januar: Maria Carolina Fernlund, die Frau Franz Adam Bechmanns, geboren

1833 30. August: Conrad Bechmann heiratet in Grünthal die aus Berlin stammende Charlotte Kunert, die 1835 und 1836 zwei Söhne zur Welt bringt, Karl Wilhelm und Karl Wilhelm George – beide sterben kurz nach der Geburt

1836 25. Juni: der Justizrat Carl August Julius Schütz in Grünthal gestorben – das Rittergut fällt an seine Söhne Herrmann und Carl

1838 7. August: Bechmanns Sohn Carl Johann (genannt Johannes) in Grünthal geboren | 8. November: Franziska Stegmeyer, die spätere Ehefrau von Johannnes Bechmann, geboren

1840 21. Februar: Bechmanns Sohn August Franz (genannt August) in Grünthal geboren | der »Braueigner« Conrad Bechmann zieht von Grünthal nach Spandau in die Potsdamer Straße 18 (heute Carl-Schurz-Straße) und kauft für 12 000 Taler die 1746 gegründete, renommierte »Brauerei Spandau ›Königsbier‹, Fredersdorfer« in der Spandauer Mönchstraße 4 | Conrad Bechmann übernimmt auf der Südseite der Spandauer Straße am Spandauer Berg (heute auf der Ostseite der Einmündung der Reichsstraße in den Spandauer Damm) von der Königlichen Regierung, Abtheilung für directe Steuern, Domainen und Forsten, zu Potsdam in Erbpacht ein Grundstück, auf dem er zunächst Lager- und Eiskeller anlegt

1841 14. Mai: schon kurz nach der Einführung des »Bairisch Bieres« in Berlin empören sich die *Berlinischen Nachrichten* in einem Beitrag über die »Trunkenheit in ihrer abschreckendsten Gestalt« in der »Hopfschen Bierbrauerei vor dem Halleschen Thore«, worauf es bis hinauf zum Königlich Wirklichen Geheimen Staats-Minister des Innern und der Polizei Gustav Adolf Rochus von Rochow zu einem monatelangen Schriftwechsel der preußischen Behörden über die polizeiliche Beaufsichtigung dieses Etablissements kommt und der Apotheker Carl Friedrich Bärwald im Auftrag des Stadt-Physikus Dr. Carl Gustav Natorp für das Ministerium des Innern und der Polizei am 23. Juni ein chemo-physikalisches Gutachten darüber erstellt, worum es sich bei dem »sogenannten Bockbier« handelt

1842 Conrad Bechmann eröffnet auf der von ihm seit 1840 gepachteten Parzelle an der Spandauer Straße auf dem Spandauer Berg den Ausschank »Spandauer Bock« | das Jahr markiert das Gründungsdatum eines Unternehmens, das anfangs »Brauerei C. Bechmann ›Spandauer Spitze‹« heißt | Robert Stegmeyer, ein späterer Schwager der Bechmann-Brüder, geboren

1843 April: Franz Adam Bechmann übersiedelt nach Schweden und arbeitet in Stockholm für Fredrik Rosenquist af Åkershult als Braumeister in dessen »Tyska Bryggeriet«, deren Produktion im November desselben Jahres anläuft

1845 22. Mai: Clara Stegmeyer, die spätere Ehefrau von August Bechmann, geboren

1846 Februar: auf dem »Spandauer Bock« gründet sich unter Heinrich Rollmann die erste Gruppe des »Vereins der Zöglinge des Königlichen Gewerbeinstituts in Berlin«, des späteren »Akademischen Vereins Hütte e.V.«

1847 7. April, 5. Mai und 26. Juli: das Rittergut Grünthal des verstorbenen Justizrats Carl August Julius Schütz wird nach dem Bankrott von dessen Söhnen Herrmann und Carl in mehreren Partien zwangsversteigert und fällt an ihren Bruder, den Amtsrat Johann Julius Schütz | 19. Juni: Fredrik Rosenquist af Åkershult und Franz Adam Bechmann, unterdessen Mitinhaber sowie Betriebsleiter von »Tyska Bryggeriet« in Stockholm, eröffnen neben ihrem Unternehmen einen Vergnügungspark mit dem Namen »Södra Tivoli« | Conrad Bechmann kauft das auf der Nordseite der Spandauer Chaussee gegenüber dem »Spandauer Bock« gelegene Gehöft eines Mannes namens Hennig, der hier zeitweilig einen Ausschank betrieben hatte, und gründet dort die bald so genannte »Zibbe«

1848 2. August: bei der Rückkehr von einem Umtrunk auf dem »Spandauer Bock« gerät eine Gruppe republikanisch gesinnter Studenten vor dem Berliner Schloss in eine schwere Schlägerei mit Grenadieren des Zweiten Garde-Regiments | 22. Oktober: Franz Adam Bechmann heiratet die Schwedin Maria Carolina Fernlund | Franz Adam Bechmann wird schwedischer Staatsbürger (das Entlassungsverfahren aus dem »bayrischen Unterthans-Verbande« dauert vom 14. September bis zum 3. November)

1849 8. Mai: Conrad Bechmann übergibt dem Schankwirt Carl Friedrich Paege, Behrenstraße 17 in Berlin, »wegen häufiger Nachfrage nach Flaschen-Bier« eine Niederlage | 17. Juli: Hunderte von Anhängern der Demokratie-Bewegung feiern auf dem »Spandauer Bock« den Tag der Urwahl zur Zweiten Kammer des Preußischen Abgeordnetenhauses

1850 26. Mai: auf dem »Spandauer Bock« kommt es laut Presseberichten »zu erheblichen Exzessen« | 28. September: »derjenige Theil des Königlichen Spandauer Forstes, welcher dem Braueigner Bechmann verpachtet« ist, »so wie das auf der rechten Seite der Chaussee liegende Bechmannsche Grundstück« sind dem »weitern Polizeibezirk von Berlin einverleibt worden«

1854 Conrad Bechmann verlegt seine Spandauer Brauerei auf das ehemalige Hennig'sche Grundstück am Spandauer Berg, sie heißt nunmehr bis 1865 »Bairisch Bierbrauerei Conrad Bechmann« | Franz Adam Bechmann kauft nach dem Zerwürfnis mit Fredrik Rosenquist af Åkershult in Stockholm die Brauerei »Westinska Bryggeriet« und nennt das eigene Unternehmen »Bayerska Bryggeriet«; in diesem arbeitet fortan auch sein Bruder Georg Adam mit

1858 der »Brauereibesitzer« Conrad Bechmann wohnt inzwischen unter der Adresse seiner vordem hier befindlichen Spandauer Brauerei in der dortigen Mönchstraße 4

1859 10. Mai: Franz Adam Bechmann in Stockholm gestorben

1860 26. April: Ida Trautmann, verh. Rheinberg, in Aachen geboren | 29. April: auf dem »Spandauer Bock« kommt es zum Ausschank von verdorbenem Bier | 12. Juni: Maria Carolina Bechmann, geb. Fernlund, die Witwe Franz Adam Bechmanns, heiratet den Freiherrn Thure Fredrik Theodor Cederström | 17. Oktober: zum 50jährigen Jubiläum der Aufnahme des Vorlesungsbetriebs an der Friedrich-Wilhelms-Universität, der heutigen Humboldt-Universität zu Berlin, findet auf dem »Spandauer Bock« eine »Nachfeier« mit Konzert statt | um dieses Jahr herum kauft Conrad Bechmann vom Fiskus 40 Morgen Land, die östlich von seiner an der Spandauer Chaussee betriebenen Brauerei liegen, und zahlt dafür lediglich 400 Taler | um dieses Jahr herum errichtet Conrad Bechmann neben dem Restaurationsgebäude auf dem »Spandauer Bock« ein Wohnhaus und zieht von der Spandauer Mönchstraße 4 dorthin

1861 15. Mai: der »Akademische Verein Hütte e.V.« feiert ein Stiftungsfest seiner Ehrenmitglieder auf dem »Spandauer Bock« | 10. August: Teilnehmer des Zweiten Allgemeinen Deutschen Turnfests besuchen den »Spandauer Bock« | 24. August: auf dem »Spandauer Bock« findet laut Presseberichten »ein arger Exzeß statt«

1863 Juli: der bekannte Seiltänzer Charles Blondin tritt in der »Zibbe« auf

1864 27. März (Ostersonntag): die Presse meldet »eine arge Schlägerei zwischen Militairpersonen« auf dem »Spandauer Bock«

1865 19. Juni: Beginn des Schiffsverkehrs mit den Dampfern »Kladderadatsch« und »Trio« zwischen Moabit und »Spandauer Bock« | 22. Juni: die erste Pferdestraßenbahn Deutschlands fährt vom Brandenburger Tor 7,8 Kilometer bis zum Betriebs- oder »Hauptbahnhof« an der Spandauer Straße (heute Spandauer Damm) Ecke Sophie-Charlotten-Straße | 17. November: Einsturz zweier Eisschuppen für Lagerbier auf dem »Spandauer Bock« | der Zeitschriftenverleger Ludwig von Schäfer-Voit möchte Conrad Bechmann einen Teil von dessen 1860 vom Fiskus erworbenen 40 Morgen Land abkaufen, das wird ihm jedoch verweigert | Conrad Bechmann überträgt seinen Besitz notarisch auf seine Söhne | Conrad Bechmann geht in den Ruhestand, zieht sich als »Rentier« oder »Particulier« auf sein Altenteil zurück und übersiedelt in die Charlottenburger Ritterstraße 37 (bis 1874 wechselt er noch mehrfach seine Wohnung und zieht mal in die Schützenstraße 28, mal in die Alte Jacobstraße 83 und mal in die Prinzenstraße 26) | Bechmanns Söhne Johannes und August sind jetzt »Brauereibesitzer« des Unternehmens, das sich bis 1885 »Spandauer Bergbrauerei (C. Bechmann)« nennt – alleiniger Geschäftsführer der »Einzel-Firma« ist zunächst Johannes Bechmann; beide wohnen zu dieser Zeit in der Behrenstraße 24

1865–1866 Ludwig von Schäfer-Voit kauft von dem »Ackerbürger Sasse« das östlich von Conrad Bechmanns Grund und Boden gelegene – zu dieser Zeit noch nicht in dieser Form ausgewiesene – Grundstück Spandauer Chaussee 33–34, das nach einigen Zukäufen 62 532 m^2 groß ist, und lässt es durch den Obergärtner Duckstein als Kunstlandschaft gestalten

1866 22. August: Emilie Fontane, die Ehefrau Theodor Fontanes, besucht den »Spandauer Bock«

1867–1868 Ludwig von Schäfer-Voit lässt auf seinem jüngst erworbenen Grundstück durch den Architekten Carl Schwatlo eine klassizistische 30-Zimmer-Villa errichten, das »Schloss Ruhwald«

1868 21. Mai: Emilie Fontane besucht den »Spandauer Bock« | 21. September: laut Bekanntgabe im *Königlich Preußischen Staats-Anzeiger* hat die »Spandauer Bergbrauerei (C. Bechmann)« nach dem nunmehrigen Eintritt von August Bechmann in deren Geschäftsleitung die Form einer »offenen Handelsgesellschaft«

1869 11. September: der Architekten-Verein zu Berlin begeht ein »Geselliges Zusammensein« auf dem »Spandauer Bock« | Bau eines Pferdestalls und eines Malztennengebäudes (Architekt: Otto Przewisinski)

1870 31. Januar: Albert Stegmeyer, ein Neffe der Bechmann-Brüder, geboren | 28. Juli: auf dem »Spandauer Bock« duellieren sich zwei seiner Kellner, Krämer und Lieske, mit Pistolen, beide überleben | Charlottenburg hat 20 000 Einwohner | Emanuel Weltzien tritt als »Restaurateur« seinen Dienst auf dem »Spandauer Bock« an

1871 23. September: der siebzehnjährige Lehrling Mehls, der Arbeitslöhne auf den »Spandauer Bock« bringen soll, wird auf dem Weg dorthin ermordet | 1. November: eine Verlängerung der Pferdestraßenbahn-Strecke durch die »Westend-Gesellschaft H. Quistorp & Co. zu Berlin« um rund 1,0 Kilometer führt nun vom Betriebs- oder »Hauptbahnhof« bis zur Kastanienallee

1871–1877 die Königliche Regierung, Abtheilung für directe Steuern, Domainen und Forsten, zu Potsdam betreibt durch die Veräußerung der auf beiden Seiten der Spandauer Chaussee ungefähr vom »Spandauer Bock« bis zur Ahornallee im Westend gelegenen Landstreifen die Besiedlung dieser Gegend, wodurch Charlottenburg immer näher an den »Spandauer Bock« heranrückt

1872 April: Ludwig von Schäfer-Voit verkauft das Schloss und den Park Ruhwald für eine Million Taler an die »Westend-Gesellschaft H. Quistorp & Co. zu Berlin« | September: zu Ehren des Zaren von Russland und des Kaisers von Österreich sowie in Anwesenheit des deutschen Kaisers findet in der Gegend um den »Spandauer Bock« ein großes Manöver statt | 30. September: in einer Doppelhochzeit heiraten zwei Brüder zwei Schwestern: Johannes Bechmann und Franziska Stegmeyer sowie August Bechmann und Clara Stegmeyer | Dezember: die »Westend-Gesellschaft H[einrich] Quistorp & Co. zu Berlin« verkauft das Schloss und den Park Ruhwald weiter an den Malzfabrikanten Johann Hoff, der hier eine Vergnügungsstätte einrichtet, die »trotz allem Humbug nicht rentiren« will | Conrad Bechmann bemüht sich über einen längeren Zeitraum hinweg vergeblich bei der Königlichen Regierung, Abtheilung für directe Steuern, Domainen und Forsten, zu Potsdam um den Kauf mehrerer bisher von ihm nur gepachteter Forstparzellen

1873 Juli: der Malzfabrikant Johann Hoff geht nach zahlreichen obskuren Transaktionen in Konkurs, die Liquidatoren seines Besitzes bieten unter anderem das Schloss und den Park Ruhwald »den städtischen Behörden Berlins« – vergeblich – zum Kauf an | 18. Oktober: Heinrich Quistorp geht in Konkurs | das Schloss und der Park Ruhwald fallen an Ludwig von Schäfer-Voit zurück

1874 15. März: das Haupthaus auf dem »Spandauer Bock« brennt ab, der Neubau wird sofort in die Wege geleitet | 7. August: August Bechmann widmet seinem Bruder Johannes zu dessen 36. Geburtstag eine Ehrenmappe, in der unter anderem ein Gedicht im Stil der freisinnigen Satirezeitschrift *Berliner Wespen* enthalten ist | 27. August: Johannes Bechmann schließt mit der Königlichen Regierung, Abtheilung für directe Steuern, Domainen und Forsten, zu Potsdam einen Pachtvertrag über die Parzellen 1–5 des Charlottenburger Bergplans (das sind rund 5 ha auf der Nordseite der Spandauer Chaussee) | Conrad Bechmann errichtet ein Wohnhaus am Schützen Weg, keine Hausnummer, der späteren Sophie-Charlotten-Straße 104, das »Bechmann'sche Haus« oder auch die »Villa Bechmann«, und alle Familienmitglieder ziehen hier mitsamt Gärtner, Kutscher und Portier ein – August Bechmann gibt allerdings obendrein als Adresse noch bis 1886 den »Spandauer Bock« an | Friedrich Wenig tritt als »Kellner« seinen Dienst auf dem »Spandauer Bocks« an

1875 17. August: Einweihung des Neubaus des Hauptgebäudes auf dem »Spandauer Bock« (Architekten: Franz Bäthge und Oscar Titz) | November: Bau eines 30 × 15 Quadratmeter großen sechstorigen ›amerikanischen‹ Eishauses (Ausführung: Johann Philipp Lipps, Dresden) | 7. September: der Lohnkellner Heinrich vom »Spandauer Bock« erschlägt in Pichelswerder im Streit zwei Männer

1875–1876 Bau eines Sudhauses (Architekt: Franz Bäthge)

1876 22. Mai: aus einer Aufstellung des Kreis-Ausschusses des Kreises Teltow geht hervor, dass die »Gebrüder« Bechmann die mit Abstand größten Gewerbesteuerzahler im Kreis sind

1876–1877 Bau eines Gär- und Lagerkellers mit darüber liegenden Wohnräumen und eines Kühlhauses (Architekt: Franz Bäthge) – zur Durchführung dieser Arbeiten werden in Zeitungsanzeigen 500 »Schachtarbeiter« gesucht

1877 1. Januar: Charlottenburg hat mehr als 25 000 Einwohner, schert aus dem Landkreis Teltow aus und wird ein eigener Stadtkreis | 15. November: Eröffnung des Bahnhofs Charlottenburg-Westend der Berliner Ringbahn

1878 12. März: Eingemeindung des Westends nach Charlottenburg | 17. März: mehrere »Persönlichkeiten aus der höchsten Aristokratie« liefern sich zwischen dem Brandenburger

Tor und dem »Spandauer Bock« ein Wettrennen zwischen Reitern zu Pferde und einem Hundegespann – das Hundegespann gewinnt und zwar mit Abstand | 3. August: anstelle der Schreibweise »Spandow« wird amtlich die Schreibweise »Spandau« festgesetzt | 4. November: Maria Carolina Bechmann, geb. Fernlund, verheiratete Freiherrin Cederström, die Witwe Franz Adam Bechmanns, gestorben | Conrad Bechmann zieht in die Wallner-Theater-Straße 36 in Berlin-Mitte | Erweiterung der Mälzerei (Architekt: Franz Bäthge)

1879 11. Mai: die »Berliner-Pferde-Eisenbahn-Gesellschaft« verlängert den Betrieb von der Kastanienallee um 1,3 Kilometer bis zum »Spandauer Bock« | Bau einer Pechsiederei (Architekt: Franz Bäthge)

1880 Bau eines Treibhauses (Architekt: Otto Przewisinski) | beträchtliche Erweiterung des Vergnügungsgeländes auf der »Zibbe« mit etlichen neuen Attraktionen – Vorbild hierfür ist mit Sicherheit das »Tivoli« in Kopenhagen

1881 16. Januar: Conrad Bechmann in der Wallner-Theater-Straße 36 gestorben – in Nachrufen wird sein Mäzenatentum gerühmt, dem unter anderem der Aufbau der katholischen Kirche in Spandau im Wesentlichen zu verdanken sei (gemeint ist »St. Marien am Behnitz«) | 1. April: Berlin scheidet aus der Provinz Brandenburg aus und bildet einen eigenen Landkreis »mit Provinzstatus« | 16. Mai: Eröffnung der ersten elektrischen Straßenbahnlinie vom Bahnhof Lichterfelde-Ost zur 2,5 Kilometer entfernten Central-Cadetten-Anstalt auf stromführenden Schienen, was sich nicht bewährt | 23. Mai: das Ehepaar Fontane besucht mit Freunden den »Spandauer Bock« | 30. Mai: die vierte diesjährige Exkursion des Architekten Vereins zu Berlin führt auf den »Spandauer Bock« | 23. Juli: Fontanes Kinder Martha und Theo machen einen spontanen Besuch auf dem »Spandauer Bock« | 6. Oktober: August Bechmann schließt mit der Königlichen Regierung, Abtheilung für directe Steuern, Domainen und Forsten, zu Potsdam einen Tauschvertrag über eine Forstparzelle von 0,1477 ha bei Pichelsberg gegen 0,0046 ha ebendort | 15. Oktober: Anbindung der Berliner Ringbahn an die Berliner Stadtbahn am Bahnhof Charlottenburg-Westend (fortan nur »Westend«) | 27. Oktober: bei der Reichstagswahl kommt es wie überall im Wahlkreis Teltow – Beeskow – Storkow und Charlottenburg auch im Wahllokal auf dem »Spandauer Bock« nach Aussagen mehrerer Zeugen unter tätiger Mithilfe des Gendarmen Brüning zum Nachteil des Bewerbers der

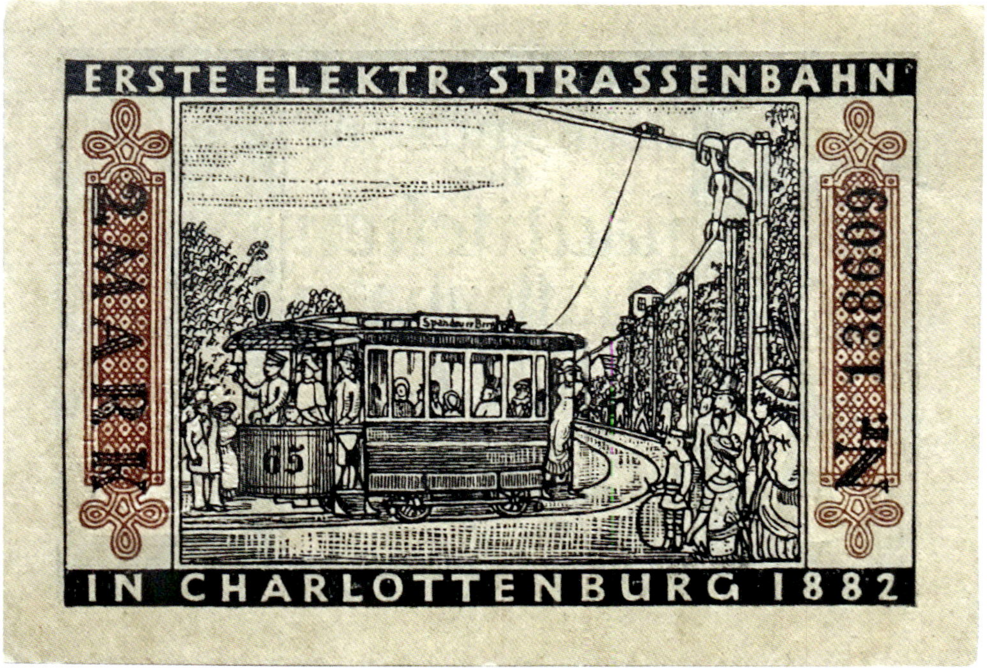

Vierzig Jahre nach der Einweihung der ersten elektrischen Straßenbahnlinie zum »Spandauer Bock« feiert der Magistrat von Berlin das Ereignis auf einem Fahrschein. Er greift dabei auf eine Zeichnung von Friedrich Wilhelm Wittig zurück. Dass der dort abgebildete Hund hier nicht mehr an der Leine von Herrchen auf dem Perron neben dem Wagen herhecheln muss, hat womöglich der Deutsche Tierschutzbund erreicht.

Fortschrittspartei Ferdinand Woellmer zu Manipulationen zugunsten des Kandidaten der Konservativen Nikolaus Prinz Handjery – die Sache wird von der Wahlprüfungskommission unter dem Vorsitz des Amtsvorstehers Gustav Freiherr von Schleinitz 1884 niedergeschlagen

1881–1883 Bau von weiteren Pferdeställen (Architekt: Otto Przewisinski)

1882 7. Februar: Eröffnung der Berliner Stadtbahn vom Schlesischen Bahnhof bis zum Bahnhof Westend | 9. April: in der deutschen Presse, unter anderem dem *Berliner Tageblatt*, wird zum ersten Mal vom »greulichen Treiben« an einem Karfreitag auf dem »Spandauer Bock« berichtet | 29. April: die 2,3 Kilometer lange Straßenbahnstrecke vom Betriebs- oder »Hauptbahnhof« zum »Spandauer Bock« wird elektrifiziert – noch am selben Tag macht Werner Siemens in der Nähe des Kurfürstendamms bei Halensee Versuchsfahrten mit seiner »Elektromote«, einer Art E-Auto mit Oberleitung | Juli: der Hamburger »Civil-

Ingenieur« William Robert Rowan unternimmt auf den Gleisen der Pferdebahn zwischen Berlin und Charlottenburg Probefahrten mit dem von ihm konstruierten »Doppelbogie-Dampfwagen für Straßenbahnen« – dem jedoch liegt ein System zugrunde, das sich nicht zuletzt wegen der starken Rauchentwicklung nicht bewährt und deshalb aufgegeben wird

1883 31. Mai: der Verkehr der elektrifizierten Straßenbahn vom Betriebs- oder »Hauptbahnhof« zum »Spandauer Bock« wird wieder eingestellt, da es sich nur um einen Langzeitversuch gehandelt hatte

1884 6. Juli: der Technische Verein von Charlottenburg begeht ein »geselliges Beisammensein mit Damen« auf dem »Spandauer Bock« | 14. Juli: Johannes Bechmann schließt zum 1. Oktober einen Pachtvertrag über ungefähr 28½ Morgen der bisher zur Domäne Ruhleben gehörenden Ländereien mit der Königlichen Regierung, Abtheilung für directe Steuern, Domainen und Forsten, zu Potsdam

1885 3. April (Karfreitag): an diesem Tag besuchen ungefähr 20 000 Menschen den »Spandauer Bock«, wobei es bis in die Nacht hinein angeblich zu »Exzessen« kommt | 10. Mai: bei einem schweren Betriebsunfall auf dem Gelände der »Spandauer Bergbrauerei (C. Bechmann)« verunglückt ein Maschinenmeister tödlich | 30. August: der Kölner Turnlehrer Gustav Weidner besucht auf einer Klassenfahrt mit dreizehn Schülern »den vergnüglichen Spandauer Bock« | 29. November: nachdem die »Spandauer Bergbrauerei (C. Bechmann)« von den Söhnen Conrad Bechmanns für 3774 807 Mark an ein Banken- und Firmenkonsortium verkauft worden ist, trägt das Unternehmen bis 1917 den Namen »Spandauerberg Brauerei vorm. C. Bechmann A.-G.« | Erweiterung des Inspektorengebäudes (Architekt: Otto Przewisinski) | Errichtung des Saalgebäudes auf der »Zibbe« (Architekt: Emil Leppin) | Emanuel Weltzien und Friedrich Wenig werden »Oekonomen«, also »(Gast-)Wirtschaftsverwalter«, auf dem »Spandauer Bock«

1885–1886 12. April bis 18. April 1886: die angeblichen »Exzesse« auf dem »Spandauer Bock« vom 3. April 1885 beschäftigen die preußische Bürokratie auf verschiedenen Ebenen und haben deshalb nicht nur Eingang in das Konvolut beim Potsdamer Regierungspräsidenten gefunden, sondern auch in ein 140 Seiten starkes Dossier beim Ministerium des Innern und der Polizei; das wird mit dem Titel *Acta betr. die polizeiliche Beaufsichtigung der Hopf-schen Schankwirthschaft vor dem Hallischen Thore, besonders rücksichtlich der durch den über-*

mäßigen Genuß des sogenannten Bockbiers daselbst herbeigeführten Exzesse unter der Signatur I. HA Rep. 77, Tit. 318a Nr. 50 VII im Geheimen Staatsarchiv Preußischer Kulturbesitz in Berlin bewahrt – und enthält in Bezug auf den »Bock« auch nicht den geringsten von der Potsdamer Akte abweichenden Gesichtspunkt

1886 12. Juni: George Emile Fontane, Theodor Fontanes ältester Sohn, heiratet Martha Robert, eine Enkelin Conrad Bechmanns, wodurch Fontane mit dem Gründer des »Spandauer Bocks« verschwägert ist | 1. November: Wilhelm Brähmer, ein Mann mit vielen Posten und Funktionen, übernimmt das Amt des Direktors der »Spandauerberg Brauerei« bis zu deren Stilllegung im Jahr 1922 | 4. November: erste Hauptversammlung der »Spandauerberg Brauerei vorm. C. Bechmann A.-G.«, auf der – neben zwei anderen Persönlichkeiten – Johannes und August Bechmann für vier Jahre in den Aufsichtsrat der Aktiengesellschaft gewählt werden | die Königliche Eisenbahndirektion Berlin lehnt den Antrag der »Spandauerberg Brauerei« vom 21. April ab, auf der Strecke Berlin–Hamburg eine eigene Station zu erhalten – diese sei nicht »im Interesse […] des öffentlichen Verkehrs«

1886–1887 der Versuch der Oberförsterei Grunewald, den »Spandauer Bock« nach den dortigen »Exzessen« am Karfreitag 1885 hoheitlich vom Gutsbezirk Spandauer Forst zum Stadtbezirk Charlottenburg überführen zu lassen, scheitert am Widerstand sowohl der »Spandauerberg Brauerei vorm. C. Bechmann A.-G.« als auch des Preußischen Ministeriums für Landwirtschaft, Domänen und Forsten

1887 16. März: in der »Spandauerberg Brauerei« verunglückt »der Hofarbeiter P.« | 1. April: Spandau scheidet aus dem Kreis Osthavelland aus und wird zum Stadtkreis erhoben | 10. Mai: in der »Spandauerberg Brauerei« verunglückt »der Stallmann A.« | 17. September: ein Brand in der Mälzerei vernichtet 8000 Zentner Malz und verursacht einen Schaden von 85 718 Mark, die Wiederherstellung besorgt das Spandauer Baugeschäft von Emil Leppin & Emil Härtner | Bau eines zweiten Sudwerks | 20. Oktober: Ludwig von Schäfer-Voit gestorben

1889 19. April (Karfreitag): an diesem Tag besuchen 20 000 Menschen den »Spandauer Bock« | 4./5. Juli: ein Brand zerstört einen Teil der Mälzerei und der Fasshalle und verursacht einen Schaden von 81 254 Mark | Vergrößerung der Kühlanlage

1889–1901 immer wieder verzeichnen die Jahresberichte des Städtischen Realgymnasiums zu Charlottenburg Sommerausflüge »der Vorschule nach dem Spandauer Bock«

1890 25. Februar: namens der »Spandauerberg Brauerei vorm. C. Bechmann A.-G.« erneuert deren Direktor Wilhelm Brähmer den von Johannes Bechmann am 14. Juli 1884 geschlossenen Pachtvertrag über ungefähr 28½ Morgen der bisher zur Domäne Ruhleben gehörenden Ländereien mit der Königlichen Regierung, Abtheilung für directe Steuern, Domainen und Forsten, zu Potsdam für die Zeit vom 1. Oktober 1890 bis zum 30. September 1896 | 19. April: Gründung des zunächst aus sieben Mitgliedern bestehenden »Vereins der Brauereien Berlins und Umgegend« (»Berliner Ringbrauereien«) – ihm schließt sich die »Spandauerberg Brauerei« an | 13. Juni: infolge einer Großexplosion in Spandau werden auch die Anlagen und Gebäude auf dem »Spandauer Bock« in Mitleidenschaft gezogen | 6.–13. Juli: die »Spandauerberg Brauerei« hat ein Bierzelt auf dem X. Deutschen Bundesschießen in Pankow (Ausführung: Emil Leppin) | 17. Oktober: Gründung des »Verbandes Berliner Brauereien gegen Boykottschäden« | 15. November: Wiederwahl der beiden Bechmanns in den Aufsichtsrat der »Spandauerberg Brauerei« | Vergrößerung der Gärkeller sowie Errichtung einer Schmiede und eines »Beamtenwohnhauses«

1892 22. September: der Böttcher der »Spandauerberg Brauerei« Bruno Schulz ermordet auf einem Feldweg beim »Park Bechmann« die Prostituierte Franziska Lowinska | der Arzt Dr. med. Walter Levinstein kauft das Schloss und den Park Ruhwald von Ludwig von Schäfer-Voits Schwiegersohn und Erben, dem Grafen Friedrich zu Eulenburg, der das Anwesen nie genutzt hat, für 3000000 Mark und richtet hier eine Heil- und Pflegestätte ein

1892–1893 der Architekt Alfred Schrobsdorff erbaut unter der Adresse Spandauer Chaussee 35–36 für die Bechmanns (womöglich aber auch nur für August Bechmann) im Stil der Neorenaissance eine Villa, das »Bechmann'sche Haus«, auf dem 96552 m^2 großen Grundstück östlich der »Spandauerberg Brauerei«, Spandauer Chaussee 35–39, wo zudem eine Kunstlandschaft angelegt wird, der »Park Bechmann« (für sich selbst baut er an der Spandauer Chaussee 86 ein Haus)

1893 12. Juli: da sich die »Spandauerberg Brauerei« angeblich nicht in der Lage gesehen hatte, den Sozialdemokraten für eine Veranstaltung anlässlich der Reichstagswahl am 15. Juni einen Saal zu Verfügung zu stellen, wird der Betrieb bis zum 29. August bestreikt – an diesem Tag gibt der Vorstand der Brauerei zu, dass jene Verweigerung ein Vorwand war | Charlottenburg hat mehr als 100 000 Einwohner und wird Großstadt

1894 Februar: der Enkel des Justizrats Carl August Julius Schütz und Sohn des Amtsrats Johann Julius Schütz, Paul Schütz, verkauft das Rittergut Grünthal an Graf Bernhard von der Schulenburg, der den Braubetrieb in der Wiege von Conrad Bechmanns Braukunst endgültig einstellt | 22. April: Johannes Bechmann in Berlin in der Sophie-Charlotten-Straße 104 gestorben | 17. Mai: im Laufe einer Auseinandersetzung um die Einführung des Achtstundentags, einer Erhöhung des Mindestlohns und der Gewährung eines Ruhetags am 1. Mai wird neben sechs anderen Brauereien in Berlin auch die »Spandauerberg Brauerei« bis zum 29. Dezember bestreikt (»Berliner Bierboykott«), wobei ihre Tagesproduktion von durchschnittlich 300 Fass auf 100 Fass sinkt

1895 April: der Bankier Siegfried Abrahamsohn kauft das Schloss und den Park Ruhwald von dem Arzt Dr. med. Walter Levinstein | 25. Juli: sämtliche Brauer und Fassbier-Kutscher der Schöneberger Schlossbrauerei feiern mit ihren Familien auf dem »Spandauer Bock« | der Antrag der »Spandauerberg Brauerei vorm. C. Bechmann A.-G.« auf einen Anschluss an die Berliner Stadtbahn wird von der Königlichen Eisenbahn-Direction abschlägig beschieden

1896 7. März: Beginn des elektrifizierten Straßenbahnbetriebs in Spandau durch die »Allgemeine Elektricitätsgesellschaft« (AEG) in der Schmalspur 1000 mm

1897 30. Januar: ein Brand auf dem »Spandauer Bock« zerstört die Böttcherei und den Eisschuppen | 16. April: am diesjährigen Karfreitag bleibt der »Spandauer Bock« wie alle Berliner Vergnügungslokale auf Anordnung der Behörden geschlossen | 22. Juli: der langjährige »Oekonom« des »Spandauer Bocks« Emanuel Weltzien in der Sophie-Charlotten-Straße 24 gestorben – ihm folgt in dieser Position Paul Brennecke | Errichtung eines Gebäudes für einen Berieselungs-Kondensator

1899 März: die Abtheilung für directe Steuern, Domainen und Forsten, zu Potsdam plant, den neuen Charlottenburger Pferdemarkt auf dem fiskalischen Gelände östlich der »Spandauerberg Brauerei« einzurichten – aber am … | … 13. April: erwirbt die »Spandauerberg

Brauerei vorm. C. Bechmann A.-G.« von der Abtheilung für directe Steuern, Domainen und Forsten, zu Potsdam auf einer Versteigerung für 390 000 Mark das bisher von ihr gepachtete und an das Brauerei-Gelände »anstossende« ungefähr 28½ Morgen große Grundstück, so dass der gesamte nicht-betriebliche Landbesitz der Brauerei jetzt 48½ Morgen umfasst | 17. August: der ein Jahrzehnt lang diskutierte Plan zur »Inkommunalisierung« des Gebiets rund um den »Spandauer Bock« nach Berlin wird laut Auskunft des Preußischen Justizministers Karl Heinrich Schönstedt »definitiv aufgehoben«

1900 18. Januar: endgültige Inbetriebnahme der elektrifizierten Straßenbahnlinie »Weiß« (ab dem 6. Mai 1902 Linie »R«) vom Betriebs- oder »Hauptbahnhof« bis zum »Spandauer Bock« durch die »Berlin-Charlottenburger Strassenbahn« | Dezember: als Sprecher einer großen Gruppe von Befürwortern des Projekts betreibt August Bechmann die bauliche Erschließung des östlich der »Spandauerberg Brauerei« und des »Parks Bechmann« liegenden Terrains nördlich der Spandauer Chaussee (auch »Nord-Westend« genannt) | Charlottenburg hat 180 000 und Berlin 1888 575 Einwohner

1901 20. Juli: die Bannervereinigung Grunewald feiert ein Stiftungsfest auf dem »Spandauer Bock« | 3. November: der berühmte Luftschiffer Hans Bartsch von Sigsfeld fährt mit seinem Ballon über den »Spandauer Bock« | »Am Spandauer Berg« wird ein Verwaltungsbezirk der Großstadt Charlottenburg

1902 23. Dezember: Charlotte Bechmann, geb. Kunert, die Witwe Conrad Bechmanns und Mutter von Johannes und August Bechmann, in der Wallner-Theater-Straße 36 gestorben | Robert Stegmeyer wird »Oekonom« auf dem »Spandauer Bock«

1903 9. November: der Plan zur Eingemeindung u. a. des »Spandauer Bocks« nach Berlin wird von der Preußischen Staatsregierung verworfen | die Parzelle des »Spandauer Bocks« geht nach 63 Jahren von der Abtheilung für directe Steuern, Domainen und Forsten, zu Potsdam in den Besitz der Stadt Charlottenburg über | 4. Juli: die »Spandauerberg Brauerei vorm C. Bechmann A.-G.« verlängert den seit 1840 bestehenden diesbezüglichen Pachtvertrag nunmehr mit der Stadt Charlottenburg um weitere zehn Jahre bis zum 30. September 1913 (der Pachtzins beträgt 1903–06 4000 Mark, 1906–09 6000 Mark und 1909–13 8000 Mark)

1904 14. Mai: Eröffnung der »Terrassen am Halensee«, die 1909 in »Luna-Park« umbenannt werden

1904–1905 auf dem Gelände der »Zibbe« entstehen zahlreiche weitere Vergnügungseinrichtungen

1905 8. Mai: mehr als 2000 Studenten der Technischen Hochschule verweigern die Teilnahme an der offiziellen Feier der Professoren zu Schillers hundertstem Todestag, marschieren stattdessen in einem Demonstrationszug zum »Spandauer Bock« und huldigen dort ihrem Freiheitshelden | 18./31. August: die »Allgemeine Elektricitätsgesellschaft« (AEG) schließt einen Pachtvertrag über einen Geländestreifen zum Betrieb einer elektrischen Straßenbahn von Spandau nach dem »Spandauer Bock« | Berlin hat mehr als zwei Millionen Einwohner

1906 1. Juli: Eröffnung der elektrischen Straßenbahnlinie »B«, der »Bock-Linie«, von der Plantage in Spandau-Stresow zum »Spandauer Bock« durch die »Allgemeine Elektricitätsgesellschaft« (AEG) bereits in der neuen Normalspur von 1435 mm – streckenweise mit einer amtlich vorgeschriebenen Geschwindigkeit »von höchstens 12 km in der Stunde«

1906–1907 »Umspurung« des gesamten elektrifizierten Straßenbahnbetriebs in Spandau durch die »Allgemeine Elektricitätsgesellschaft« (AEG) von 1000 mm auf 1435 mm

1907 April: August Walter, Braumeister der Minck Brewing Co. aus Richmond, Indiana, U.S.A., besichtigt die »particularly interesting« »Spandauerberg Brauerei« | Bau einer Reihe von geräumigen Stallungen | Franziska Bechmann, geb. Stegmeyer, die Witwe von Johannes Bechmann, in der Sophie-Charlotten-Straße 102 vermutlich in diesem Jahr gestorben

1908 28. Januar: Robert Stegmeyer, ein Schwager der Bechmann-Brüder, am Spandauer Berg 9 gestorben | 1. Mai: 1101 m² des Geländes der »Spandauerberg Brauerei vorm. C. Bechmann A.-G.« werden vom Gutsbezirk Grunewald, Forst, nach dem Stadtgebiet Charlottenburg »umgemeindet« | die »Spandauerberg Brauerei vorm. C. Bechmann A.-G.« erwirbt bei einer Zwangsversteigerung auf den Namen ihres Direktors Wilhelm Brähmer die Immobilie Köpenicker Straße 80/81 zu einem Preis von 285 000 Mark | Albert Stegmeyer wird »Oekonom« auf dem »Spandauer Bock«

1908–1909	Neubau eines viergeschossigen Büro- und Verwaltungsgebäudes für ca. 200 000 Mark (Architekt: Alfred Schrobsdorff)
1909	4. September: Ida Trautmann heiratet in Hoboken, New Jersey, den Frankfurter Bankkaufmann Maximilian Siegfried Rheinberg | 18. Dezember: die Generalversammlung der »Spandauerberg Brauerei vorm. C. Bechmann A.-G.« beschließt mit vier Prozent die einmalig tiefste Dividende der Firmengeschichte
1910	19. Januar: der »Oekonom« des »Spandauer Bocks« Paul Brennecke im Haupthaus auf dem »Spandauer Bock«, Spandauer Chaussee 60–65, gestorben | 14. Mai: offizielle Eröffnung des »Luna-Parks« am Halensee | 29. November: auf der Hauptversammlung der »Spandauerberg Brauerei vorm. C. Bechmann A.-G.« wird das 25jährige Jubiläum des Unternehmens gewürdigt | 7. Dezember: auf Antrag des sozialdemokratischen Stadtverordneten Dr. Erich Flatau beschließt die Stadtverordneten-Versammlung von Charlottenburg die bauliche Erschließung des »Nord-Westends« und setzt damit die Initiative von August Bechmann »und Genossen« aus dem Jahr 1900 um | Paul Eile wird »Oekonom« auf dem »Spandauer Bock«
1911	1. November: der Direktor der »Spandauerberg Brauerei« Wilhelm Brähmer feiert sein 25jähriges Dienstjubiläum | 2. Dezember: die Verwaltung der »Spandauerberg Brauerei« äußert öffentlich, dass sie das von der Stadt Charlottenburg bisher gepachtete Gelände des »Spandauer Bocks« kaufen möchte – dafür, dass das Vorhaben realisiert werden konnte, gibt es keinen Anhaltspunkt | 28. Dezember: der Sozialist Karl Liebknecht spricht anlässlich der Reichstagswahl vom 12. Januar 1912 bei einer Wahlveranstaltung auf dem »Spandauer Bock«
1912	13. Juli: August Bechmann im »Bechmann'schen Haus«, Spandauer Chaussee 35–36, gestorben
1913	1. Oktober: die »Spandauerberg Brauerei vorm. C. Bechmann A.-G.« verlängert den am 2. und 8. Juli 1903 mit der Stadt Charlottenburg geschlossenen Pachtvertrag über das Terrain des »Spandauer Bocks« um weitere zehn Jahre bis zum 30. September 1923 (der Pachtzins beträgt 1913–18 10 000 Mark und 1918–23 12 000 Mark) | der Bankier Siegfried Abrahamsohn verkauft das Schloss und den Park Ruhwald an die persönlich haftenden Gesell-

schafter des Bankgeschäfts »Georg Fromberg & Co.«, den Kommerzienrat Adolf Moser und seinen Bruder Dr. Ernst Moser

1914 12. Februar: die außerordentliche Hauptversammlung der »Spandauerberg Brauerei vorm. C. Bechmann A.-G.« lehnt die Bedingungen für eine ›Verschmelzung‹ mit der »Schultheiss Brauerei A.-G.« ab | Neubau der Mälzerei

1917 13. Mai: nach einem Niveauausgleich der bislang ungleichen Trassen der beiden am »Spandauer Bock« jeweils aus Spandau, beziehungsweise Charlottenburg aufeinander treffenden Straßenbahnen wird das Netz der Spandauer Straßenbahn mit dem der »Berlin-Charlottenburger Straßenbahn« vereint | im selben Monat agitiert die Sozialdemokratin Käte Duncker mit Genossinnen anlässlich des Berliner Frauentags auf dem »Spandauer Bock« | 1. Oktober: die »Spandauerberg Brauerei vorm. C. Bechmann A.-G.« wird mit Wirkung dieses Datums von der »Schultheiss Brauerei A.-G.« zu einem Preis von 2 000 000 Mark übernommen und nennt sich ab jetzt »Schultheiss Brauerei A.-G., Abt. Spandauerberg« – auf Landkarten freilich steht an der Spandauer Chaussee 50–56 nur kurz »Schultheiß Brauerei«

1918 1. Januar: Mitglieder der »Unabhängigen Sozialdemokratischen Partei Deutschlands« (USPD) treffen sich auf dem »Spandauer Bock«, um anschließend in Charlottenburg und Moabit Antikriegsflugblätter zu verteilen | Sophie Stegmeyer, geb. Ohle, die Witwe von Robert Stegmeyer, in der Königin-Elisabeth-Straße 54 vermutlich in diesem Jahr gestorben

1920 23. Mai: Wiedereröffnung des »Luna-Parks« am Halensee | 26. Mai: Maximilian S. Rheinberg überschreibt seiner Ehefrau Ida Rheinberg das auf knapp 60 000 Dollar taxierte fünfstöckige Wohnhaus in New York 35 West 72nd Street (vermutlich besitzt sie noch ein zweites in 49 West 48th Street und ein drittes in 250 West 82d Street) und reist anschließend nach Europa | 5. Juli: Maximilian S. Rheinberg stirbt in Frankfurt am Main | 12. Juli 1920: die »Schultheiss Brauerei A.-G.« fusioniert mit der »Aktien-Brauerei-Gesellschaft Friedrichshöhe vormals Patzenhofer« zur »Schultheiss-Patzenhofer Brauerei A.-G.«, der weltgrößten Lagerbierbrauerei (die sich bald wieder nur noch »Schultheiss Brauerei A.-G.« nennt) – die einstige »Spandauerberg Brauerei A.-G.« nennt sich jetzt »Schultheiss-Patzenhofer Brauerei A.-G., Abt. Spandauerberg« | 18. August: Löschung einer von August Bechmann mit Urkunde vom 24. November, beziehungsweise 6. Dezember 1883 aufgenommenen Kautionshypothek in Höhe von 500 Mark bezüglich einer Wasserparzelle in Ufernähe auf dem

Stößensee | 1. Oktober: Charlottenburg und Spandau werden durch das Inkrafttreten des sogenannten Groß-Berlin-Gesetzes zu Verwaltungsbezirken von Groß-Berlin

1921 24. November: Albert Stegmeyer, ein Neffe der Bechmann-Brüder, wird in seiner Wohnung am Spandauer Berg 20 tot aufgefunden; seine Witwe Clara springt fortan für ihn als »Gastwirtin« auf der »Zibbe« ein | 31. Dezember: die »Schultheiss-Patzenhofer Brauerei A.-G., Abt. Spandauerberg« wird stillgelegt und das Grundstück sowie das Betriebsgelände Spandauer Chaussee 50–56 an die »C.A.F. Kahlbaum A.-G.« verpachtet – der Mutterkonzern nennt sich jetzt »Interessengemeinschaft Ostwerke – Schultheiss-Patzenhofer – C.A.F. Kahlbaum A.-G.« | der langjährige und 1902 in Rente gegangene »Oekonom« des »Spandauer Bocks« Friedrich Wenig am Friedrich-Karl-Platz 15 vermutlich in diesem Jahr gestorben

1922 10.–14. April: in dieser Woche verkauft Ida Rheinberg das 1920 geerbte Wohnhaus 35 West 72nd Street in New York für 100 000 Dollar | 20. Mai: Eröffnung des seit vielen Jahren geplanten U-Bahnhofs Neu-Westend | als Eigentümer des »Bechmann'schen Hauses«, Spandauer Chaussee 35–36, erscheint in den Berliner Adressbüchern der Landwirt Friedrich Hartleben; als Eigentümer des »Stegmeyer'schen Hauses« daneben zeichnet die »Schultheiß-Brauerei A.-G.« | der »Oekonom« des »Spandauer Bocks« Paul Eile im Haupthaus auf dem »Spandauer Bock«, Spandauer Chaussee 60–65, vermutlich in diesem Jahr gestorben; seine Witwe Anna springt für ihn als »Oekonomin« auf dem »Bock« ein

1923 12. Februar: Einstellung der alten Linie »R« der einstigen »Berlin-Charlottenburger Straßenbahn« (jetzt »Berliner Straßenbahn- Betriebsgesellschaft«) – sie wird durch die Linie 54 der »Berliner Straßenbahn-Betriebsgesellschaft« (ab November 1928 »Berliner Verkehrs-Aktiengesellschaft« [BVG]) ersetzt | Clara Stegmeyer, geb. Richter, die Witwe von Albert Stegmeyer, in der Spreestraße 58 vermutlich in diesem Jahr gestorben

1924 4. September: gemäß der Vorlage vom 2. Juli beschließen die Stadtverordneten der Stadt Berlin den Ankauf des 62 532 m² großen Grundstücks von »Schloß Ruhwald«, Spandauer Chaussee 33–34, zu einem Preis von 184 500 Mark | Ernst Bickel, der Generaldirektor der »Ernst Bickel & Co. G.m.b.H., Import & Export«, erwirbt das Grundstück Spandauer Chaussee 35–39 (»Park Bechmann«) | Clara Bechmann, geb. Stegmeyer, die Witwe von August Bechmann, in der Lindenallee 4 vermutlich in diesem Jahr gestorben

1924–1925	der Architekt Leberecht Schmidt baut im »Park Bechmann« unter der Adresse Spandauer Chaussee 37–39 eine Villa für Ida Rheinberg
1925	August: Arbeiten zur Tieferlegung (»Regulierung«) des Spandauer Berges auf der Höhe des »Spandauer Bocks« | Ida Rheinberg logiert während des Baus ihrer Villa vorübergehend im »Bechmann'schen Haus«, das zu dieser Zeit Ernst Bickel, dem Generaldirektor der »Ernst Bickel & Co. G.m.b.H., Import & Export« gehört
1926	das Grundstück Spandauer Chaussee 35–39 (»Park Bechmann«) gehört fortan der »Administratio Vermögens-Verwaltungs A.-G.«, hinter diesem Unternehmen steht Ernst Bickel, der Generaldirektor der »Ernst Bickel & Co. G.m.b.H., Import & Export« – das Grundstück hat zu dieser Zeit einen Wert von drei Millionen Reichsmark
1926–1928	die »C.A.F. Kahlbaum A.-G.« erwirbt wesentliche Anteile an der »Schultheiss-Patzenhofer A.-G.«
1926–1936	Ida Rheinberg bewohnt die »Villa Rheinberg« im »Park Bechmann«, Spandauer Chaussee 37–39
1927	September: Wilhelm Brähmer, der langjährige Direktor der »Spandauerberg Brauerei« in der Nußbaumallee 43–45 gestorben | 12. Oktober: die »C.A.F Kahlbaum A.-G.« übernimmt die »Hartwig Kantorowicz A.-G.«, und diese firmiert um zur »Hartwig Kantorowicz – C.A.F Kahlbaum A.-G. Likörfabrik und Weinbrennerei«, die an der Spandauer Chaussee 50–56 in den alten Betriebsgebäuden der »Spandauerberg Brauerei« Spirituosen, Liköre und Fruchtsäfte herstellt
1929	22. Dezember: Eröffnung des U-Bahnhofs Ruhleben, wodurch der »Spandauer Bock« nun auch mit diesem Verkehrsmittel zu erreichen ist
1930	21. Juni: beim Festival »Neue Musik Berlin 1930« wird die Kantate *Das Eisenbahnspiel* des Komponisten Paul Dessau durch den »Berliner Arbeiterkinderchor auf dem Spandauer Bock« aufgeführt
1931	im Sommer: auf der letzten nachweisbaren ›linken‹ Veranstaltung auf dem »Spandauer Bock« hält der Kommunist Bernhard Adam eine Rede

1932 2. Juli: durch den Erfolg ihrer Tochtergesellschaft »›Domag‹ Häuser- und Güter-Treuhand A.-G.« bei der Zwangsversteigerung des bisher Ernst Bickel, dem Generaldirektor der »Ernst Bickel & Co. G.m.b.H., Import & Export«, gehörenden Grundstücks Spandauer Chaussee 35–39 wird die »Dresdner Bank A.-G.« Eigentümerin des »Parks Bechmann« – sie zahlt 500 000 Reichsmark | 24. Juli: August Wilhelm Prinz von Preußen spricht bei einer Wahlveranstaltung der NSDAP auf dem »Spandauer Bock« | zum erstenmal taucht in den Berliner Adressbüchern als Eigentümer des Grundstücks Spandauer Chaussee 60–65, also des »Spandauer Bocks«, die Stadt Berlin auf

1933 26. April bis 1. Mai: in den Kegelkellern des »Spandauer Bocks«, jetzt von der SA zu Folterstätten umfunktioniert, wird eine Reihe von Oppositionellen, darunter der später, 1942, hingerichtete Harro Schulze-Boysen, misshandelt und der Jude Henry Erlanger ermordet | das »Bechmann'sche Haus« von 1892/93 erscheint zum letzten Mal unter der Anschrift Spandauer Chaussee 35–36 in den Berliner Adressbüchern | unter der Anschrift Spandauer Chaussee 50–56 sind bis 1936 sowohl die »Schultheiss-Patzenhofer A.-G« als auch die »C.A.F. Kahlbaum A.-G.« verzeichnet

1934 der Gastwirt Friedrich Schulz wird »Oekonom« auf dem »Spandauer Bock« und lässt eine Postkarte drucken, die Hakenkreuzbanner vor dem Eingang zum »Bock« zeigt, deutlich zu sehen ist der Name der Brauerei, deren Bier hier ausgeschenkt wird: »Schultheiss-Patzenhofer«

1934–1937 in einem langen Hin und Her vollzieht sich der Prozess der Schließung des »Luna-Parks« am Halensee, bis er Ende Juli 1937 abgerissen ist

1935 26. September: gemäß der Vorlage vom 13. September beschließen die Ratsherren der Hauptstadt Berlin den Ankauf eines Geländes von 671 m² an der Spandauer Chaussee 57 von der »Schultheiss-Patzenhofer Brauerei A.-G.« zu einem Preis von 13 420 Reichsmark

1936 18. Juni: gemäß der Vorlage vom 11. Juni beschließen die Ratsherren der Hauptstadt Berlin, das 96 552 m² große Grundstück Spandauer Chaussee 35–39 (»Park Bechmann«) von der »Dresdner Bank A.G.« zu einem Preis von 600 000 Reichsmark zu kaufen | 23. Juli: Ida Rheinberg in der »Villa Rheinberg«, Spandauer Chaussee 37–39, gestorben

1936–1942 die Reichshauptstadt Berlin übernimmt das Gelände des Bechmann'schen Parks sowie des Parks von »Schloss Ruhwald« und lässt ab 1937 sämtliche dort stehenden Gebäude bis auf die – nicht mit Namen genannte – »Villa Rheinberg«, Spandauer Chaussee 37–39, abreißen und das Terrain durch »Pflichtarbeiter« einebnen, um nach Plänen von Hans Migge aus dem Stab des Berliner Stadtgartendirektors »Pg.« Josef Pertl einen Volkspark anzulegen

1937 25. Februar: gemäß der Vorlage vom 8. Februar beschließen die Ratsherren der Reichshauptstadt Berlin die Ausgestaltung des Bechmann'schen und Ruhwald'schen Parks zu einem Volkspark

1938 3. März: die Ratsherren der Reichshauptstadt Berlin beschließen den Ankauf eines Geländes von 114 685 m² an der Spandauer Chaussee 50–56 von der »Schultheiss-Patzenhofer A.-G.« zu einem Preis von 1140 000 Reichsmark und verfügen die völlige Einebnung des Geländes, auf dem unter Federführung des Generalbauinspektors für die Reichshauptstadt Dipl. Ing. Friedrich Gladenbeck von der Deutschen Reichspost »Fernsehrundfunkanlagen« errichtet werden sollen

1939 spätestens seit diesem Jahr wohnt in der »Villa Rheinberg«, Spandauer Chaussee 37–39, der SS-Brigadeführer und spätere Oberbürgermeister der Reichshauptstadt Berlin, Ludwig Steeg

1940 die »Hartwig Kantorowicz – C.A.F. Kahlbaum A.-G. Likörfabrik und Weinbrennerei« verlegt ihren Sitz und ihre Produktionsstätten von Charlottenburg nach Hohenschönhausen, Große-Leege-Straße 97–98

1943 nachweislich bis zu diesem Jahr werden der »Bock« und die »Zibbe« bewirtschaftet – der »Bock« zuletzt von dem Gastwirt Friedrich Schulz, die »Zibbe« von der Gastwirtin Charlotte Plaggé

1944 15. Februar: vermutlich an diesem Tag werden die Gebäude des »Bocks« und der »Zibbe« durch einen Bombenangriff der Royal Air Force zerstört, vom »Spandauer Bock« bleibt nur ein eingeschossiges Fachwerkhaus stehen | der Roman von Julius Stinde *Die Familie Buchholz* wird unter dem Titel *Familie Buchholz* nach dem Drehbuch von Jochen Kuhlmey durch Carl Froelich verfilmt – die 14. Szene, *Eine feine Gesellschaft,* gibt *expressis verbis* das Kapitel *Auf dem Bock* aus dem Roman wieder

1945–1949	27. September bis 24. August 1949: die Grundstücksverwaltung des Bezirksamts Charlottenburg bemüht sich um die Klärung der Besitzverhältnisse der »Villa Rheinberg« und des »Parks Bechmann«, um das Gebäude als »Tuberkulose Heilstätte« nutzen zu können
1948	die Liegenschaft Spandauer Chaussee 35–39 (»Park Bechmann«) ist laut der Akte des Landesarchivs Berlin C Rep. 105 Nr. 4892 (Indexnummer 382) Grundeigentum des Bezirks Charlottenburg
1949	aus der »Hartwig Kantorowicz – C.A.F. Kahlbaum A.-G. Likörfabrik und Weinbrennerei« wird der »VEB CAF Kahlbaum Likörfabrik«
1950	30. März: die Magistrale Spandauer Straße, Spandauer Berg und Spandauer Chaussee wird umbenannt in »Spandauer Damm«
1950–1952	RIAS Berlin sendet unter der Regie von Ivo Veit und nach dem Manuskript von Hermann Krause in loser Folge eine 40-teilige Hörspielreihe unter dem Titel *Familie Buchholz*
1950–1957	im Zuge einer allgemeinen Enttrümmerungsaktion werden *peu à peu* auch die letzten Ruinenreste des »Spandauer Bocks« beseitigt – am Ende auch das Fachwerkhaus, das den Krieg auf dem Gelände des »Spandauer Bocks«, heute Reichsstraße 58, überstanden hatte
1950–2004	die Firma »Alfred Bajon« übernimmt die Bierkeller unter dem Verwaltungsgebäude der einstigen Bergbrauerei und betreibt auf dem Gelände der »Zibbe«, heute Spandauer Damm 252, ein Gartencenter
1952	das Städtische Krankenhaus Westend führt am Spandauer Damm eine »Abteilung Schloß Ruhwald«
1957	im Rahmen des »Berliner Aufbau-Programms mit Unterstützung durch USA und Bund« wird das Gelände der »Zibbe« umgestaltet und in eine Dauergartenkolonie mit 42 Zellen umgewidmet, sie trägt den Namen »Spandauer Bock« (1965 wird von dort ein Unterhaltungsprogramm des ZDF ausgestrahlt); auch auf dem Gelände des »Spandauer Bocks« finden Erdarbeiten statt, dabei stößt man »auf die Grundmauern des einstigen Vergnügungsetablissements«

1959 die »Villa Rheinberg« wird von jetzt an unter der Adresse Spandauer Damm 220 mit dem Namen »Schloß Ruhwald« als Städtisches Kinderheim genutzt

1964 auf dem Gelände des ehemaligen »Spandauer Bocks« werden zwei Hochhäuser errichtet – zunächst für Angehörige der britischen »Berlin Infantry Brigade«, seit deren Abzug aus Berlin im Jahr 1994 werden sie als Wohnheime genutzt; deren Eigentümer bis zum 31. Januar 2020, die »Wohnheim Reichsstraße GmbH«, hat die Immobilie unterdessen (2020) an die »Lagrande Group GmbH Berlin« veräußert, welche die Wohnblöcke abreißen, das Gelände einebnen und darauf bis 2024 Neubauten mit 270 Wohnungen schaffen will

1967 2. Mai: die traditionsreiche Straßenbahnlinie 54 zum »Spandauer Bock« wird eingestellt und durch eine Bus-Linie mit derselben Nummer ersetzt (heute M45)

1974 3. September: das ZDF präsentiert unter der Regie von Harald Philipp und nach dem Drehbuch von Karl Wittlinger die siebenteilige Serie *Die Buchholzens. Chronik einer Familie* – die letzte Folge wird am 26. Oktober ausgestrahlt

1987 der Bezirk Charlottenburg stellt den Volkspark Ruhwald unter Denkmalschutz

2004 auf dem Gelände der ehemaligen »Villa Rheinberg«, heute Spandauer Damm 220, wird der jüdische Kindergarten »Gan Israel« eröffnet

2008–2812 auf dem Gelände der »Zibbe«, heute Spandauer Damm 252, befindet sich ein neues Gartencenter

seit 2016 auf dem Gelände der »Zibbe«, heute Spandauer Damm 252, befindet sich ein Autohandel

Auswahlbibliographie

Das vorliegende Buch ist keine akademische Abhandlung.

Dementsprechend wird hier verzichtet auf die Aufzählung von benutzten Adressbüchern und Kirchenmatrikeln, von Geburts- und Sterberegistern, von Amtsblättern und Verwaltungsberichten, von Sitzungs- und Verhandlungsprotokollen, von Monographien zur Wirtschafts-, Geistes- und Sozialgeschichte des 19. und 20. Jahrhunderts, von Fach- und Sachbuchtiteln zur Historie Preußens im allgemeinen und Berlins im Besonderen, von Aberhunderten von Zeitungsartikeln und Internetseiten sowie umfangreichen Archivalien aus diversen Dokumentensammlungen. Aufgeführt werden im Folgenden lediglich solche Texte, die für die Darstellung der Geschichte des »Spandauer Bocks« von besonderer Bedeutung sind.

Georg Bamberger: »Der Bock und die Zibbe«, in ders.: Anno Tobak. Allerlei Ernstes und Heiteres aus dem alten Berlin, Berlin [8]1930, S. 44–47.

Willy Bark: Chronik von Alt-Westend mit Schloß Ruhwald, Spandauer Bock und Fürstenbrunn (= Schriften des Vereins für die Geschichte Berlins, Heft 56), Berlin 1936; Nachdruck Berlin 1986.

Edward Blom: Deutsche, die das Stockholmer Brauereiwesen industrialisierten. Eine Studie über deutsche Brauer und Brauereiarbeiter, die in der zweiten Hälfte des 19. Jahrhunderts in Stockholm eingewandert waren, unter besonderer Berücksichtigung von Netzwerken und Personen. Ins Deutsche übertragen von Barbro Wollberg, Centrum för Näringslivshistoria, Bromma 2006.

Erich Borkenhagen: 125 Jahre Schultheiss-Brauerei. Die Geschichte des Schultheiss-Bieres in Berlin von 1842 bis 1967, Berlin 1967.

Helmut Bräutigam und Oliver C. Gliech: »Nationalsozialistische Zwangslager in Berlin I. Die ›wilden‹ Konzentrationslager und Folterkeller 1933/34«, in: Berlin-Forschungen II, hg. von Wolfgang Ribbe (= Einzelveröffentlichungen der Historischen Kommission zu Berlin 61; Publikationen der Sektion für die Geschichte Berlins 4), Berlin 1987, S. 141–178.

Samuel Ebbe Bring: Bidrag till Stockholms bryggerihistoria I. Tyska bryggeriet, Stockholm 1930, besonders S. 76–77.

[Christoph Joseph Cremer:] Das gewerbliche Leben im Kreise Teltow. Aus Veranlassung der »Berliner Gewerbe-Ausstellung 1896« im Auftrage des Kreis-Ausschusses herausgegeben von Christoph Joseph Cremer, Berlin 1900, S. 125–127.

Paul Dessau: »Berliner Arbeiterkinderchor auf dem Spandauer Bock« (1932), in: Paul Dessau 1894–1979. Dokumente zu Leben und Werk. Zusammengestellt und kommentiert von Daniela Reinhold, Berlin 1995, S. 30–31.

Hans Ehlers: Schultheiß – Patzenhofer. Ein Rückblick, Berlin 1921, besonders Tafel 8 im Anhang.

Henry Gidom: Berlin und seine Brauereien. Gesamtverzeichnis der Braustandorte von 1800 bis 1925 (= Edition Berliner Unterwelten), Berlin ^{3}2016.

Hans-Jürgen Kämpf: Die Straßenbahn in Spandau und um Spandau herum, Berlin 2008.

Fritz Schaletzke: Geschichtliches zum Spandauer Bock. Maschinenschriftliches Manuskript von 16 Seiten, April 1984 (zu beziehen über die Zentral- und Landesbibliothek Berlin)

Emil Struve: Der Berliner Bierboykott von 1894. Ein Beitrag zur Geschichte der socialen Klassenkämpfe der Gegenwart. Aktenmäßig dargestellt, Berlin 1897, besonders S. 77–82.

Christian Winck: Die Straßenbahn im Bezirk Charlottenburg-Wilmersdorf. 150 Jahre Straßenbahnverkehr in Berlin 1865 bis 2015, Berlin 2015.

Abbildungsnachweis

Christian Wilhelm Allers: Spreeathener. Berliner Bilder, Breslau 1889 S. 71.

Arthur Benninghoven: Die Brauerei-Industrie Deutschlands und des Auslandes, Berlin 1900, S. 347 S. 138.

Brandenburgia XI, 1902, S. 112/113 S. 9.

Brandenburgisches Landeshauptarchiv, Potsdam S. 74, 79.

Nils Brennecke, Schweinfurt S. 196, 197.

Samuel Ebbe Bring: Bidrag till Stockholms bryggerihistoria I. Tyska bryggeriet, Stockholm 1930, S. 59 und 77 S. 64, 202.

Dr. Hans Coppi jun., Berlin S. 199.

Creative Commons / Bodo Kubrak S. 188.

Hans Ehlers: Schultheiß-Patzenhofer 1871–1921. Ein Rückblick, Berlin 1921, Tafel VIII S. 146.

Erzbischöfliche Diözesan- und Dombibliothek Köln, Musikaliensammlung Leibl, Köln S. 120.

Erzbistum Bamberg, Archiv, Bamberg S. 21.

Thomas Fricke, Berlin S. 194 (6).

Friedrich-Wilhelm-Murnau-Stiftung, Wiesbaden S. 121

Historische Presse der deutschen Sozialdemokratie online, Bibliothek der Friedrich-Ebert-Stiftung e.V., Bonn S. 94.

Manfred Ick, Berlin S. 50, 192 (2).

Werner Jockeit, Berlin S. 8, 114, 123, 124, 154 (oben), 165, 186.

Karl Dietz Verlag Berlin GmbH, Berlin S. 89.

Landesarchiv Berlin, Berlin S. 40, 168, 190.

L'Ouest-Éclair, Rennes, 33/13.048 vom 28. Juli 1932, S. 2 S. 183.

Museum Charlottenburg-Wilmersdorf in der Villa Oppenheim (Archiv), Berlin S. 61 (unten), 181.

SLUB Dresden / Deutsche Fotothek S. 35.

Staatsarchiv Bamberg, Bamberg. S. 204.

Staatsbibliothek zu Berlin, Berlin – Preußischer Kulturbesitz, Berlin S. 56.

Stadtgeschichtlichen Museums Spandau (Archiv), Berlin S. 25, 32, 36 (2), 152, 171.

Stiftung Preußische Schlösser und Gärten Berlin-Brandenburg / Foto: Roland Handrick S. 23.
Stiftung Stadtmuseum Berlin / Foto: Oliver Ziebe S. 17.
Victor Tissot: Voyage au pays de milliards, Paris 1876, S. 241 S. 120.
Oscar Titz: »Restaurationssaal der Spandauer Berg Brauerei (Gebr. Bechmann) bei Berlin«, in: Carl Scholtze's Façaden-Entwürfe neuer Gebäude aller Art 4/4, Leipzig 1877, Blätter 44 und 48 S. 58, 56.

Alle übrigen Bilder stammen aus der Sammlung Dr. Detlef Brennecke, München. Ihre Reproduktionen fertigte Horst Klement, Ochsenfurt, an.

Ansicht des Parkgeländes links vom »Buffet« auf der Ostseite des »Spandauer Bocks«

Dank

Wer auf viele Jahre des Schreibens zurückschaut, stellt fest, dass er immer wieder dieselbe Erfahrung gemacht hat: Ohne Hilfe geht es nicht. So auch diesmal.

Durchweg ohne zu zögern und oft mit erheblichem Zeitaufwand sowie mit Ratschlägen, Hinweisen und Material haben mir geholfen:

Archiv des Erzbistums Bamberg, Bamberg
Archiv der Stiftung Neue Synagoge Berlin – Centrum Judaicum, Berlin
Bauaktenarchiv des Bezirks Charlottenburg-Wilmersdorf, Berlin
Berlin-Brandenburgisches Wirtschaftsarchiv e. V., Berlin
Berliner Stadtbibliothek, Berlin
Berliner Unterwelten e. V., Berlin
Bezirksamt Charlottenburg-Wilmersdorf von Berlin, Berlin
Bitburger Braugruppe, Bitburg
Brandenburgisches Landeshauptarchiv, Potsdam
Petra und Nils Brennecke, Schweinfurt
Dagmar und Harald Burger, Weimar
Chabad Lubawitsch Berlin e.V., Berlin
Dr. Hans Coppi jun., Berlin
Deutsches Musikarchiv, Leipzig
Erzbischöfliche Diözesan- und Dombibliothek Köln, Musikaliensammlung Leibl, Köln
Evangelische Akademie zu Berlin, Berlin
Evangelisches Zentralarchiv in Berlin, Berlin
Dr. Christian Fiedler, Frankfurt am Main
Thomas Fricke, Berlin
Friedrich-Ebert-Stiftung e. V., Bonn
Friedrich-Wilhelm-Murnau Stiftung, Wiesbaden
Gedenkstätte Deutscher Widerstand, Berlin
Geheimes Staatsarchiv, Stiftung Preußischer Kulturbesitz, Berlin
Gesellschaft für Geschichte des Brauwesens e. V., Berlin
Dr. Oliver C. Gliech, Berlin

Lars Hallberg, Stockholm
Heimatkundliche Vereinigung Spandau 1954 e. V., Berlin
Historisches Archiv der Commerzbank AG, Frankfurt am Main
Institut für Zeitungsforschung, Dortmund
Jüdische Gemeinde zu Berlin K.d.ö.R., Berlin
Britta Kaden-Pohl, Berlin
Karl Dietz Verlag Berlin GmbH, Berlin
Katholisches Pfarramt Sambach, Pommersfelden
Stefan Klösges, Köln
Landesarchiv Baden-Württemberg, Stuttgart
Landesarchiv Berlin, Berlin
Landesdenkmalamt Berlin, Berlin
Museum Charlottenburg-Wilmersdorf in der Villa Oppenheim, Berlin
Radeberger Gruppe KG, Frankfurt am Main
Riksarkivet, Stockholm
Hartmut Scholz, Berlin
Staatsarchiv Bamberg, Bamberg
Staatsbibliothek zu Berlin – Preußischer Kulturbesitz, Berlin
Stadtgeschichtliches Museum Spandau, Berlin
Stiftung Preußische Schlösser und Gärten Berlin-Brandenburg, Potsdam
Stiftung Stadtmuseum Berlin, Berlin
Florian Steinmüller, München
Universität Potsdam, Universitätsbibliothek, Potsdam
Verein für die Geschichte Berlins e. V., Berlin
Württembergische Landesbibliothek, Stuttgart
Zentral- und Landesbibliothek Berlin, Berlin

Bei der Rückschau auf die Zeit, in der ich an diesem Buch gearbeitet habe, werde ich besonders gerne daran denken, mit welcher Sachkenntnis mich *Claus Gebhardt (Birstein)* durch die tückischsten Untiefen des Internets gelotst hat; mit welchem Spürsinn *Anna Hesselberger (München)* mit Lupe und Sütterlin-Kenntnis manche apokryphe Nachricht auf den alten Postkarten für mich entschlüsselt hat; mit welcher Behändigkeit mir *Dr. Harald Horst (Köln)* bei der Suche nach dem originalen *Bockwalzer* auf die Sprünge geholfen hat; mit welcher Geduld mich *Irmgard Schlosser (München)* bei meinen Versuchen zur Architekturkritik beraten hat; mit welcher Großzügigkeit mir *Manfred Ick (Berlin)* eine Reihe von Abbildungen aus seinem Archiv mit Fotos vom Berliner Straßenbahnwesen zur Verfügung gestellt hat; mit welcher Uneigennützigkeit *Werner Jockeit (Berlin)* es mir gestattet hat, eine Reihe von Raritäten aus seiner Ansichtskartensammlung in das vorliegende Buch zu übernehmen; mit welchem persönlichen Einsatz es *Frank Schmidt (Potsdam)* ermöglicht hat, dass ich am Ende doch noch die ominöse Akte Rep. 2A I Pol Nr. 3293/1 als Scan auf meinem Bildschirm lesen konnte, und last but not least mit welcher Ausdauer und Hartnäckigkeit *Henry Schröder (Sydower Fließ)* die weiten und verworrenen Verzweigungen der Familie Conrad Bechmanns für mich aufgedröselt und am Ende sogar noch der geheimnisvollen Ida Rheinberg ein Gesicht gegeben hat.

Bei ihnen allen bedanke ich mich sehr herzlich.

Hinweis

Manches im vorliegenden Buch musste aufgrund des Mangels an diesbezüglichen Dokumenten erschlossen werden. Das Entstehen von Fehlern ist dabei trotz allen Bemühens um Genauigkeit möglich. Wer immer deshalb Korrekturen oder Ergänzungen zu dem Geschriebenen anbringen kann, möge nicht zögern, sie dem Autor über den Verlag zukommen zu lassen.

Über den Autor

Detlef Brennecke, geboren 1944, wuchs in Berlin-Charlottenburg auf. Nach dem Besuch des humanistischen Goethe-Gymnasiums in Wilmersdorf und des humanistischen Lessing-Gymnasiums in Frankfurt am Main studierte er an der dortigen Johann Wolfgang Goethe-Universität Skandinavistik, Germanistik und Anglistik. 1972 wurde er hier zum Dr. phil. promoviert, 1977 zum Dozenten für Skandinavistik berufen und 1980 zum Professor ernannt. Heute lebt er in München.

Neben seinen akademischen Publikationen und zahlreichen populärwissenschaftlichen Beiträgen, die er in mehr als dreißig Jahren für deutsche Rundfunkanstalten geschrieben hat, veröffentlichte er eine Reihe von Büchern – darunter für den Rowohlt Verlag die Titel *Sven Hedin* (1986; Stockholm 1987), *Fridtjof Nansen* (1990), *Roald Amundsen* (1995) und *Tania Blixen* (1996; Wrocław 1997). 1988 erschien von ihm im Verlag J. H. W. Dietz Nachf. die Monographie *Emil Stumpp. Ein Zeichner seiner Zeit.* In der Reihe Edition Erdmann gab er zwischen 2000 und 2004 einundzwanzig Bände heraus.

Für seine Übertragung von Rolf Edbergs europäischer Kulturgeschichte *... och de seglade ständigt* (dt. *... und sie segelten weiter*) für den Klett-Cotta Verlag wurde er 1988 von der Schwedischen Akademie mit dem Übersetzerpreis der Stiftung »Natur und Kultur« ausgezeichnet.